保险爆款营销文案

Best Insurance Copywriting

董海燕　张一铭◎著

中国经济出版社
CHINA ECONOMIC PUBLISHING HOUSE
北京

图书在版编目（CIP）数据

保险爆款营销文案 / 董海燕，张一铭著. -- 北京 ：
中国经济出版社，2024. 7. -- ISBN 978-7-5136-7812-4

Ⅰ. F840.41

中国国家版本馆 CIP 数据核字第 2024J2A707 号

责任编辑 叶亲忠
责任印制 马小宾
封面设计 久品轩

出版发行 中国经济出版社
印 刷 者 北京鑫益晖印刷有限公司
经 销 者 各地新华书店
开　　本 710mm × 1000mm　1/16
印　　张 21.25
字　　数 320 千字
版　　次 2024 年 7 月第 1 版
印　　次 2024 年 7 月第 1 次
定　　价 99.00 元
广告经营许可证 京西工商广字第 8179 号

中国经济出版社 **网址** http://epc.sinopec.com/epc/ **社址** 北京市东城区安定门外大街 58 号 **邮编** 100011
本版图书如存在印装质量问题，请与本社销售中心联系调换（联系电话：010-57512564）

推荐序

用好文案、做好 IP，是工作需要也是人生功课

和一铭认识是在 2009 年 5 月，那时候她刚刚加入保险行业，成为我带的外勤队伍中的一员。

作为保险新人，她经常带着一些拜访客户时遇到的问题来和我交流，我发现她不仅喜欢思考，还擅长写作。不管是对工作的复盘、公司的活动，还是生活的趣事，她都会记录下来。

那时候还没有微信，她就把自己的感悟发在博客上。没想到这个习惯，为她的保险营销工作开展带来了很好的助力：客户在买保险之前就可以对她有所了解，博客的内容也成了转介绍的好工具，让她在保险新人阶段就以突出的业绩获得了公司的各项荣誉。

2013 年 5 月，我的书《重疾不重》出版，一铭出色的能力对这本书的运营和推广都起到了很大的帮助作用。因为这本书的成功，也就有了后来的《重疾革命》《直面重疾》等一系列重疾险红宝书。

做保险工作，始终离不开的就是和客户不断保持沟通的能力。不同时期，我们沟通的工具在不断变化，但不变的是内容。

我刚入行的时候，内勤老师就告诉我们，要“一日三访”，多见客户。为了能和客户有高质量的沟通，团队还会组织演练，练习“三讲”（讲行业、讲公司、讲自己），练习讲保险理念，练习讲保险产品，这样才能最大限度上做到和客户有效交流，带来好业绩。

现在时代变了，各大社交平台的兴起，也让全社会变成了一个人均自媒体

的时代，每个人都可以借助于一部手机在互联网上发出自己的声音。以前，大部分保险从业者都是靠和客户见面交流才能让客户了解自己。现在，不管是写文章、拍视频、做直播，都可以通过网络工具实现和客户高频地、深度地、一对多地交流。

在线下，我们用真实的生活塑造了自己。

在线上，我们以互联网为媒介呈现了自我。

同时，随着互联网保险的兴起，客户了解保险、获取信息的方式也变得更加便利。信息差的打破，让商业世界面临着“酒香也怕巷子深”的境况，每个人、每个品牌，都需要有“被看见”的能力，才能让自己的价值发挥到实处。在信息的高度透明和产品的高度标准化的环境下，个人品牌影响力，才能为一个人的保险职业生涯建立起牢固的护城河。

我在线下为保险公司授课时，经常会见到年轻的“95 后”“00 后”分享他们高效的展业模式。

他们进入保险行业，不是一上来就列准客户名单，而是在网上分享自己为什么来做保险，在培训过程中学到了什么，记录自己每天的工作，甚至还会分享自己的“糗事”。这些分享成为他们和客户沟通的抓手，吸引客户前来咨询保险。因为是主动咨询，所以成交的效率也就变得更高。经过了“戴口罩”的三年，人们的习惯也从以前必须面对面，变成了更高频的线上交流。能否掌握借助于好文案和客户高效沟通的能力，在很大程度上也决定了业绩的好坏。

最近几年，保险行业正在经历着一系列历史性的变革，也对保险从业者的工作模式提出了更高的要求。不管是国家金融监督管理总局“报行合一”政策的实施，还是银行与保险公司合作数量限制的取消，这些改变都将对整个行业、客户和保险从业者产生深远的影响。

从行业的角度来看，这是迈向未来的重要步伐。行业将迎来大规模存量资产向保险的转移，这个转变将带动整个行业的发展，促使保险与银行的差距逐渐缩小。

从客户的角度来看，客户会更加意识到保险的重要性，并且会有更多的机会获得适合自己需求的产品，这对提升整个行业的服务品质提出了更高的要求。

对于保险从业者而言，这更是一个机遇与挑战并存的时代。保险行业一直是一个高度竞争的行业，近年来从业者数量已经从 1000 多万人降至 200 多万人，行业正在从过去粗犷式的草莽时代向精英化时代转型。想要在这个行业生存并取得成功，所需不仅是专业能力，更需要具备积累无形资产的能力。

想要积累无形资产，不仅要求一个人有审慎思考的能力，还要能将自己每天的所思、所想、所感、所悟记录并呈现出来。在这一点上，海燕总监一直是知行合一的典范。早在 2014 年她来参加《重疾不重》的线下培训，在每天高强度的学习之后，她总能及时高效地分享出自己的学习笔记。多年来，更是持续不断记录自己的工作思考，正是这些记录和持续的努力，成就了她的保险事业。

随着长寿时代的到来，越来越多的人有机会活到超过百岁。长寿也延长了我们的职业生涯，保险从业者更需要通过建立个人影响力来积累个人品牌资产。这种积累不仅是为了在短期内做好保险工作，更是为了在长期的人生中取得成功，这是每个从业者都应该面对的必修课。

这本《保险爆款营销文案》集合了一铭和海燕两位作者多年的工作经验和实践，称得上保险营销的“红宝书”。过去她们用这些经验取得了卓越的成果，相信这本书的出版，也能帮助从业者在保险职业生涯中少走弯路，成就更多人。

丁云生

畅销书《重疾不重》《重疾革命》作者

2024 年 6 月

作者自序 1

用文案高效沟通，实现保险事业的突破

任何一个领域的销售工作，首要任务都是与客户建立有意义的联系。而在保险销售领域，这一点更为重要。现在人与人之间的联系，离不开互联网工具，微信更是人们重要的沟通渠道。

但很多保险从业者，虽然微信好友很多，却不会与他们建立联系，不知道怎么婉转地表达，更谈不上开口谈保险了。

大部分时候，我们并不能经常见到客户，见不到客户就缺乏锻炼的机会，久而久之导致技能不足、职业自信低，当真正面对客户时就难以承接客户的需求。那么怎样在见不到客户的情况下，又能时时将销售工作向前推进呢？这是我在入行时就考虑过的问题，想必如今也是伙伴们不得不面临的问题。

在一线做保险销售带团队多年，我发现无论是刚入行的新人，还是做了几年的主管，他们在与客户连接的这个环节特别薄弱，而这正是我很擅长的部分。好的文字沟通可以化解尴尬，润滑人际关系，可以让双方在舒服的体验中推进销售进程，让销售过程不再困难。

无论是第一次连接，还是未来的无数次互动与沟通，都非常考验一个人的表达和文案能力。但一个人的文案能力不是一朝一夕就能培养起来的，很多时候，在主管辅导时一听就懂，一做就错。

为了解决这个问题，我将自己在保险销售各环节中涉及的文字沟通部分整理出来，这些内容全部源于我实际的工作场景，每个人都能拿来就用，可以高效便捷地应用于与客户的各种沟通场景中。

你可以参考、可以复制、可以改编后用于自己经营客户的实际场景中，并在具体的实操行动中慢慢体验，熟能生巧；也可以从新的视角，匹配未来保险经营开展的特点，形成自己的独特模式。

我们在主流媒体上，总会看到保护弱势群体的新闻，也经常会听到强者的精彩发言，但一般看不到，也听不到社会中间阶层的声音，社会政策也倾向于保护弱者，并让强者各尽其能，因为保护弱势群体有助于社会稳定，而让强者各尽其能有利于经济发展，因此中间阶层常被忽略。

保险行业又何尝不是如此。我作为社会的中间阶层，也是保险业的中间阶层，深知这个群体的痛点与困惑，我想用自己所长为保险从业者做些力所能及的贡献。

年收入 10 万元叫中间阶层，年收入 100 万元也叫中间阶层，从 10 万元到 100 万元，中间的差距是具体的做法，是行动的细节，是一个合格的保险从业者应该做，但没有做或不会做的部分，我将这些具体的事情一一列出来，以供大家参考。

这个行业不缺乏高手的经验分享，但很多方法不具有代表性，其中个性化的东西很难学会，如果我们只看到对方台上表面的风光，则会将自己搞得心浮气躁，忘记踏踏实实积累客户、安安静静服务客户这个重要的本职工作。

我不是业内凤毛麟角的高手，也分享不出签大单、发大财的技巧。我也偶尔站在台上分享心得体会，但别人看不到我私下的辛苦、焦虑、失眠与努力。

这个社会，大多数人的痛苦源于不能接受自己的平凡。其实，踏踏实实做事，照顾好自己的家庭，有健康的身体，坚持学习充实自己，享受平凡的生活，这不也是一种成功吗?

可是，许多人把成功定义为赚大钱等单纯的欲望刺激，社会上一些人变得浮躁，严重伤害到社会、家庭和个人。我不鼓励大家看成功励志方面的书，也不建议听太多大单高手的分享，因为看完、听完后，很多人会陷入一种严重的成功幻想和现实偏离状态，无法面对琐碎的小事，无法坚持独守，无法保持内心平静，无法回到自我。这对一个人心灵的误导是致命的，我们做好眼前事，普通平凡才能长久。

本书献给这个行业更多如我一般的普通大众，用我们的一字一句、一言一行，赚到属于专业人士的百万元年收入。

董海燕

2024 年 6 月

作者自序 2

每一位保险从业者都应该是一位知识 IP

中国大陆的保险市场经历了 30 多年的风雨历程，正从粗放式的人海战术逐步朝着精英化的方向转变。最直观的变化莫过于从业者数量的剧减，从 1000 多万人跌至 200 多万人，学历结构也发生了翻天覆地的变化，本科学历的从业者已占据半壁江山，硕士、博士也纷纷加入，来到保险一线。

但是，过去那种粗放式发展留下的影响还在，老百姓一听到“保险”二字往往容易心生抵触，担心自己被销售人员纠缠。这不是保险产品本身的原因，而是市场初期发展阶段遗留下来的问题。

对保险从业者来说，优雅地与客户谈论保险，看似简单但需要很多技巧。同时，新媒体的崛起和超级个体理念的流行，也改变了我们的展业模式，让每个人都意识到打造个人品牌和保险 IP 的重要性。

为什么要打造个人品牌和保险 IP 呢？因为展现个人品牌，吸引那些真正有需求的客户，为他们提供专业服务，就可以实现从上门找客户转变为客户找上门；时代的发展为每位保险从业者提供了“轻松做保险”的可能性。

这种轻松，并不是无所事事地等待，而是通过展现自己的价值，吸引到志同道合的客户。把原本需要辛苦寻找、说服客户的过程前置，把精力更多地投入到方案设计、保险服务中，使成交过程更加高效。

在这几年“戴着口罩”的日子里，我们的工作和生活习惯被越来越多地转移到了线上。在做培训的过程中，我听到很多学员反映，线下约见客户变得越来越难，朋友圈里的互动也越来越少，即便偶尔有客户上门，一对一沟通两个小时后，最终还是无法成交。

这些现象表面看似是销售技巧问题，实际上的核心原因是缺乏个人品牌影响力。

有人会问，我只是个普通人，既没有丰富的阅历，也没有大量资金包装自己，我也能打造个人品牌吗？其实，不管你有没有刻意经营，你都已经拥有了自己的品牌。你的一言一行，都在为个人品牌添砖加瓦，区别只在于品牌知名度的大小不同。

做保险 IP 并不等同于成为“网红”。“网红”意味着流量，而保险经营的是“留量”，是客户对我们的信任，狭义地讲，就是你能接触到的那些微信好友们。

在帮助超过 100 位伙伴进行一对一咨询后，我发现，从业 5 年以上的保险从业者都曾享受过行业红利。在这个经验越丰富就越有价值的行业，他们本可以享受到积累带来的复利。然而，随着保险新生代的崛起，“90 后”“95 后”互联网用户如雨后春笋般，通过网络涌现在客户面前。在这种情况下，如果资深从业者的经验没有被看见，就会造成资源的浪费。

保险营销的底层逻辑在于满足用户的隐性需求和重大决策，这里蕴含着巨大的商业价值和市场空白。谁能用自己的 IP 影响力填补这一空白，谁就能赢得用户。

如果说，过去的保险从业者更多依靠人脉资源生存，那么新时代的保险从业者则需要依靠自己的知识储备来服务客户，实现专业价值的变现。找到独特的个人标签，形成自己的影响力，这是新时代下每位保险从业者的必修课。

那么，怎样才能打造个人品牌，做好保险 IP 呢？

内容是塑造信任的基石，信任带来力量，力量成就 IP。在正式沟通保险之前，如果客户已通过你展示的内容对你的专业度有了初步感知，就会提高成交的效率，这正是 IP 的价值所在。因此，对每一个保险从业者来说，持续产出高质量内容是终生的事业。

从保险从业者早期占领知乎，到如今人人都活跃在小红书、公众号、视频号等自媒体工具上，成为保险 IP 已是大势所趋。打造保险 IP 靠的是内容输出，而内容源于阅读、学习、思考和分享。

营销工作分为“营”和“销”两个部分。“营”，即运营、经营、营业，保持营业就像开了一家店，每天都要开门迎客。在新媒体时代，各种互联网工具就是我们的不同门店，持续输出内容就是做好这些渠道的运营。

作为保险从业者，学习是日常工作的一部分。将所学知识和每天的所思所想进行记录并分享，就是打造个人保险 IP 的第一步。长期坚持，你会积累一份厚重的无形资产。

具体来说，打造个人品牌和保险 IP 需要做什么呢?

有人说要做短视频，有人说要做直播，还有人认为写公众号文章是好方法，其实这些都是可用的渠道和工具。对每个人来说，把朋友圈当作自己的实体店来经营，每天精心准备朋友圈的内容，是打造个人品牌最直接的路径。

保险成交的关键在于信任。想要吸引更多客户，就要与他们建立信任。持续提供有价值的内容，是建立信任的关键。

做保险 IP，就是通过大量内容输出，如通过你朋友圈的一言一行，把客户的信任前置。最终，客户会把对你的信任，转移到对你的产品和服务的信任上。

在我主讲的“保险 IP 训练营”课程中，很多同学都通过朋友圈的经营获得了显著的效益，实现了几十万元到百万元保费的增长。在线下授课时，现场发一条朋友圈的实践，也能带来立竿见影的效果。

为了帮助更多保险从业者通过朋友圈的经营持续获得客户，提高在不同阶段面对客户沟通时的文案技巧和策略，更好地转化潜在客户，我和海燕总监历时两年，精心整理、打磨，将《保险爆款营销文案》一书呈现给大家。

认识海燕总监十多年了，我们因对保险行业的共同热爱而结缘，也因相互欣赏而建立了深厚的友谊。

本书汇集了海燕总监 20 年一线经验的精华，以及我在保险行业 15 年营销和培训的实践智慧。每位保险从业者都可以借助于本书中的文案，在与客户沟通的不同阶段进行参考并使用，以促进保险成交，实现职业生涯的更大突破。

选择什么样的事业，规划怎样的职业生涯，是我们人生的长期战略。如何让每一年过得有意义，是我们的短期目标。而无论目标如何，日复一日的努力和行动，构成了我们丰富多彩的人生。

期待本书能为你的保险事业插上飞翔的翅膀，带你飞得更高、更远。

为了帮助读者更好地使用这本文案工具书，我录制了 3 个多小时的课程，分别从定位布局、生活文案、成交文案 3 个角度，借由本书的内容，通过朋友圈打造属于自己独一无二的保险 IP，帮你实现轻松做保险。

扫描上方二维码，回复“轻松做保险”即可领取。

张一铭

2024 年 6 月

CONTENTS 目录

第 2 章 拓客篇：激活微信好友，陌生人变成准客户

第 3 章 约访篇：温暖传递保险观念，打破客户心理防备

第 4 章 客户沟通篇：写好成交环节的沟通文案，让你的成交过程更高效

第 1 章

保险入门：用官宣文为职业转型做好冷启动

在人们的职业生涯中，无论身处哪个领域，转换工作都是不可避免的。而对于从事保险事业的人而言，不断地与他人建立联系和沟通是保证成功的关键。如何在保险行业中实现从 0 到 1 的突破？写好自己的官宣文，就可以为职业转型做好冷启动。

在官宣文中，我们可以展示个人和公司的优势与特点，并向准客户介绍自己的规划和愿景，建立专业感和信任。同时借助于社交媒体增加曝光度，帮助我们快速建立自己的个人品牌和形象。

1.1 为什么要写一篇保险官宣文?

对保险从业者来说，经营客户就是要寻找各种不同的契机与客户发生连接，协助客户找出他们可能面临的各种风险点，虽然每个家庭各有不同，沟通的方式和切入点也存在差异，一套沟通逻辑无法适用于所有客户，但这并不重要。

重要的是我们通过这些切入点与客户开启保险话题，找到进一步沟通的理由。成交原本就是大数法则，一直寻找契机不停地与客户保持互动与连接，这比什么都重要。

本书中的所有文案，都是我在日常工作各环节与客户沟通的内容，大部分是沟通观念的文字，可以适用于任何读者与朋友圈中的每一个人建立联系，借此推动与每一个客户之间的销售进程。

或许我们身边高端客户很少，但普通客户却有很多，微信好友里的每一个人，我们都有机会将他们转化成客户，怎么与每一个人深度沟通，怎么说才能自己不尴尬，对方听着也舒服，这个过程中的每一个字都值得斟酌。

让我们从和客户沟通的第一篇官宣文开始吧。

1.2 成为保险从业者的官宣文，你真的会写吗?

官宣文是我们开启与客户间所有沟通联系的第一篇文案，可以直截了当，道明来意，亮明身份，这也是互联网时代人与人之间打交道最真诚、质朴的方式。

在过往20年的销售与带团队的过程中，我发现很多人面临这个问题，即很多人转型做保险后，或许是觉得这个职业不体面，或许是对自己不自信，担心做了保险没朋友，不好意思发朋友圈，不敢告诉朋友自己做保险了。但内心又很想经营微信好友成为保险客户，这种矛盾自卑的情绪会在内心纠缠很久，很是浪费时间，损耗心智。

以文字方式将所思所想记录下来，本身就是一种情绪梳理，也是对自我的一次次面对与拆解，更是对过去的总结与告别。一次次记录，是一次次与过去的自己告别，一步步走向未来的自己，走向那个让自己更满意的自己。

忘记那些自尊与敏感，保险销售其实就是一份普通工作。让自己的每一天在具体的事情中，忙碌起来，少些内心的矛盾冲突，减少内心的损耗，专注于具体工作内容。所谓的勤奋、自律，只要有具体事情做，大部分人都能做到。

把自己的官宣文一对一发给微信中每一个好友，这就属于具体工作。而写好一篇官宣文，离不开以下四个要素：

（1）揭示过去行业的痛点和感受：清晰地描述过去所面临的挑战和困扰，能够引起读者的共鸣，并理解你为何选择转型到保险行业。

（2）与过去告别：表达出对新职业的积极态度。这是一个向前看的过程，你要积极接纳并拥抱新的机会和挑战，展示出你对保险行业的信心和决心，让准客户相信你的专业能力和价值。

（3）表达对保险领域的感悟和行动方向：阐述你对保险行业的认识和理解，建立起与潜在客户之间的共鸣，并增强彼此之间的信任感。

（4）展望未来并表达期望：描述你对未来发展的期望和愿景，向准客户展示你对个人和职业成长的追求和渴望。唤醒准客户的共鸣，并激发他们对你的兴趣和信心。

无论从哪个职业转型到保险业，官宣文只要包括以上四个板块，就可以达到向准客户充分表达自己的目的。

让我们怀着坦诚的心接纳保险从业者这个身份，告别过去的历程，同时接受自己在业务方面还不够成熟的事实。给予自己成长的时间，在不慌不忙的状态下开展每一天的工作，不断推进与每一位潜在客户之间的关系。

1.3 11篇不同行业转行做保险后的官宣文

在每个行业中，都能看到他人光彩夺目的一面，他们也经历着无人知晓的辛劳。随着时间的推移、阅历的积累以及家庭角色的转变，人们都将面临职业选择这一重要问题。对于那些想要从其他行业转入保险行业的人来说，如何融入这个新身份，如何向别人介绍自己，如何把阅历变成优势，都是需要思考的问题。

下面是11个不同行业的转型官宣文，无论是为了个人需要还是团队伙伴的需要，你都可以在其中找到适合自己的模板。

互联网行业

亲爱的朋友，当你看到这段文字时，我已从互联网大厂被“毕业”，此刻坐在保险公司的工位，怀着特别复杂和忐忑的心情写这段文字。心情复杂是因为，原本从一家企业换到另一家企业是很正常的一件事，但唯独换到保险业，会觉得有那么一些不一样。

一方面源于人们过去几十年对这个行业的认知偏见，另一方面因为过去的工作不涉及太多与人的连接，而保险这份工作，未来会涉及太多与人的连接，怕与人说话，怕被拒绝，这种胆怯心理始终都在。

忐忑是因为，越是害怕，越需要面对，面对这篇官宣文发出后可能会收到的各种诧异与反馈。告诉自己，还是要向前迈出这一步。

在过去很长一段时间内，我曾经从事的互联网行业，得益于国家的人口红利，资本的叠加，创造了难以想象的效益，我个人的成长与发展也得益于这样的宏观环境。但时代在变迁，社会在发展，曾经的繁荣，甚至垄断，如今的增长乏力，业务模式“瓶颈”，流量红利消失，在这样的情况下被“毕业”或许是一种必然。

我是保险小白，却不是职场小白，带着过往的阅历、资源、人脉、见识入场，相信自己能在这个新赛道上走出属于自己的风景。

目前还处于学习期，一朝换行业，才感觉要学的内容很多，产品学习、核保知识、理赔知识、法律知识、医学知识、社保知识、税务知识、社会常识，等等。

要了解保险运行的各个环节及其运行规则，还有个人标签的重新设定等。以上每个环节的知识，都需要花费大量的时间学习吸收，形成自我展业体系的一部分。输入与输出总是对应，就像反思与复盘一样，都是个人成长的必经之路。

我会用一段时间来熟悉和吸收保险这个领域的专业知识，希望未来有朝一日，当你们有保险需求想到我时，我的服务不仅专业，有温度，还能让我们彼此都有良好的体验感。

启航啦，帆已升起，等风来，也等你来。看到这段文字时，说一句鼓励我的话，为我的新事业“煽风点火”吧！

普通制造业

刚毕业，就从校园来到 ×× 企业，一脚踏入，已过 10 年，还有 10 年，再有 10 年，原以为我会一直在这里，朝九晚五，按部就班地进行着这样的生活与工作。

疫情的到来，打破了这样的一种平衡，又或许是社会经济发展的必然。曾经的我是亲朋好友眼中羡慕的人，外企上班，职业体面，工作稳定、厂车接送、定期聚餐，但随着社会的发展，环保问题日益受到重视与城市经济重心的转移，从前的羡慕之情渐渐淡去，人们看到的都是神秘面纱遮掩下的表面的美丽与看似的繁华……

毕业后同在这座城市发展的几位同学，大都投身进入了制造业，为轰轰烈烈的中国制造尽责尽力，只有一位同学误打误撞进入了金融保险服务业，从此开始了我们各自人生第一阶段的打拼，这 10 多年，我观察了他的变化，也感受了自己的变化。

我们都很爱学习，但我的学习方向是：考各种资格证、提升学历、提升外语水平；他也很爱学习，但学习的方向是：扩充知识、广泛阅读，到处旅游，获得各种荣誉，收入也是肉眼可见的增长。我学的这些东西增长了知识，但似乎没有增长智慧，因为我没有发现这些学习带给我言行方式的改变，也没有发现思维模式的改变。

我的思维稍显固化，因为外企等级“森严”，很多岗位根据国籍来定，普通岗位的工作不需要太多灵活的思维与创新，而他的营销岗位则正好相反，海阔天空、自由飞翔、洒脱不羁、个性飞扬。那份快乐与自由不止一次地吸引我，我想要“逃出”原来的行业，来尝试一下服务类岗位，说不定会找到原本那个更快乐的自己。

30 多岁这个年龄，大多数人面临房子、车子、养儿育女等各类生活压力，我也不例外。这让我在面对工作时因过于在乎，而越发拘谨，同时，也发现原行业再怎么提升，也终将如傍晚的太阳，日薄西山，不妨掉转一下方向，选择一个朝阳行业，可以在黎明时与朝阳一同升起。

在所有重大选择面前，一定伴随着周围人的各种杂音。我问过自己，真正想要的是什么，答案很清楚，想要收入有成长性，时间有自由度，想要一份可持续发展的事业，想明白了，跟着心走，错了也无悔。

现在每一天过得很充实，看到自己每天进步一点点，不管是学习保险新知识，还是文字输出、录一条视频、第一张电子名片制作、在线上畅游，抑或各类咨询、解答，一切都在慢慢熟悉、熟练中。工作中这样的深入思考与成长让我感到幸福，同时感受到这份成长带来的职业自信与自尊提升。

我也很期待未来能有机会为朋友们提供保险方面各类专业的咨询服务。我们一起在轻松愉快中了解保险规划的重要性，在力所能及的范围内为自己和家人配置好保单。

旅游行业

朋友，你好，做导游工作多年，原本都是在户外，在欢乐的氛围中，在旅行的车上跟朋友们做自我介绍，从未想过会以文字的方式跟朋友们做自我介绍与职业介绍。疫情三年，旅游行业遭到重创，这是众所周知的事情，原以为很快会结束，我又可以背上行囊，戴着“小蜜蜂”，摇着小旗，行走于山水之间，没想到竟是漫漫三年。

过去，这份工作虽有跋涉辛苦，但尚能养家。如今，休息在家，整个行业寒冷至极，可是生活要继续向前，每一天面临衣要洗、饭要吃、贷要还、学要上，焦虑不安中让自己冷静下来思考未来的职业规划。就算疫情结束，经济复苏，原本的工作我还能回得去吗？面对越来越大的年龄，我的职业空间与未来发展还有多大？怎样面对互联网时代旅游行业的流量、渠道、获客？怎样在线上千百个同行中脱颖而出？怎样面对各类旅游产品混乱、价格混乱？虽然心中仍有热爱，也有过去多年行业经验的积累，但这些痛点与苦恼，这三年的荒芜，我觉得自己不再有信心面对，不如转行，不如掉头，开启一份新职业。

于是认真了解了保险行业。

保险服务是一种自由职业，时间自主、空间自由、发展自由，没有太多外来的束缚和限制，这样的自由满足了我对美好工作和生活的一切想象。

以前带团经常出差，现在保险这份工作，给了我想要的时间和空间自由，可以陪伴父母和孩子，也可以在疲惫时放松休息一天，可以在喜欢的地方办公，当然，说不定以后还能奋斗出个财务自由呢。

现在每天忙忙碌碌地与客户连接、学习与输出、反思与总结。因为保险，每天与陌生客户打交道，各种连接，全然打开了我的世界，让我了解到不一样的人生、不一样的工作、不一样的阶层。

我有机会认识各行各业的人们，体察他们平凡的生活，了解他们对保险的认知，以及对安全感的需要，会用专业知识帮助他们规划落实保险需求，也会在以后的日子里一直陪伴他们，一起分享生活的跌宕起伏，如果幸运，会遇到志同道合的人，我们会成为挚友，相约进步。更幸运的可能是，我们会成为同事，然后携手并进。

我的世界与从前一样，是开放的、流动的、温暖的。徜徉其中，这份自在，不亚于从前的山水之间。

未来还很长，期待有机会为你们提供专业的保险规划服务，也会与你们分享从前行走于山水之间的乐闻趣事，或是出游时的路线及规划，也可向我咨询哦。

教培行业

在写这段文字之前，我想起一条在网上被传很多次的视频。在一次演讲论坛上，俞敏洪说未来互联网会继续存在，而阿里巴巴不一定还在，马云当场直接反驳：十年后教育一定在，而新东方未必存在，教育不等于新东方。大佬们纷纷大笑，眼神中是欢乐、是不屑、是自信或是自大。

没想到一语成谶。2021 年“双减”政策的到来，让整个教培行业猝不及防。身处其中的我，被迫面临转行。想起 20 世纪 90 年代初的下岗，情形似乎没什么两样。与宏大的时代相比，渺小的个人是微不足道的，时代的光鲜亮丽，并不能照亮每个个体的人生，反而是时代中的一粒灰，落到任何一个人的头上，就像一座山压下来，成为生命中不可承受之重。但我想积极应对这样的变化，靠自己抖下这粒时代的灰尘。

就这样开启了我的保险之路。

从教育者转型到保险顾问，在原有的、早已固化的思维模式下将是一个很艰难的心理调适过程，不是每个人都能短期之内走出来。

师者的“光环褪去”，不能继续照着我的理想与前途，走出来，找到新方向，让自己发光，或许会更有安全感。

以前我是老师，虽然工作也涉及与人沟通，但都是家长主动找我，现在变成我找别人，身份与角色的转变让我一时难以接受，但面对后，也还好。凡事先行动起来，光靠想象没有用，只有自己实际接触后才会知道。我对自己说：“别设限，先行动。”

人生最大的挑战其实是挑战自己。每个人都希望生活在自己熟悉的、可掌控的环境之中，任何事情的发生都是具有确定性的，每天面对工作也是循规蹈矩的，不希望生活中产生各种变数和波动，这就是所谓的稳定。回头看来，我曾经以为的稳定其实是最大的不稳定。

在决定做保险之前，我面临了很多阻碍，做了很多思想斗争，但想得更多的还是未来的发展。想着怎样将过往教培领域的资源与经验，嫁接到保险行业，怎样培养出自己的核心竞争力，在行业找到自己的一席之地。在深思熟虑中，一颗焦虑的心渐归平静，先干为敬。

在新的工作岗位，我重新确定了自己的奋斗目标，我希望通过我的能力和努力，让越来越多的人了解保险的实际功用，在经济能力范围内尽可能地把风险转移出去。无惧重疾、医疗，从容面对养老、教育。未来多多联系哦。

医生职业

没想到这么快就结束了我的从医生涯，开启了一段新的职业之旅。

从前的学医苦，从医累，加上医生的收入太低，这些都是让我萌生出改变的原因。一朝决定后，不用上夜班了，不用日复一日考证了，也不用面对复杂的医患沟通了，心里一下轻松很多。

别人都说放弃多年的专业经历转行来到保险行业，是从零开始，但我不这么认为，我觉得是带着知识、经验、阅历、能力，开启新征程。

在往日的从医工作中，我亲身经历了各类不同经济状况的患者在面临治疗方案与医疗费用时的无助与尴尬。而保险的提前规划正好可以解决这样的经济尴尬，这让我觉得保险这份工作非常有意义。

从事保险行业，于我而言，不是一时的心血来潮，而是自己在关于工作、个人发展、自我价值等方面深思熟虑后的决定。我希望在一个更广阔的平台为大众提供服务，创造价值。

在这个新的职业环境中，我能充分尊重自己的感受，不用周旋在人际的暗流中，也不用担心处理不好和上级领导的关系，可以专注做自己的事，保持独特的个性，追求身心的完整。

当然，这也是个需要终身学习的职业，法律、医学、心理学、金融都要涉及，是个不小的挑战。我不怕学习，也会持续去学习专业知识，期待未来能有机会为朋友们提供各类保险咨询，包括各类医疗问题，也可为朋友们提供力所能及的解答。

房地产行业

过去在房地产行业，从早期的行政岗，到销售岗，到现在的运营管理岗，一转眼十多年过去了，经历了行业的初成长、蓬勃发展与巅峰时期，随着城镇化的比例越来越高，加上人口出生率的减少，我所属的城市，未来房地产的发展空间越来越有限。

受疫情影响，加上很多项目转到了外地，各种综合考虑后，经朋友推荐，来到了保险行业。因为有过销售经历，一切还算适应。

国家经济稳步发展，人民的收入稳步提升，人们不再被温饱问题困扰，对看病、养老、意外、教育等风险，就会有一种确定的需求。大家越来越有保险意识，市场之广阔，让我对未来充满信心。

现在每天都在认真学习，希望能尽快掌握专业知识，中年转换职场跑道不易，跳出熟悉的圈子从零开始几近疯狂，但庆幸自己还拥有向前奔跑的力量和一颗蓬勃的少年心，为自己这样的勇气和决心点赞。

希望在未来的工作中，通过自己的努力，能让家人和朋友都建立优质全面的保障体系，让我们有底气去守护所爱的人，如果这份爱与责任是通过我的沟通和影响散播开来，那么我所做的将是最有价值的事情。

期待未来与朋友们能有更多联系与交流。

全职主妇

这是一篇官宣文，同时也是我自己心里的独白。在给自己加油打气的同时，也想告诉我的朋友们，我转行啦，正式从全职妈妈转入保险行业。

我想，一定有很多女性如我一样，曾经在家庭和事业间左右权衡，来回兼顾，待在家几年后，我纠结、迷茫、矛盾过。内心不甘一直做全职妈妈，希望自己能一直走在职业道路上，成为更好的自己，成为孩子的榜样，同时我也想做个好妈妈，希望给予儿子高质量的陪伴，更希望有相互交流的婚姻。

保险工作的特性满足了我兼顾家庭的需求，同时不断学习、提升自我的理念，也让我觉得这是一个很好的职业赛道，是个能实现自我价值的地方，我决定上岸并努力变得更优秀。

一切转变缘于亲友的一次重病，其间我多次出入医院看望陪护，满眼都是穿着病服的患者，病房内拥挤、安静，气氛压抑；护士们推着药车与设备，往来于患者之间，或是手臂扎针输液，或是往患者的体内注射营养液，医生们手术一台接着一台。这样的场景真的让我没有办法做到云淡风轻。

面对人生的短暂，疾病的无奈，我不想一直在家做主妇，希望自己能有更充实的人生。决定做保险的想法就是在那个时候萌生的。

我觉得保险是一种金融工具，是转移经济风险的一种手段，保险也是一种很特殊的商品，买的时候往往用不上，想用得上的时候往往又买不了。

但是，它真的是每个家庭的必需品，如果我能凭借自己的专业和用心，让更多家庭认识保险，正确理解保险，实现风险转移，是多么有意义的事情。

我的亲人是保险的受益者（她购买了重疾险和医疗险，患病后经济压力得到大大的缓解），这个经历给了我很大的启发。

我告诉自己，不靠话术，不靠反复练习的销售技巧，更不靠消费别人的苦难去唤醒客户的保险意识。我希望我的客户，是因为我的讲解，因为我持续地对于保险知识的输出，真心认同保险的功用和意义，愉快地成为我的客户。

希望未来得到朋友们的多多支持哦。

中小企业主

进入保险行业之前，财务专业出身的我有一家小公司，不温不火经营了很多年。疫情的原因，导致各项经营陷入困境，但创业的梦想与激情始终都在，我骨子里就是个不服输的人。

在深入了解保险行业之前，原来我只是把保险定位为销售的岗位，但后来我发现这个行业其实大有可为，跟做企业一样，可以带团队，做组织，发展路径、收入都可以看得到，都可以自己规划。加之过去因企业经营买过责任险与雇主险，其间与保险营销员打过交道，看到他们的变化、成长及饱满的精神状态，这些都很是吸引我。

我觉得做保险企业家也是一条创业之路。过去做管理、做企业的经验都可以用上。未来我要利用自己的特长，把从前的资源与保险业务结合，发挥自己的优势，做出自己的模式来。

我出来创业开公司时，就曾想要有轰轰烈烈的人生，更想过自己的人生要拿大女主剧本，如今赛道变了，梦想未变。新的方向，希望得到朋友们的支持和鼓励。

这几年保险行业蓬勃发展，是个妥妥的朝阳产业，保险的价值日益凸显，国家越来越重视，保险发展也越来越规范，吸引了大量的专职精英。中产及高净值群体基数也是越来越大，我觉得这既是机遇，当然也是挑战，因为市场需要更多专业人士。

也希望在保险行业不断努力成就我自己的复利人生。如果大家或身边的朋友有关于保险的任何问题，包括个人家庭的风险管理、公司团财险、企业资产隔离等都欢迎找我咨询哦。

银行职员

一转眼在银行工作 10 年了，网上有句话形容我的职业，特别形象：要钱没钱，要闲没闲，没地位，学历错配。的确，年薪中只有 1/10 是基本工资，其他都是绩效，媲美互联网行业的工作时长，农民工的工作强度，每日面对的都是那些烦琐的任务指标。

以前年轻，还没想太多，当时间走到了 35 岁这个年龄，中年危机感与日俱增。我属于工作细心、勤勉有责任心的人，但日常工作内容重复性的较多，替代性强，我不禁在想，随着未来的发展，随着更年轻的人进来，后续我的竞争力在哪里？

社会上越来越多中年职业危机的新闻，让我思考，如果我真的碰上中年危机，怎么办？年少时期经历过贫穷的飘摇感和不安感，随着年龄的增长，这些感觉总是出现在眼前，害怕自己重复走进那样的生活。

我在想，有没有一份工作可以自己掌控，收入与努力匹配，还能获得自我成长。

人生有时候很奇妙，就在这样焦虑困扰时，偶然机会受邀参加了保险公司的一场活动。虽然原本我们的工作也涉及保险业务，但从未近距离深入了解。越了解，越喜欢。后来，顶住压力，终于勇敢做出转型的选择，深思熟虑后，来到了更为广阔的职业发展平台，在每一天的学习、成长与忙碌中，职业安全感变强，我也变得自信了很多。

以前的我，害怕贫穷，害怕职业危机，但是现在，我已经找到了可以长久做下去的终身职业，内心满满的安全感。为客户规划好保单，被客户信任，时间自由安排，每天都在学习状态，知识不断更新，还能和优秀的人一起共事，努力付出也有了对等回报，这些都让我无比欣喜。

我希望未来能有更多机会连接朋友们，用自己在综合金融方面的专业知识，站在家庭财富管理的角度来为朋友们提供保险规划服务。

律师

改革开放以来，随着经济的整体发展，人们的财富也由积累阶段慢慢走向分配与传承阶段，在近些年的律师工作中，也因这类咨询问题，时常与保险从业者接触。看到他们用法律专业领域的知识服务他们的高端客户，收获信任，又赢得尊重，还实现了价值，我在想，为什么我不能自己用专业所长直接服务客户呢。

在过往的律师工作中，也是需要案源开拓，案件处理，也是自主承担压力，同样需要具备一定的材料写作能力，这些工作模式与保险服务工作十分相似，反而因为保险产品面向的受众更广，比起律师还要轻松些。我挺喜欢的，也希望能在新岗位上连接过去所有的资源。

勇敢转型是因为，我不想 35 岁的时候埋怨 30 岁的自己不够勇敢，缺乏担当；或是 40 岁的时候责怪 35 岁的自己甘于现状，沦为平庸。

常听别人说，做保险很难，我虽初入行，但发现其实有章可循，走向市场的动作无非有两种，自己主动出击和等待客户主动咨询。像我这篇官宣文发给朋友们，就有点主动出击、主动亮相的意思。等待客户主动咨询是指多渠道、多方位输出我们的保险知识，让朋友们知道我是专业做保险的，未来有需求时主动咨询我们。

静下心来，发现做保险好像也不难，竞争也没那么激烈，因为前期投入时间钻研专业知识，后续持续学习和输出，就会筛掉很多不专业、不努力、不勤奋的人。学习、钻研、输出原本就是我过去做律师时养成的好习惯与基本功，如今带到保险业，没有一点违和感，自然又熟悉。成功的路上并不拥挤，因为坚持的人并不多，我时常用这句话安慰自己。

接下来也会把过往的法律专业知识与保险结合，为客户提供更全面的服务，同时通过个人品牌的打造，真正改变过去销售型的思维，从销售视角上升为客户视角，在这个行业深耕。

期待得到朋友们的鼓励和支持哦。

法务职业

大学毕业后的前 10 年一直在一家集团公司从事法务工作，直到其子公司清算关闭，那段时间刚好待产，索性安心在家带二宝三年多，幸好有双方老人帮忙，但依然能体会到全职妈妈的辛苦。

今年年初来到一家国企，对于我这样习惯安稳的人来说，应该是很适合的，可是工作轻松安逸久了，内心反而觉得迷茫，因此利用空闲时间做了微商，发现虽然没有自己设想得那么可怕，但也不是自己最终想要的。

三十而立好几年，勇气随着年纪上来了，一个月前花了一周时间慎重地做了个决定，递交了离职申请，准备跟着我的保险代理人做保险，2016 年因为购买保险而结缘，喜欢她的务实、勤奋、知性，同时在不算年轻的年纪里，想看看自己还有多少可能。

新的职业从今天开始启程了，内心虽忐忑不安，但也依然阳光自信，希望得到朋友们的支持与鼓励。

小结

这里呈现的 11 篇官宣文来自不同行业，但逻辑适用于各个行业。无论你是刚刚加入保险行业还是从业多年，都可以借助于一篇官宣文向客户和准客户传递自己的专业价值，进而取得更多成就。如果你是团队负责人，你也可以在这里找到适合你团队成员的范本，帮助他们写好官宣文。

在这个注重个人品牌影响力的时代，官宣文能够帮助你在竞争激烈的市场中脱颖而出，吸引更多客户的注意力，不管你处于职业生涯的哪个阶段，都不要错过利用官宣文来展示你的专业价值和取得更大成功的机会。

1.4　4 篇保险同业换公司后的官宣文

随着保险市场的变迁和发展，不管是出于对客户服务的需求，还是对自我职业价值的需求，在职业生涯中，除了转换职业轨道之外，在保险行业内转换公司有时候也不可避免。

因为保险涉及的大多是长期服务，一旦涉及公司转换，不仅仅是保险从业者和保险公司之间的交接，也关乎客户的后续服务。如何更好地与客户沟通换公司这件事？如何给客户吃好定心丸，让他们不用担心自己的保单利益？如何持续赢得客户的信任？一篇正式的官宣文必不可少，以下是4个不同视角下的官宣文案例。

同业换公司 1

转眼间，已来新公司工作一段时间了，今天得以静下心来，向所有关心我、爱护我的朋友及客户们汇报一下新岗位的工作情况，感谢你们的关怀！新岗位的工作已经开始啦，终于有了自己的独立办公室，阳光透过高大的落地窗照进来，温暖着我的心，离职的阴影与压力渐渐散去，一切都将是新的开始，感谢所有人！

这段时间，感受最深的是，在新岗位上，同样的付出，在招聘与业务的开展上的确容易很多，品牌力量、市场规模、客户资源、新人政策都是发展的重要因素！回头一看，虽然好多天没休息了，天天奋战在办公室，但精力满满！

当前公司的短信平台于 ×× 日早上向我所有的客户告知我已终止代理人合同一事时，我的所有联系方式，微信、电话、短信、QQ、邮件、微博都在一直不停地提示着我，诘问的、惊讶的、祝贺的、不高兴的、疑虑的，等等。我心里难过、害怕、忐忑不安，那一瞬间，我面临着严重的心理危机，但冷静下来后，我告诉自己必须一一去面对，一一去处理，用最真诚的态度讲明情况。

在承受巨大的心理压力的情况下，我用了一天的时间对 90% 的老客户做了一次回访，并郑重告知我离职一事，除了部分停机、关机或无人接听的情况（这部分电话我会另安排适当时候尽快回访）。

我怀着深深的歉意在写这段文字，同时也针对电话回访中你们的担忧及顾虑做一下解释及说明。

（1）×× 是一家专业经营人寿保险的公司，大家的保险买在那里不用担心，我自己也有每年近 ×× 万元的保费在那里，让我们一起坚持下去，不要忘记当初我们规划保险的真正目的是为家人提供保障。因为任何情况中途中止合同都会有很大损失。

（2）我离职主要是为了我个人的发展，为了满足我服务的客户更加多元化的需求，我选择了 ×× 保险平台，这里的产品线更加丰富，流程更精简，综合考虑后，觉得这些因素更有利于我未来为客户提供更全面的服务。

（3）关于现有保单的后期服务问题，公司会安排其他同事继续为大家服务，会慢慢有个熟悉期，未来大家可以联系她，也可以联系我，我很乐意为大家继续服务。感谢你们一直以来的支持与信任！

在电话和邮件回访中，我收到了很多温暖的祝福，你们的理解与宽容减轻了我内心的压力与负担，使我得以放松身心。感谢你们！人生每一次不同的选择都会促成我们走不一样的道路，成败幸福，如人饮水，冷暖自知。不管我走到哪里，我都一如既往的简单、真诚！

未来，我将在更广阔的保险平台尽情地汲取养分，站在更高处，为各位有保险需求的朋友们奉上我的真知灼见，在您买保险的路上指点一二，为您选择高性价比的产品。

祝愿你们幸福安康！

同业换公司 2

在经过很长时间的艰难抉择后，我还是选择离开了 ××，这竟是一段如此艰难的路，其间一贯坚强的我几乎崩溃。

回首往事，8 年的保险从业时光竟一晃而过，跌打滚爬、巅峰浪谷、兢兢业业、如履薄冰。今天我坐在新办公室在给你们写这段文字，心在抖，手也在抖，连续的阴雨天后，难得的阳光透过高大的落地窗照进来，却难以明媚和温暖我的心，因为无论是利益还是情感都让我有很多不舍。

多少不眠之夜，我在反省之余，内心的声音告诉自己，感谢这个伟大的行业改变了我的命运！感谢你们一路给予的信任和支持！

这次选择之所以如此艰难，还因为对你们的难以割舍，这么多年用心建立起来的友谊与信任，我担心会随着我的离开而衰减。未来在新的岗位上，我还是会尽我所能为各位做好相关后续服务，我的一切联系方式不变。

我渴望稳定，但却又有着一颗不安分的心，在新的发展平台与机会面前，我总忍不住放弃稳定，选择挑战，这种个性是与生俱来的，希望能得到各位的理解与支持！

这次在选择转换平台时，我认真听从了自己内心的召唤，拼尽所有智慧做出这个决定。希望未来在 ×× 保险平台，能为客户及朋友们提供更优、更好、更全面的产品与服务。

一段旅程结束，新一段旅程开始，我与你们之间，我相信未来风景更好。

同业转入第三方平台官宣文1

舍与得之间，我更关注未来。离开，我会失去很多，最为直接的是辛苦打拼的团队和多年的续期利益。为什么我会毅然决然放弃眼前的利益？因为我对现状深感危机，并看到了很多人未曾察觉的利益：

（1）我可以收获“视界”：产销分离，保险经代公司的崛起是必然趋势。在欧美一些国家，很多保险公司早已不自己卖产品，也没有直属代理人队伍，只专心做最好的产品，生产出来的产品交由保险经代公司来销售。其实只有这样，保险才能更好地履行它被赋予的意义。

（2）我可以收获“境界”：走出保险公司，接触保险经代公司的同人，发现了全新的工作模式，原来保险营销工作还可以这样做，这种成长正是我多年来苦苦寻觅和所追求的。

（3）我可以收获“无数界”：在保险经代公司，不再有只能提供一家公司产品的局限，我可以获得几十家保险公司的数百种保险产品，丰富的产品资源可以满足客户更加全面、更有针对性的保障需求。

（4）我可以收获“善界”：爱是善的心灵原动力，是善的途径、方法、手段，是善的归宿和目的。我们从事的保险工作是一份爱的事业，如果我们利用先进的风险评估与需求分析手段，不仅能为客户优选保险产品进行科学配置，而且还能帮客户节省保费，不正是爱与善的升华吗？

同业转入第三方平台官宣文2

非常感谢您一直以来对我的信任和支持，保险路上，有您真好！因为有了您的信赖与支持，加之我的努力与付出，成就了我过往8年的精彩人生。真诚地表示感谢！

现在是充分竞争的时代，更是多元化、多渠道以及互联网的时代，因为想要更好，想要能够为您提供更完善、更全面的保险服务，经过慎重考虑后，我决定转换平台。从单一的寿险公司渠道转换到多元化产品服务的保险第三方平台。之前只能为您提供单一公司的寿险产品服务，未来能够站在行业高度为您提供多元化、多家公司的保险服务。

如果您有家财险、车险、企业险、个人养老、个人健康、子女教育、老年人健康、家庭医疗等全方位一站式保险服务需求，您都可以随时联系我。很高兴一如既往地为您提供优质服务。同时，也请您放心，原来 ×× 保险公司的保单服务丝毫不会因为我的转换受到影响，只是单纯多了一位 ×× 代理人联系您而已，您有任何问题依旧可以直接与我联系。我自己在 ×× 公司也持有十几份保单，您后续的保险服务不会打折。

现在是一个升级的年代，产品需要升级，服务需要升级，代理人需要升级，平台也需要升级，这样才能跟得上时代的发展与进步。我此次转换平台，希望能够得到您的理解，更希望在后续的时间里，我们能够更进一步合作，为您提供更优质的服务。再次感谢您！

在向您汇报岗位变动时，也回顾整理了您家庭之前的保单，汇整成如下表格，同时针对不足部分给予了新的建议与方案，一起发予您以供参考。

您家的保单明细（王 ×× 家）

序号	险种	投保人	被保险人	公司 / 产品	每年缴费日	缴费期限	保障期间	生效时间	保费	备注（各产品简要保险责任）
1	重疾险与医疗险	××	××	××	× 月 × 日	×× 年	终身	××-××-××	¥××	保 50 万元的重疾，50 万元的人身意外，10 万元的轻症，轻症后保费豁免，储蓄型，到期返保额 50 万元 重疾、轻症都可以赔付三次，附加了投保人豁免功能
2	重疾险与医疗险	××	××	××	× 月 × 日	×× 年	终身	××-××-××	¥××	保 50 万元的重疾，50 万元的人身意外，10 万元的轻症，轻症后保费豁免，储蓄型，到期返保额 50 万元 附加了投保人豁免功能
3	重疾险与医疗险	××	××	××	× 月 × 日	×× 年	1 年	××-××-××	¥××	缴一年保一年，可以续保。全家各 100 万元医疗费额度，1 万元免赔 个人自付 1 万元以上可以 100% 报销

续表

序号	险种	投保人	被保险人	公司 / 产品	每年缴费日	缴费期限	保障期间	生效时间	保费	备注（各产品简要保险责任）
4	重疾险与医疗险	××	××	××	待生效	20 年	终身	待生效	¥××	保 30 万元的重疾，30 万元的人身意外，18 万元的中症，9 万元的轻症 70 岁前，轻症、中症、重疾都是双倍赔付，即重疾赔 60 万元，中症赔 36 万元，轻症赔 18 万元，身故赔保额
5	意外险	××	××	××	待生效	1 年	1 年	待生效	¥××	意外伤害赔 20 万元，飞机意外赔 60 万元，公共交通意外赔 40 万元，猝死保障赔 20 万元，医疗赔 1 万元（社保外自费药也可报），意外住院津贴 200 元 / 天，意外重症病房住院津贴 400 元 / 天
6	人身保障寿险	××	××	××	待生效	20 年	保到 60 岁	待生效	¥××	缴 20 年，保到 60 岁，身故或全残各赔付 200 万元
7		××	××	××	待生效	20 年	保到 60 岁	待生效	¥××	
8	养老金	××	××	××	待生效	10 年	终身	待生效	¥××	每年投入 3 万元保费，连续 10 年，共投入 30 万元保费 60 岁开始，每月可补充养老金 2813 元，假定活到 95 岁，共领取 121.5 万元，还有身故金 58428 元
9	教育金	××	××	××	待生效	10 年	终身	待生效	¥××	每年投入 3 万元保费，连续 10 年，共投入 30 万元保费 20 岁时，现金价值为 414512 元 25 岁时，现金价值为 501554 元 30 岁时，现金价值为 607057 元
合计									¥××	
备注	1. 以上 1~3 项是之前已在我这配置过的保障，目前每年保费是 ×× 元。 2. 4~9 项是建议补充的部分，拨出预算，后续将家庭保障建立完整，就更科学了。一般家庭的财务规划（保险规划），也就是表中这 5 个方面。									

注：表格内容仅供参考，请以实际情况为准。

小结

这 4 篇保险同业换公司后的官宣文，以客户为中心，明确表达了换公司的原因，并说明这次变动对客户的影响将被最小化。深刻理解客户对保单利益的关注，充分考虑了客户、从业者和行业伙伴等不同视角的需求，我们也将全力以赴，不断提升自身的专业素养，为客户提供更加全面、高效的保险服务。

第 2 章

拓客篇：激活微信好友，陌生人变成准客户

一个有效的保险准客户，需要满足三个条件：有需求、买得起、见得到。

有需求，代表客户对生老病死的风险有客观的了解，并且认同保险是一种转移风险的工具。

买得起，要求客户的身体健康状况良好，能够向保险公司申请投保，同时具备一定的经济能力，通过向保险公司缴纳保费，转移家庭自身的风险。

见得到，意味着我们能和客户建立有效的沟通，理解客户的需求并提供相关的保险产品。有效沟通可以通过很多渠道实现，通过面对面咨询、电话交流、微信沟通，不断扩大自己的准客户池。

拥有的准客户池越大，就意味着更广阔的保险平台。因此，拓展客户是保险事业经营的永恒话题。

2.1 抓住社交线索，展示自我价值，真诚吸引客户

在保险营销过程中，寻找社交线索和不断拓展客户是至关重要的。然而，在实际工作中，很多保险从业者通过各种途径将潜在客户添加到微信，却无法将其转化为实际的业绩。因此，解决这个问题直接关系到保险从业者的业绩和收入。

为什么费尽心思添加了潜在客户，却经常被拉黑呢？原因在于我们需要在短时间内与陌生人建立关系和信任，以便与潜在客户进行实质性的互动。

本节内容将通过展示身份、展示价值和展示态度三个维度，与陌生人之间开启关于保险的对话。这样一方面让人感到亲切，另一方面又不会引起反感。在这个过程中，保持真诚是基础。同时，通过简洁明了的文案，描述自己的价值，让对方心中对我们建立起初步标签。这个文案至少要传递以下三层含义：

（1）展示身份：告诉对方为什么希望加他/她为好友。可以基于共同点，例如邻居、校友、共同的兴趣等。

（2）展示价值：在与陌生人快速建立信任关系之前，先告诉对方自己能为他们提供什么“可利用”的价值。通过简单介绍保险理念，展示专业性，让对方有获得感。

（3）展示态度：我们都希望更多的客户能够得到保险保障，这表达了从事保险事业的使命感，同时强调“我不会为了业绩而推销保险”，只会在对方需要时才提供专业服务。通过坚定自信的态度，建立互惠关系，进一步加深与对方的联系。

通过以上三个维度的努力，我们可以将陌生人转化为潜在客户。在整个过程中，保持真诚、友善和专业的态度是最关键的。

接下来，我们一起通过三个不同的场景案例，来看一下优秀文案的魅力。

场景 1

业主群里加了好友，简单的文案增进关系

业主群是一个重要的社交线索——住在同一个小区，生活在同一个位置，有共同的环境，生活品质也相当，本质上就有了一个共同点。可以通过抓住这一共同点，开启话题的沟通。先做好自我介绍，同时阐述我们对保险的理解，以此给自己一个进一步沟通保险的机会。

文案示范

××，您好！很冒昧从业主群里加您为好友，还是要做一下自我介绍。我从半年前因为家人配置保险，一路上从选择保险公司及产品，最终到自己辞掉学校内勤工作，真正投入保险行业，前后经过很多的思考与准备。在这里先不赘述了，关于这部分，我自己写了几篇文章在公众号中，稍后发予您，您有空的时候稍微了解一下，后续联系就不那么陌生了。

自从投身这个行业之后，我抱着准备在这个行业做到老的心态，会认真对待每件事情，所以在微信通过以后，很坦诚地表明了自己的想法，很感谢您对我的信任和支持，向我表达了保险方面的需求。这会儿刚准备好，将大概的方案呈现给您。

微信群中听您提到保险，估计您是有这方面的考虑，但是一般情况下受限于对保险的了解，我们虽有想法，但是可能不清楚具体买保险的思路和途径。所以，在我们没有见面沟通，不了解基本信息的情况下，我猜，您及家人心中担忧的可能是以下三点：

A. 责任风险（即身故、失能时未成年子女的抚养，父母赡养，各项债务等）——对应意外险、定期寿险。

B. 医疗风险（即患重疾时，发生的高额医疗费）——对应百万医疗险。

C. 因病失去工作能力时，依然要面对的各项生活支出等——对应重疾险和防癌险。

产品只是解决问题的工具，此处为你们列出了一家三口的组合方案，可供您及家人参考，您可根据需要选择其中一项或多项组合，保费与保额可以根据你们的实际情况进行调整。也可根据您当下实际情况，先做好基础保障，未来再陆续将全家保障补全，这样我就放心了。

一份保单，几十载悠悠，藏着对未来自己的承诺和期许，亦藏着岁月对清醒人生的奖励。

基础风险保障方案（30岁一家三口）

序号	保障类型	产品名称	保额	保障期间	缴费时间	每年保费	保障要点	备注
1	重疾险	××	50万元	终身	20年	0岁女：××元 30岁女：××元 30岁男：××元	1. 120种重疾，分6组，每组赔付1次，首次50万元，后续每次递增30%，每次间隔期为180天，其中恶性肿瘤单列一组 2. 25种中症，不分组赔付两次，每次30万元，无间隔期 3. 55种轻症，不分组赔付四次，每次15万元，无间隔期 4. 身故全残保障：赔50万元 5. 被保险人自带轻症、中症、重疾豁免，已附加投保人豁免 备注：等待期90天	规避患病后的收入损失

续表

序号	保障类型	产品名称	保额	保障期间	缴费时间	每年保费	保障要点	备注
2	定期寿险	××	400万元	保20年	20年	30岁女：××元 30岁男：××元	1. 20年内发生身故或全残，赔付400万元 2. 若是航空意外，则赔付800万元	规避人生风险
3	百万医疗险	××	200万元	1年	1年，可续保	0岁女：××元 30岁女：××元 30岁男：××元	1. 一般医疗200万元，特定疾病医疗200万元 2. 免赔额1万元，100%报销 3. 质子重离子医疗保险金400万元，0免赔额 4. 院外购买的恶性肿瘤特定药400万元，0免赔额 5. 院外特定疾病急需药品费用保险金2万元，0免赔额 备注：若孩子选择0免赔额的住院险，则保费是××元/年	规避重大医疗费用风险
4	意外险	××	200万元	1年	1年，可续保	0岁女：××元 30岁女：××元 30岁男：××元	1. 意外伤害20万元，飞机意外60万元 2. 公共交通意外40万元，猝死保障20万元 3. 医疗1万元（社保外自费药也可报） 4. 意外住院津贴200元/天 5. 意外重症病房住院津贴400元/天	规避意外风险

注：保额及保障要点仅供参考，请以实际产品测算为准。

场景2

添加陌生朋友到微信后的第一次沟通

我们可能是因为孩子上学，因为在某个社群里，因为某一个共同的话题而成为微信好友，其他并没有更多的话题要沟通。一般会出现三种情况：

加好友后对方首先隐藏了自己的朋友圈，我们只能在对方的朋友圈中看到一条横线。

加好友后彼此各自沉默，有机会就互相看一下朋友圈。

加好友后，通过一段简短的自我介绍拉近距离，给对方一个关注我们的理由，从而为后续的沟通做好铺垫。

在这种情况下，我们的文案需要简洁有力，具有吸引力，让对方产生持续关注我们的兴趣。

文案示范

亲，我是 ×× 的妈妈。我叫 ××，儿子与您的宝宝一样大。我是保险从业者，从事保险 ×× 年了，可以为您提供全面的保险服务。我推荐的方案能为您节约不少保费。

您可以保留我的微信，我平时不发广告。为了未来有机会交流时不陌生，关于我个人信息，若您有兴趣可浏览我朋友圈每天写的日志，上面有我对日常工作、生活的记录，也有我的价值观。

场景 3

微信好友的朋友圈屏蔽了你，走心的文案打开话题

相信很多保险从业者微信里都有很多“僵尸好友”，也就是加微信很长时间了，但并不常联系，甚至对方的朋友圈只显示一条横线，完全看不到他的日常动态，也无法了解他是一个怎样的人。

如何打破这种局面？其实只要真诚表达就可以了，表达出我们想和对方连接的想法，同时表达出一个客观中立的心态，告诉对方如果需要，可以找到我；如果不需要，我也不会过度打扰。我会把对保险的理解阐述给你，因为我们是做这个职业的。把自己对保险的理解表达给准客户，也是我们职业的本质所在。

文案示范

××，晚上好啊！未曾见过面，也看不到您朋友圈，真不知道该从哪里开始沟通，但又很想做成保单，多拥有一位客户，可能这就是保险营销最难的地方吧。我浏览了与您所有的聊天记录，为我心中的您画了一个像，这份画像对于最终保险方案能否落地非常重要。

以下是之前微信交流中我能获得的信息：

（1）会关注我的朋友圈。

a. 可能您朋友圈的人不多。

b. 可能我的文字中也有您的价值观，所以您会特别关注我。

（2）会考虑意外险。

a. 可能您一直有保险意识。

b. 可能认知中的保险就是指意外风险。

（3）会考虑理财，但对理财与养老概念模糊。

a. 可能您曾经考虑过养老，也知道养老的重要性，但更相信自己当下的理财方式。

b. 可能之前没有特别专业的人士对您普及过家庭科学理财的方法或步骤，或各类工具安排。

（4）会关注保险公司品牌，也有同学在保险行业工作。

a. 有同学在做，可能您从同学朋友圈看到过相关保险知识。

b. 有可能您同学主动向您推荐过，但可能没有说到您的心里。

（5）家有二宝，养老之前想考虑，后来也不考虑了。

a. 头像应该是大宝，可能有二宝，这些年一定有不少人曾为您推荐过保险，但您都没有买。可能您夫妻的职业安全感比较强，公务员、体制内事业单位。

b. 可能您之前一直忙于照顾大宝和二宝，最近才有时间，有经济能力考虑保险。

c. 可能这些年您与家人或周围人一切安康，没有特别的事情引发你们对保险足够的重视或关注。

d. 可能您一直在考虑，但先生不同意。

（6）朋友圈没内容，也没对我开放。

a. 您是谨慎、内敛的人，不喜欢被打扰。

b. 您很忙，或您的职业不方便发朋友圈。

虽然以上的每一个因素都会成为您不买保险的原因，但无论如何，我们都会有以下共同的诉求：

（1）为人父母，为人子女，终有一份责任。如何保障这些责任万无一失，保险的杠杆作用无法替代。

（2）人到中年，终将面对健康风险、医疗风险，保险是管理这些风险的最好工具。

不需要保险的原因可能有很多，但需要买保险的理由上述两点就足够了。如下表格中为您列出了一般家庭的基础风险管理方案，保费与保额可根据您的实际情况调整。以上供您参考，如有不明白，可以随时讨论。

基础风险保障方案（30 岁一家三口）

保障类型	解决问题	先生 以 30 岁为例	太太 以 30 岁为例	大宝 以 10 岁女孩为例	二宝 以 5 岁男孩为例
重疾险	大额医疗费用 长期 / 终身治疗、药物、康复疗养、收入补偿	保额：50 万元 保费：××× 元	保额：50 万元 保费：××× 元	保额：50 万元 保费：××× 元	保额：50 万元 保费：××× 元
医疗险	社保内外大额医疗费用（住院治疗）	保额：400 万元 保费：××× 元	保额：400 万元 保费：××× 元	保额：200 万元 保费：××× 元	保额：200 万元 保费：××× 元
意外险	意外身故 + 意外医疗	保额：100 万元 保费：××× 元	保额：100 万元 保费：××× 元	保额：10 万元 保费：××× 元	保额：10 万元 保费：××× 元
寿险	代替家庭经济支柱的未来几十年的收入 覆盖家庭经济支柱的经济责任	保额：50 万元 保费：××× 元	保额：50 万元 保费：××× 元	/	/

注：保额及保费仅供参考，请以实际产品测算为准。

注：本段文案内容较长，可以按照段落分开发给准客户，也可以使用 PDF 格式的文件发送给客户。（以下同理）

小结

在这个小节中，无论是在业主群、兴趣群新添加的好友，还是以前的微信好友屏蔽了我们，都可以通过走心的文案开启与客户之间的话题。有了第一步以后，就有机会进行后续的跟进与经营。

2.2 和客户分享个人思考，用文案激活客户需求

场景 1

对客户信息了解较少，不妨主动分享对未来规划的思考

我们都希望能和更多客户沟通保险事宜，但由于缺乏对客户的了解，无法精准地把握他们的需求，不能确保每次沟通都转化为成交。在这种情况下，如何才能唤醒客户的需求，加强客户对我们的信任程度，使其最终转化为成交客户呢？

在与客户沟通之前和沟通的过程中，分享自己的思考和见解，不仅可以增加温度，也能增强客户对我们的信任感。可以根据客户的情况和需求，提供专业的建议和方案，让客户感受到我们的专业性以及对他们的关注。

文案示范

其实常有朋友向我咨询保险产品，而我希望给予您或每一位客户的价值不止于推荐一个或几个产品，而是通过与您沟通、探讨，一起发现生活中各类潜在风险，然后通过综合方案工具的推荐，在未来持续的时间中，彻底协助您解决这些问题，并建立起真正的安全感，让您的生活因保险而更美好，这才是我做保险工作的意义所在。

过去若干年，我已为很多家庭提供了这样的服务，并依然在持续中。期待与您之间，也是如此信赖、如此放心而又持久。

文案示范

××，晚上好！虽然忘记了在什么场景下加您为好友，但却因为微信，我们彼此有了连接。当深夜接到您的保险咨询时，我很欣慰，我们之间似乎跨越了陌生，有了信赖，感谢这份信任和支持。

昨天由于太晚，来不及思考太多，所以只能针对问题作答。今天在办公室仔细思考后，我觉得还是有很多问题需要梳理出来，与您做深入交流。

本想看看您的朋友圈，了解一下您的情况，但没权限。

两个孩子一个14岁，一个2岁，你们必是到了人生积累的阶段，手上有闲钱，开始认真考虑两个孩子的未来。该怎么规划更科学呢？

第一，普通家庭可能处在维持家庭正常生活层面，富裕家庭则会更多地考虑未来，为孩子做长远打算，但怎么给，怎么均衡地给，以什么方式给，都需要我们思考。

第二，我们给孩子存钱的目的是什么？

两个孩子的年龄不同，那么这笔钱对两个孩子的用途一定不一样。大宝14岁，小宝2岁，十几年后，这笔钱可能用于大宝成家立业，小宝可能刚上大学，用于学费。

所以，给孩子存一笔钱，我们可能要思考这笔钱未来的用途。也许没有想那么多，也没有特别的安排，只是现在手头宽裕，想给两个孩子存一笔钱。

所以，要明确存这笔钱的目的，这也是我们要碰面讨论的部分，根据钱的具体用途，来安排存多少钱以及存多少年。

第三，我们在考虑给孩子存钱的同时，还要考虑家庭基础保障部分是否已经完善，这部分也会影响我们为两个孩子存钱的安排。

于我而言，不仅仅是向客户推荐一两个产品，更希望能通过保险这个金融工具，为客户家庭提供综合解决问题的方案。

夜深人静的时候，我们静下心来思考这些问题，以前可能偶尔考虑过，但未系统化讨论过，更未落实过这些问题，如果这次能够考虑好，落实好，心中是不是轻松很多？当我们考虑了未来，规划了未来，未来才更值得期待。

文案示范

××，我今天思来想去，在不了解您的需求、投资偏好、理财目的、未来期望等信息的情况下，就贸然出方案，太随意了。虽然从保险顾问的角度来讲，巴不得今天发个方案，明天就签回几万元保费。

我很久以前就开始关注老年群体，为此还特别去了敬老院当义工。那是一个普通的敬老院，护理间分为一人间、两人间、四人间，房间不同，老人获得的照护也是不同的。

一人间每月的费用在5000元左右，四人间在2500元左右。手里有盈余的老人，每周或者每两周都有子孙来探望；手里没有多少资产的，一个月也见不到一次他的家人。老人对子女探望的重视就像我们对收入的重视一样，特别敏感。护理人员对有家人来探望的老人也会更加用心地照护。人间众生相在敬老院体现得淋漓尽致。

我深刻体会到老年有一笔稳定且足够的收入，是家庭和睦与体面生活的基础。养老年金是一个以终为始的人生规划，最终目的是实现老有所养。

如果我们沟通后，能在您的心里种下一颗关注养老年金的种子，我觉得远比我直接从您那里带走几万元保费更有意义。

我们好久没见，我最近也在努力学习，对养老问题特别有心得，非常期待有时间可以与您分享交流。

文案示范

××，晚上好！上次为您推荐了一个养老金产品，感觉自己特别冒昧，因为不了解您现有的理财方式，也不知道您对未来养老的期待是怎样的。

又或许您从未考虑过这件事情。

不过，有个观点还是想与您分享。我们一生通常有两段时间处于财务亏空期：一是读书期，只会花不会挣；二是养老期，花得多挣得少。这两段时间财务上的亏空，就要靠我们人生最精华的这段时间，把收入超出支出的部分向两边进行分配。一是准备孩子二三十年的成长教育金；二是准备自己退休之后几十年的养老资金。

而通过保险这类产品去规划这两段人生，有其特别的、不可替代的优势。期待有机会与您碰面仔细讨论，听听您的想法和规划。

场景2

用保险产品、保险话题、工作话题切入与客户的沟通

提升拓展客户的效率对于保险从业者来说至关重要，这不仅能够为我们带来更多机会，还能减少潜在客户的决策成本。在与潜在客户互动的过程中，除了通过社交渠道建立信任，直接以保险产品、保险话题和工作契机为切入点进行沟通，也是一个不错的选择。以下是一些可以灵活运用的场景文案：

（1）引发兴趣：合理的保险规划可以为每个家庭提供全方位的保障和财务支持，希望与客户就保险问题进行深入交流。或者告诉客户，自己刚刚参加了一个课程的学习，非常想把课程的收获和客户分享。

（2）风险提示：生活中充满了各种意外风险，而保险是化解风险、守护幸福的有效工具。我们可以一起来评估客户可能面临的风险，并找到最适合的保险解决方案。

（3）展示好处：提前向准客户说明，保险规划可以为他们带来全面的保障和财务支持，家庭主妇或者自由职业人士可以通过做保险规划，为家庭提供经济保障。企业主也能够通过购买商业保险规避风险，保障企业稳定经营。

通过这些场景文案，可以引起客户的兴趣，并展示保险规划的重要性，达到高效拓展客户的目的。

文案示范

今年是我从事保险业的第 7 年，时间过得真快，刚入行的时候才 30 岁不到，马上就快“奔四”了。这几年承蒙你们的信任，业绩做得还不错，心里充满感恩之情。

可能你们感觉到，我热爱这个行业并深度认同保险的功用与价值，所以基础保障建立后，这些年也陆续给孩子和自己存了教育金、养老金。不知不觉存下来一笔钱，想想还挺有成就感。

我们这代人生活压力很大，都想要早一点退休，过轻松优雅、自在、有尊严的养老生活。很想协助您从手机各类消费 APP，微信朋友圈各个“带货群”中，每月“抢”几千元回来，抢回来干嘛呢？留给二三十年后年老的自己，尽情地享受生活。

一份保险合同，数十年之久，隐藏着我们对自身未来的承诺和希望，也蕴含着岁月对明智生活的回报。我根据您的年龄发一份养老方案给您看看啊。后续我们约一下吧。

养老年金方案（40 岁女士）

产品类型	产品名称	年保费	保障要点
养老年金险（方案一）	×××养老年金	5 万元 / 年 × 10 年	共投入 50 万元 60 岁开始，每年领取 60900 元，或每月领取 5177 元至终身 至 85 岁，已领取 1553100 元 至 95 岁，已领取 2174340 元 活多久，领取多久，至少领取 20 年，与社保一样，按月到账
养老年金险（方案二）		3 万元 / 年 × 10 年	共投入 30 万元 60 岁开始，每年领取 23160 元，或每月领取 1969 元至终身 至 85 岁，已领取 590700 元 至 95 岁，已领取 826980 元 活多久，领取多久，至少领取 20 年，与社保一样，按月到账

注：保障要点仅供参考，请以实际产品测算为准。

文案示范

亲爱的，之前一直未曾想到与您提及保险，随着年龄增长，再加上这段时间在家想了很多，或许未来还会有很多突发状况需要面对，准确地说都需要“钱”去面对。所以为自己的未来多存钱终归是一件正确的事。

养老保险产品本身不复杂，但让我们认识到未来养老的重要性，以及老龄化、少子化等即将给未来社会带来的一系列问题却非常难。

同时，存下养老金需要我们重新规划当下消费，将钱存下延迟到未来满足，这一点也同样难以做到。

通常人们都是活在所谓的当下，远一点能看到未来3~5年，能看到未来30~40年的人则少之又少，规划了未来才能有未来。

以上种种原因都是这份工作最难的地方，因为都要克服人性的弱点。

如下表格中所列是每年缴10万元保费，缴10年。具体每年缴多少，您可根据自己的实际财务规划来安排。

产品类型	产品名称	年保费	保障要点
养老年金险（方案1）	××× 年金保险	10万元/年×10年	共投入100万元保费，60岁开始，每月领取8100元至终身 至85岁，已领取2430000元 至95岁，已领取3402000元 活多久，领取多久，至少领取20年，与社保一样，按月到账
养老年金险（方案2）	××× 养老年金	10万元/年×10年	共投入100万元保费，60岁开始，每月领取8169元至终身 至85岁，已领取2450700元 至95岁，已领取3430980元 活多久，领取多久，至少领取20年，与社保一样，按月到账
增额终身寿险	××× 终身寿险	10万元/年×10年	共投入100万元保费 至50岁，现金价值为1244789元 至60岁，现金价值为1755185元 至70岁，现金价值为2475603元 至80岁，现金价值为3491735元 至90岁，现金价值为4924710元

注：保障要点仅供参考，请以实际产品测算为准。

文案示范

××，银行正在推广的个人养老金账户您去开了吗？最近我们也组织了这方面系统性的培训，有空可以约个时间一起聊聊啊，看来养老问题从国家层面开始重视起来了。

哪怕现在每年存下 1 万元、2 万元，或 3 万元、5 万元，都能在社保基础上补充一笔退休金，挺好的。等您回复，我们约见。

文案示范

××，在吗？看记录发现，2019 年我们就成为微信好友，持续在线上保持联系，尽管通过朋友圈日复一日的文字已经很熟悉，但线上的情感始终缺乏些许温暖和真挚，我总是希望能与更多的朋友相见于现实中，展开更多的交流和互动。

这周日，您若方便，我们可以约见一下。您肯定想问我，见面聊些什么呢？

（1）有时候见面也是在梳理朋友圈各种远近亲疏的关系，聊天本身就是放松，也可以多认识一个朋友。

（2）公司目前大量的业务转到了线上及养老金这一部分，有很多新的工作机会与选择，想与您分享一下，看未来是否有更多合作交流的可能性。

期待回复哦。

文案示范

××，在吗？下面这段文字不是广告，是我认真写给您的。

虽然不记得在什么场合下我们成为微信好友，但朋友圈的日常也让我们不再陌生。不过隔着屏幕总是缺少些温度，我更渴望和朋友们多见面、多交流。

最近正好有这样一个机会，上周我们刚完成养老规划师认证培训，对养老金规划有了更深刻的认识和体会。

公司给我安排了一项任务，邀请20位朋友进行实际操作演练，来收集不同人群对养老问题的真实感受和反馈。请问您最近能否抽出一个小时与我见面，倾听我的分享？我想通过这次交流，您也可以全面了解到我们这一代人养老的现状和数据，从整体到细节，这将有助于我们更理性地规划未来的养老安排。

因我们从未见过面，在发出这条信息时，我心中十分忐忑，但想着当下养老也是个全民话题，一定有人感兴趣。同时也借机梳理一下朋友圈各种远近亲疏的关系。看看是不是通过努力连接，真诚交往，能将关系从线上延伸到线下，让友谊不再虚拟，而是真实落地。

期待回复，并抽出时间碰面哦，具体时间我们再定。

文案示范

××，在吗？一转眼已经很久未曾见面了，虽然朋友圈日复一日的动态，让我们知晓彼此的日常，但线上的互动终究比不了线下的碰面更有人情味，一直想着找个合适的机会与老朋友们走动走动。

正好，上周我们刚完成养老规划师认证培训，我与团队其他伙伴一样，收获很多，对养老金规划有了更深刻的认识和体会。

公司安排的任务是找20个朋友实操演练，收集大家的真实感受和意见反馈。您看看最近能否抽出一个小时与我见面，倾听我的分享？通过交流，您也会整体了解到我们这一代人养老的现状和数据，从宏观到微观，会让您未来更理性地看待这份储蓄与安排。

我明天下午有空，若您方便我们可以碰个面。

文案示范

亲，在吗？久未联系，保险顾问与朋友的连接方式通常不是这个产品，就是那个产品。

近期有一款非常值得推荐的重疾产品很想分享给您。这款产品是目前性价比最高的，即便全家都保，保费也很适中，可以免去对疾病与收入损失的担忧。

我先将产品介绍发给您，如需具体报价或完整方案，可以将出生日期或需求通过微信发给我。若是当下没考虑也没关系，对保险从业者来说，这些与客户的联络也是日常工作。祝一切安好。

文案示范

您好，我是××，一名资深保险从业者，最近来自各方的咨询很多，一是宝贝们的基础平安健康保障（学平险）；二是我们为人父母房贷压力下的责任保障（定期寿险）。

（1）为人父母，最大的期望是孩子们平安健康成长，倘若成长路上有些小意外和疾病，咱们就不用担心医疗费用问题了。

学平险保障内容如下：一年300元，缴一年保一年，孩子可拥有50万元的白血病保障金，1万元的住院医疗，5000元的意外门诊和5000元的自费药保障。

（2）现在大部分家庭都有房贷，这笔负债的存在，难免会让我们有隐约的焦虑和担忧，定期寿险即未来20年或30年期间，出险就理赔约定好的保障额度。

定期寿险示例如下：以30岁男性为例，保障期20年，缴费期20年，100万元保额，一年保费仅需1390元，30岁女性，仅需730元。

以上两款保障方案可为孩子或自己考虑一下，身边倘若有朋友需要或想了解，也可帮我推荐。

文案示范

××，公司推出一个教育金新产品，忍不住发给您看看。储备梦想，赢在未来。

0岁女孩，3年缴，年缴保费10万元；

18周岁开始每年领取教育金50020元；

50020 元 / 年 × 4 年 =200080 元；

22 周岁满期金 450000 元；

总计 650080 元。

所有金额都是确定收益，明确写在合同里，不管明天如何，都能保证给孩子一个确定的未来。

注：文中数据仅供参考，请以实际情况为准（下同）。

文案示范

亲，您好！之前曾与您联系过几次，不知家庭保障是否做好，很想有机会为您介绍一下。

不管您之前是否配置过保险，但一定面对过以下问题：

（1）房贷风险（或其他负债）。

（2）医疗风险。

（3）保费太贵的顾虑。

（4）到处消费，如何强制存钱，又兼顾收益。

我将解决方案整理成如下表格发给您，您可用几分钟时间了解一下，后续有需求可以随时联系我。

家庭综合保障方案

产品类型	产品名称	保额	年保费	保障要点
中端医疗	××	各 200 万元	38 岁女：×× 元 38 岁男：×× 元 9 岁男：×× 元	1. 二级及以上公立医院普通部、特需部，VIP 部、国际部，部分私立民营医院 2. 普通住院年度限额 200 万元，重疾住院年度限额 400 万元，住院 0 免赔额 3. 重疾住院津贴 300 元 / 天，年度最高 60 天 4. 院外购药，包括海南博鳌乐城特定药品医疗保险金 150 万元（即，国际最新药品） 5. 特定医疗器械费用保险金 100 万元 6. 可以一直续保，保费随年龄增长，消费型
定期寿险	××	各 300 万元	38 岁女：×× 元 38 岁男：×× 元	1. 身故或全残赔付 300 万元 2. 缴 20 年，保到 60 岁，消费型

续表

产品类型	产品名称	保额	年保费	保障要点
教育金	××	—	今年9周岁 1万元/年 × 10年 （压岁钱）	共投入10万元保费 至20岁，现金价值为124217元 至25岁，现金价值为147528元 至30岁，现金价值为175212元 至35岁，现金价值为208088元 至40岁，现金价值为247128元 现金价值可以根据实际需要随时领取
养老金	××	—	4万元/年 × 15年 （每人每年投入 2万元）	共投入60万元保费 60岁开始，每年领取59600元，或每月领取5066元至终身 至85岁，已领取1519800元 至95岁，已领取2127720元 活多久，领取多久，至少领取20年，与社保一样，按月到账
备注	表中前两项是基础风险保障，后两项是教育金与养老金			

注：保额及保障要点仅供参考，请以实际产品测算为准。

文案示范

××，您好！之前听您说买过很多保险，如果没猜错的话，应该还少一份养老规划吧。我最近一直在学习退休规划这一部分，从微观到宏观，有很多关于这方面的研究想与您分享。说不定，这部分知识对您很有用，至少能帮您建立对于养老的忧患意识，也算尽到了我的工作职责。

从意识到行动往往需要很长时间，不急于当下是否做规划，希望能碰面为您讲解一下。这周六方便的话，我们碰个面吧。

我的目标是：通过专业规划，让我的每一位客户都拥有一份“公务员”式的退休金。我这小人物，目标却远大，是不是很值得期待。

文案示范

用定期寿险连接客户

亲，您好！现在大部分家庭都有房贷，少则几十万元，多则上百万元，这笔负债的存在，一定让我们有隐约的焦虑和担忧。现在我们这里新推出一款可以锁定房贷额度的保险，即 20 年或 30 年还房贷期间，若出险就赔保额。

很想为您推荐一下，以 30 岁男性为例，保障期 20 年，缴费期 20 年，100 万元保额，一年保费仅有 1390 元，30 岁女性，每年 730 元。

可以为自己的家庭考虑一下，若身边有朋友家有房贷，也可帮我推荐一下。

文案示范

用百万医疗险和养老金连接老客户

亲，今天我在整理之前客户的保障内容时，也回顾了一下您家的方案，列在了如下表格当中，便于您查看以及未来及时缴费。发现在保障上面还有漏洞，缺一份全家的百万医疗险。同时，养老金部分也可以慢慢考虑起来了，有一个不错的产品，发给您参考一下。

建议您慢慢将这些补充起来，为生活增加更多的安全感与幸福感。

基础风险保障方案（30 岁一家三口）

序号	保障类型	产品名称	保额	保障期间	缴费时间	每年保费	保障要点	备注
1	终身重疾险	××	50 万元	终身	20 年	0 岁女：×× 元 30 岁女：×× 元 30 岁男：×× 元	1. 120 种重疾，分 6 组，每组赔付 1 次，首次 50 万元，后续每次递增 30%，每次间隔期为 180 天，其中恶性肿瘤单列一组 2. 25 种中症，不分组赔付 2 次，每次 30 万元，无间隔期 3. 55 种轻症，不分组赔付 4 次，每次 15 万元，无间隔期 4. 身故全残保障：赔 50 万元 5. 被保险人自带轻症、中症、重疾豁免，已附加投保人豁免 备注：等待期 90 天	规避患病后的收入损失

续表

序号	保障类型	产品名称	保额	保障期间	缴费时间	每年保费	保障要点	备注
2	定期寿险	××	400 万元	20 年	20 年	30 岁女：×× 元 30 岁男：×× 元	1. 20 年内发生身故或全残，赔付 400 万元 2. 若是航空意外，则赔付 800 万元	规避人生风险
3	教育金	××	3 万元	到 30 岁	15 年	×× 元	共投入 45 万元保费 20 岁时，现金价值是 689438 元 30 岁时，现金价值是 1010419 元	提前规划未来的教育支出
4	百万医疗险（待保障）	××	200 万元	1 年	1 年，可续保	0 岁女：×× 元 30 岁女：×× 元 30 岁男：×× 元	1. 一般医疗 200 万元，特定疾病医疗 200 万元 2. 免赔额 1 万元，剩余部分 100% 报销 3. 质子重离子医疗保险金 400 万元，0 免赔额 4. 院外购买的恶性肿瘤特定药 400 万元，0 免赔额 5. 院外特定疾病急需药品费用保险金 2 万元，0 免赔额 若孩子选择 0 免赔额的住院险，则保费是 ×× 元 / 年	规避重大医疗费用风险
5	养老年金（待保障）	××	6 万元	终身	10 年	×× 元	共投入 60 万元保费 60 岁开始，每年领取 74800 元至终身，或每月领取 6358 元 至 85 岁，已领取 1961400 元 至 95 岁，已领取 2745980 元 活多久，领取多久，至少领取 20 年，与社保一样，按月到账	提前规划未来的养老费用

注：保额及保障要点仅供参考，请以实际产品测算为准。

2.3 陌生客户咨询保险，这样介绍更易成交

场景

客户正在比较产品，发一段这样的文案做铺垫

客户知道我们做保险，在购买保险的过程中比较产品时，就会

直接过来咨询产品。多一个客户线索固然是好事，但如果没有系统了解客户的需求，客户问什么就答什么，不仅很容易充当免费客服，也很难真正推进到成交的环节。

如何礼貌地拒绝客户关于产品的提问？如何全面了解客户的家庭情况及保险需求？本节的文案示范可供参考。

文案示范

谢谢您的信任，在保险规划时前来咨询我的意见。虽然加上微信有段时间，但是我们之间还是陌生感重重，陌生人之间很难有良好的沟通效率。我平时有在朋友圈用文字记录工作、生活的习惯，还有价值观，有空时可以浏览一下，这样您对我有个大概的了解，后续有机会见面就不那么陌生了。

文案示范

××，您好！谢谢您的信任，在保险规划时前来咨询我的意见。人与人之间最难跨越的便是信任的鸿沟，没有信任感，人们对保险顾问这个角色本能地会有抗拒、抵触、质疑的情绪。这些年，为了增进与陌生朋友间的信任感，我每天都会记录关于工作、生活还有价值观方面的内容，有空时可以浏览一下，后续联系就不陌生了。保险本身没有那么复杂，我的专业推荐会为您节约时间，全面规划，并且能提供未来持久的服务。周末您若方便，我们可以碰个面，我为您仔细讲解。

文案示范

其实针对产品谈产品也不一定能做出正确全面的选择，我们经朋友推荐认识，彼此不熟悉，加之现在有很多保险从业者，他们都会说自己的保险产品好、服务好、价格优，这样会让您更难选择。

我在保险业工作××年了，对市面上各家保险公司的产品都很熟悉，经历过很多理赔，也熟悉所有赔付流程，其实，绝大部分保险公司赔付都非常好。

我很想给您提供精准的服务，但我不知道您的健康状况、收入情况，以及可以用在保险上的预算等，再加上没有直接沟通，也就不知道您当下真实的想法，基本靠猜。

保险买多了是浪费，买少了也无法起到保障的作用。我们可以约个时间简要沟通，以便我为您做一个系统的规划。

文案示范

亲，一直没有机会见面仔细讨论保险一事，只能根据您微信上的只言片语来零碎回答问题，从基本保障到养老理财等，陆续提供了几个产品供您参考。但这些零碎的方案与产品都无法帮您形成对保险体系化的了解，当然也无法做出相应的判断与决定。

产品是解决问题的工具，选哪家公司都行，这其实不是重要问题，关键在于您想规划一份保险的初心，是担忧什么？是想解决什么问题？是想解决部分问题还是全部解决？预算是多少？这些都清楚，方案框架就基本在那里了。

有机会期待见面详细沟通。

2.4 围绕客户朋友圈信息发文案，开启保险话题

场景 1

客户生了宝宝，想给孩子规划保险

在和客户深入沟通保险理念之前，了解客户为什么主动咨询保险非常重要。如果是因为客户经历了结婚、生子等重大人生事件而开始规划保险，我们可以与客户共情，分享他们的喜悦，并在此基础上强调保险规划的重要性，这将极大地提升我们的成交效率。

文案示范

亲爱的，看到您咨询宝宝的保险，去翻看您朋友圈，恭喜您喜获麟儿，为您感到开心。看到您这一幕，让我忍不住想起 5 年前儿子出生的时刻，初为人母的幸福感一定一模一样。

孩子出生后，那么幼小，我们都会忍不住想要给他最好的，这当中也包含一份综合全面的保障。

因为咨询新生儿保险的妈妈特别多，我正好有这样一个完整的方案发给您参考。

第一项重疾险，是一款性价比非常高的产品。您先重点关注一下，孩子满 30 天就可以直接投保了。

您还在月子当中，不要盯手机看太久，有不清楚可以发语音给我，我都会仔细回复的。

文案示范

××，晚上好！时隔两年终于又接洽上，峰回路转，还好有微信，让这份连接与信任始终都在。其间看您朋友圈，知道您做妈妈了，恭喜您人生晋级。

之前您提到过你们自己的保险，不知后来有没有配置好，这次可以连同孩子的保障帮您一起规划好，你们可以根据实际需要考虑其中一项或多项。

尽管现在保险已经为人们所熟知，但一般来说，由于对保险的了解有限，人们内心更深层次的担忧通常与实际情况存在差异。在没有面对面交流、没有具体信息的情况下，我猜想你们心中更深层次的担忧可能包括以下四个方面：

A. 责任风险（即身故、失能时，未成年子女的教育、父母赡养、各项债务等）——对应意外险、定期寿险。

B. 医疗风险（即患重疾时，发生的高额医疗费）——对应百万医疗险。

C. 因病失去工作能力时，依然要面对的各项生活支出等——对应重疾险。

D. 宝宝未来的教育金、婚嫁金安排等——对应年金险。

保险产品只是解决难题的一种方式，方案因人而异，保费和保额可根据你们家庭的具体情况做出调整。

平时我经常接到的保险咨询，都是要了解某款特定的保险产品，但我一般建议先梳理需求，将保险融入家庭的长期财务计划中，再逐步建立完备的各项保障，使生活中的重要事务有序规划，从容不迫地进行。

我想，这也是我这份工作于每一个家庭的意义。

场景 2

看到客户为一个同事转发了一条“水滴筹”

在朋友圈中，我们经常看到人们转发轻松筹、水滴筹等帖子。无论这些帖子是为谁而转发，这都是一个沟通保险话题的良好机会。然而，如何进行有效沟通，既不引起反感，又能够达成共识？

我们应该关注对方的需求，使用简洁明了的语言，结合现实生活中的事件，保持真诚和专业性，达成有效的沟通和共识。这样的文案更容易引起他人的兴趣和认同。

文案示范

亲爱的，在吗？看您一直没回复，心中忐忑不安，但想着还是要争取一下，希望每一个曾经联系过的人都能因我的坚持而建立好全家人的保障。

在写这段文字时，我翻阅了您朋友圈，看到 7 月 9 日您为一位同事转发的一条“水滴筹”信息，点开链接，看到转发了 340 次才筹到 2 万元，而且最后一笔提款只有 100 多元，心中很难过。身处困境，几乎耗尽所有人脉资源，不过才获得此微薄捐助，既解决不了问题，又降低了尊严。我想，这都不是我们想要的。

真诚建议您再斟酌一下我之前发给您的方案，配置的都是高性价比产品。错过这一次，接下来再考虑重疾险，保费会贵很多。

期待回复。

小结

无论是在业主群、兴趣群新添加的好友，还是被微信好友屏蔽了朋友圈、陌生客户单纯地来咨询产品对比，都可以通过走心且具有专业感的文案开启与客户之间的话题，做好保险理念的铺垫。有了第一步的激活之后，就有机会进行后续的跟进与经营。

第 3 章

约访篇：温暖传递保险观念，打破客户心理防备

在保险营销的过程中，与潜在客户约见面是不可或缺的一环。然而，很多保险从业者都会面临一个共同的挑战，那就是客户的心理防备。

客户可能对保险抱有疑虑、担心被推销，甚至对保险观念存在误解。在这样的情况下，只有通过温暖的交流和有效的沟通，打破客户的心理防备，才能实现成功约访。以下是成功约访必不可少的三个环节：

（1）叙旧与共情：约访时，提前了解客户的情况，关注客户的需求，让他们感受到被重视和理解。结合客户的朋友圈分享和前期的沟通，深入了解客户的家庭、工作和未来规划等方面，与他们建立更深层次的连接。

（2）分享保险规划思路：根据客户的需求，将保险观念进行个性化呈现，用简洁明了的方式传达保险的作用和好处。用文案做好铺垫，通过具体的案例和生活化的语言，把抽象的保险概念变得鲜活生动，让客户更容易理解和接受。

（3）提供方案设计思路：在约访过程中，除了传递保险观念，还可以提供一些有价值的信息和资源，帮助客户解决问题。分享一份简单易懂的保险指南，让客户提前建立和我们同频的保险认知，这个环节也展示出我们的专业知识和服务能力。

做好以上三个步骤，就可以大大提高约访的成功率。

3.1 用好文案，顺利与多年老友聊保险

场景

老朋友咨询保险，展示专业更重要

很久没见的老朋友，想了解保险。这是很好的保险成交线索，

但老朋友并不直接等于高意向客户，在理念沟通环节，任何一个步骤都不能少。本节中的文案，用作和老友的保险理念沟通，既有专业又有温度。

文案示范

××，晚上好！隐约记得多年前我们碰过面，后来因新产品微信上偶有联系，这些年我整日忙于前端业务，对很多熟人疏于联络，成人之间的关系总是那么真实又现实。好在还有微信，让我们从日复一日的记录中知晓彼此的点点滴滴。

在写这段文字之前我浏览了您近两年的朋友圈，看您认真用心写下的每一段关于孩子的成长与陪伴，关于夫妻间恩爱的20年，关于家乡亲人的欢聚与离去，关于友谊的相聚与小酌，看您收拾美美热爱生活的模样，看您岁月静好、平淡有趣的日子，为您开心。一定是创业成功了，记得您提起过创业走上轨道后要找我买保险的。

一般情况下受限于对保险的了解，客户心中更深层次的担忧与描述出来的往往有差别。微信中您提到想为丈夫考虑意外保险与重疾保险，在没见到面、不了解具体信息的情况下，我猜，你们心中更深层次的担忧可能是以下三点：

（1）关于你们夫妻俩。目前您丈夫一人工作，是家庭主要收入来源，家里的顶梁柱。上有父母要赡养，下有幼儿要养育，就怕人生中哪个环节出现了风险，接下来所有的事情都会难以面对。我想，这应该是您前后两次跟我咨询保险，潜意识当中想要表达的内容。

（2）关于两个孩子。你们可能会为他们的未来去做一些规划与安排，也许在当下做一部分安排，未来再做一些安排，无论如何，这终将是你们家庭从现在到未来一定会考虑的事情。

（3）关于父母。父母一天天变老，他们生长在那个年代，没有办法像我们现在这样，能够有机会、有能力去为自己的未来做长远的规划，所以责任无形当中就会落到你们夫妻俩的身上。

这些也是我在帮助众多中产家庭规划保险时，一定会考虑的问题。

无疑，保险是一个家庭更科学安排财务的必备工具。保险，有助于摆脱担心和不安，让我们更好地活在当下，同时帮助我们管理支出、养成储蓄的习惯，追求更令人期待的未来。

具体方案如以下表格所示。您可以选择我提供的这套方案，也可以根据具体情况自行在方案基础上重新组合，表中所列的保费都是同类型产品中性价比最优的，保额可根据您的预算进行调整。

基础风险保障方案（45 岁一家四口）

序号	保障类型	产品名称	保额	保障期间	缴费时间	每年保费	保障要点	备注
1	终身重疾险	××	50 万元	终身	20 年	10 岁女：×× 元 13 岁男：×× 元 45 岁女：×× 元 45 岁男：×× 元	1. 120 种重疾，分 6 组，每组赔付 1 次，首次 50 万元，后续每次递增 30%，每次间隔期为 180 天，其中恶性肿瘤单列一组 2. 25 种中症，不分组赔付 2 次，每次 30 万元，无间隔期 3. 55 种轻症，不分组赔付 4 次，每次 15 万元，无间隔期 4. 身故全残保障：赔 50 万元 5. 被保险人自带轻症、中症、重疾豁免，已附加投保人豁免 备注：等待期 90 天	规避患病后的收入损失
2	定期寿险	××	400 万元	20 年	20 年	45 岁女：×× 元 45 岁男：×× 元	1. 20 年内发生身故或全残，赔付 400 万元 2. 若是航空意外，则赔付 800 万元	规避人生风险
3	百万医疗险	××	200 万元	1 年	1 年，可续保	10 岁女：×× 元 13 岁男：×× 元 45 岁女：×× 元 45 岁男：×× 元	1. 一般医疗 200 万元，特定疾病医疗 200 万元 2. 免赔额 1 万元，剩余部分 100% 报销 3. 质子重离子医疗保险金 400 万元，0 免赔额 4. 院外购买的恶性肿瘤特定药 400 万元，0 免赔额 5. 院外特定疾病急需药品费用保险金 2 万元，0 免赔额 若孩子选择 0 免赔额的住院险，则保费是 ×× 元 / 年	规避重大医疗费用风险

续表

序号	保障类型	产品名称	保额	保障期间	缴费时间	每年保费	保障要点	备注
4	养老年金	××	6万元	终身	10年	××元	共投入60万元保费 60岁开始，每年领取74800元至终身，或领取6358元/月 至85岁，已领取1961400元 至95岁，已领取2745980元 活多久，领取多久，至少领取20年，与社保一样，按月到账	提前规划未来的养老费用
5	教育金	××	3万元	到30岁	10年	××元	共投入45万元保费 20岁时，现金价值是689438元 30岁时，现金价值是1010419元	提前规划未来的教育支出
备注	以上是重疾险50万元+寿险400万元+医疗保障200万元+一份养老计划+一份教育计划							

注：保额及保障要点仅供参考，请以实际产品测算为准。

保险方案思路：

（1）责任风险（即身故、失能时，未成年子女的教育、父母赡养等）。

（2）医疗风险（例如，罹患严重疾病时产生的高额医疗支出，以及因健康原因不能工作，但仍需承担的生活费用等）。

（3）养老及子女教育储备（可以每月强制缴8000元保费，缴10年，相当于别的家庭还房贷）。

若干年后，回头想想，因为当初的安排，让我们当下的幸福指数上升了很多；因为有安排，让我们更坦然地活在当下，没有那么焦虑。这也是我为数百个家庭设计全面保险方案的根本目的，也是我工作的意义所在，期待与您进一步沟通。

文案示范

××，您好！今天下午翻开多年前的投保记录，找到您的出生日期，做了准确的养老金计划发给您参考。当年您为家人投保的场景如在眼前，时间如此之快，竟又到了筹划养老的年龄。这些年疏于联系，还好有微信朋友圈的记录，能知晓我们过去的每一天，让我们不觉陌生。成年人之间的关系总是这么真实，又这么功利，通过一条推荐养老金的微信，才又建立新的连接。

这款养老金产品形式很简单，我列了 3 种不同的金额供您参考。人们最后是否决定存下一笔养老金，主要取决于对养老这件事的认知，而保险产品仅是通过强制储蓄、固定领取，来协助人们实现富裕养老的一个工具。目前推荐的这款产品是同类产品中收益较高的，很多客户在我的推荐下都或多或少做了一些安排。

养老是每个人终究要面对的问题，年轻时多做些安排，年老后，生活弹性更大、更富足、更有尊严。世上投资理财渠道那么多，但这个一定是最安全、最省心的规划。

养老年金储蓄方案（33 岁女士）

产品类型	产品名称	年保费	保障要点
养老年金险（方案一）	×××养老年金	5 万元 / 年 × 10 年	共投入 50 万元保费 60 岁开始，每年领取 60900 元，或每月领取 5177 元至终身 至 85 岁，已领取 1553100 元 至 95 岁，已领取 2174340 元 活多久，领取多久，至少领取 20 年，与社保一样，按月到账
养老年金险（方案二）		5 万元 / 年 × 15 年	共投入 75 万元保费 60 岁开始，每年领取 84750 元，或每月领取 7204 元至终身 至 85 岁，已领取 2161200 元 至 95 岁，已领取 3025680 元 活多久，领取多久，至少领取 20 年，与社保一样，按月到账
养老年金险（方案三）		3 万元 / 年 × 10 年	共投入 30 万元保费 60 岁开始，每年领取 23160 元，或每月领取 1969 元至终身 至 85 岁，已领取 590700 元 至 95 岁，已领取 826980 元 活多久，领取多久，至少领取 20 年，与社保一样，按月到账

注：保障要点仅供参考，请以实际产品测算为准。

有不清楚的地方随时问我。考虑好后，我发链接给您，直接电子化投保即可，这样就不用来回见面了。

3.2 与熟悉的朋友开启保险话题，用好文案，理念更到位

场景

客户问完保险后，就没有后续了

每一位保险从业者都曾面对过无数个潜在客户的犹豫和拒绝。有的客户或许觉得保险规划暂时不迫切，有的可能转向了其他保险顾问，还有些人也许只是暂时没有购买保险的意愿。然而，暂时的需求缺失并不代表永远不需要。

鉴于每个家庭一生中都会拥有多张保单，因此，持续的跟进显得尤为重要。通过精心撰写的文案，我们可以确保每次跟进都在客户心中留下深刻的印记。

文案示范

××，晚上好！翻开聊天记录，我们是去年10月初次联系，后由于种种原因未能有机会仔细交流家庭保障一事。

当下几款线上重疾险，性价比超高，很适合普通家庭用于规避重疾风险。但这类线上产品监管已下发文件，会于本月底全部下架。之后，这些产品就一去不复返了，大数据对未来的预判比我们更精准，下架是因为高赔付、微利，对保险公司的经营有风险。但从相反角度来看，恰恰是对客户有好处的。

这个产品可以选择带身故责任，或者不带身故责任，如果选择不带身故责任保障范围就会缩小。缴费年限可以选20年或30年，我推荐20年。

搭上这班车，将一家四口的重疾保障做好，更轻松地面对未来。重疾险是每个家庭的必备规划。我将产品链接发给您，您点开即可测算保费，也可在上面直接操作投保，我在后台能看到保单。若身边有朋友需要，也可将此链接发给他们。

以上请参考，如有不明白随时问我。

文案示范

××，在吗？您之前提到过考虑一家人的保险，其中重疾险部分，3 月推出了一款新产品，我想调整一下之前为您做的方案。

调整后的方案与之前相比：

（1）原方案与现方案若都选保障终身则保费相差无几，但现方案可以选保到 70 岁，会节省很多保费。如果一家三口保额选 30 万元，总保费为 13662 元。

（2）原方案轻症赔付 20%，现方案轻症赔付 45%。

（3）原方案没有中症，现方案有中症，且额外赔付 60%。

（4）原方案癌症赔付一次，现方案赔付二次，包括新增、复发、持续和转移四种情况。

新产品是最近保险公司推动业务、回馈市场的产品，短期内就会停售。第一时间告诉您，为方便您看明白，我将保险责任用链接发给您。您有空时仔细看一下，若有不明白之处，随时问我。

文案示范

××，感谢您的信任和支持，让我有机会为您提供保险服务。记得，还是在几年前的一次聚会上我们认识，后续少有联系，我们成了名副其实的“网友”，但您给我的每一次点赞我都看到了，谢谢您一直的关注与对我文字中价值观的认同。在当下，每个人身边都有一两个或多个保险顾问，而我们能通过微信保持联系，呈现方案，获得信任，最终到成交一张保单，这一切都十分不容易，我对每一个机会都格外珍惜。

昨天微信中您提到想为女儿配置保险，我没有询问太多，为父母者对子女的爱与关怀普天之下皆同。父母之爱子，其性质相同，然因经济状况不一，常有厚薄之分。

其一，基础保障部分，即疾病、医疗与意外风险。

其二，留钱给孩子。普通家庭的收入主要用于个人消费，而富裕家庭则不止如此，他们更注重为孩子创造更好的未来，传承自己的核心价值观和财富观，以确保孩子终身富有、有所作为。每一笔财富留给子女都饱含着我们对其祝福与期望，怎么更科学均衡地留，值得我们深入思考。

产品只是解决问题的工具，我将基础保障部分的组合方案发给您，供参考。保费与保额可以根据你们的实际情况进行调整。若是考虑留钱给孩子，这部分方案我们留到碰面时仔细讨论后再具体规划。

文案示范

××，周末估计你们都在忙，所以就没再联系。一转眼都快人到中年了，基础保障部分应该一一规划好，是为自己未来长远考虑，也是为减轻未来孩子的负担。

生活就是如此，顾了未来就顾不得眼前，考虑眼前就顾不了未来。所以说，平衡是最大的智慧。一点保费看似眼前的支出，却又是未来困境时的收入。今天晚上若方便，我想去您家里一趟，帮你们把保障规划落实下来。

文案示范

××，您好！久不联系，一联系就是保险，成人之间的社会关系总是那么真实又那么微妙，好在还有微信朋友圈，简略文字中能知悉彼此每一天。养老规划与风险保障是每个人一生中重要的财务安排，希望能有机会为您提供这方面的服务。方案的基本构想您可以简单浏览一下，等我们见面讨论时就会更有针对性，沟通效率也会大大提高。

微信文字中说了您大概的需求，如果没猜错的话，应该是指：重疾、医疗与意外风险保障。因不知道您的收入、婚否及是否有房贷负债等因素，但结合过往为类似客户提供方案的经验，为您列了基本组合方案、具体保费及保障额度，还有细节部分留待后续碰面时仔细讨论。

具体方案如表格所示。您可在方案中选择我推荐的这个产品组合，也可根据方案框架自行调整，表中列出的保费都是同类产品中最具性价比的，也是客户选择最多的。

基础风险保障方案（30 岁女性）

序号	保障类型	产品名称	保额	保障期间	缴费时间	每年保费	保障要点	备注
1	重疾险	××	50 万元	终身	20 年	30 岁女：×× 元	1. 120 种重疾，分 6 组，每组赔付 1 次，首次 50 万元，后续每次递增 30%，每次间隔期为 180 天，其中恶性肿瘤单列一组 2. 25 种中症，不分组赔付 2 次，每次 30 万元，无间隔期 3. 55 种轻症，不分组赔付 4 次，每次 15 万元，无间隔期 4. 身故全残保障：赔 50 万元 5. 被保险人自带轻症、中症、重疾豁免 备注：等待期 90 天	规避患病后的收入损失
2	定期寿险	××	400 万元	20 年	20 年	30 岁女：×× 元	1. 20 年内发生身故或全残，赔付 400 万元 2. 若是航空意外，则赔付 800 万元	规避人生风险
3	百万医疗险	××	200 万元	1 年	1 年，可续保	30 岁女：×× 元	1. 一般医疗 200 万元，特定疾病医疗 200 万元 2. 免赔额 1 万元，剩余部分 100% 报销 3. 质子重离子医疗保险金 400 万元，0 免赔额 4. 院外购买的恶性肿瘤特定药 400 万元，0 免赔额 5. 院外特定疾病急需药品费用保险金 2 万元，0 免赔额	规避重大医疗费用风险
4	意外险	××	20 万元	1 年	1 年，可续保	30 岁女：×× 元	意外伤害 20 万元，航空意外 60 万元 公共交通意外 40 万元，猝死保障 20 万元 意外医疗 1 万元（社保外自费药也可报） 意外住院津贴 200 元 / 天，意外重症病房住院津贴 400 元 / 天	规避重大意外风险和意外医疗支出
备注	以上是重疾险 50 万元 + 寿险 400 万元 + 医疗保障 200 万元 + 意外保障 20 万							

注：保额及保障要点仅供参考，请以实际产品测算为准。

文案示范

××，您好！微信中您提到有200万元的负债，这是好事，说明您在充分利用杠杆增加自己的固定资产，也说明你们有能力去应对这个额度的债务。如果能将这些负债对应的风险通过保险来转移，这样的安排就更科学了。

方案思路：

（1）责任风险（即身故、失能时，未成年子女的教育，各项债务）。

（2）医疗风险（即罹患重大疾病时发生的高额医疗支出，以及因为疾病导致不能工作，收入降低，但仍需承担的各项生活费用等）。

（3）养老及子女教育。

手头再紧，只要您觉得重要，也一定能抽拨少许资金出来做这项安排，安排好后，您的心态与当下会完全不一样，不再焦虑，不再恐慌，定定心神活在每一个当下。否则，任何一个风险都会让我们陷入困境。人这一生，赢在认知，也败在认知。这也是我为数百个家庭规划全面完整的保险方案的终极目标，也是我工作的意义所在，期待与您详细沟通。

文案示范

××，这个周末能碰个面吗？作为初次考虑保险保障的客户，我很理解您谨慎对待的心情，因为涉及未来很长时期的规划，人们难免担心买错、买贵或享受不到服务。各类业务人员推荐的产品或道听途说的内容都是碎片化的信息，会干扰我们的选择与判断，而这些在我心中都是体系化的，能根据您的实际需求，同时兼顾性价比、后期赔付服务等来专业推荐。

我大学毕业至今都在一线工作为客户提供保险服务，希望能得到您的信任。

3.3 与老同学见面谈保险后，用文案总结更能促进成交

场景 1

老同学想规划保险，聊了两次，但感觉不着急购买

与熟悉的人谈论保险时，我们能够充分利用彼此间的信任基础，进行更加深入的交流。然而同时也面临一些挑战，由于关系很近，往往难以以过于正式的方式讨论保险理念。在这种情况下，一篇精心编写的文案变得更重要了。它不仅能够表达情感，还可以系统地展示我们对保险的专业观念，通过文案充分传达保险的重要性，从而促进成交的进程。

文案示范

××，感谢您的信任和支持！在整理方案前，我想了很久很久，结合前两次碰面聊天中提到的有限信息，我将自己尽量还原到您当下的生活与立场，想象着，您对未来期待的是什么？担心的是什么？有哪些眼前担忧与焦虑是我们的产品与服务能解决的？又有哪些潜在的风险与危机是您可能没意识到，需要沟通后协助您梳理出来的？

一个家庭规划保险，不是买一两个保险产品那么简单，不管是否有机会成交，我都会用我的专业知识，带着客户去思考一遍整个家庭的长远规划，将保险真正当作解决家庭成员各类人生事件的工具。这样，客户与我认识，或做这场咨询都是有意义的。

对于大多数普通人来说，终其一生实现财富自由的可能性很小，如果我们将家庭财富的关注点集中在钱上，整天想着赚钱，依然会觉得始终不够用，会有焦虑感。但如果我们将关注点聚焦到具体的事上，用有限的资金去一一规划好家庭成员的人生事件，那种安全感及对人生的掌控感便强了很多。

一个家庭的事，说起来各家都不同，但主要的事件就那么几件，我将这些事列一个先后顺序：

日常生活支出 > 疾病、医疗、意外、身故等各类风险 > 自己的养老 >

孩子的教育。

如果用我们一生所有收入，能按部就班解决好这些事，幸福感其实挺强的。您可以试试看，听听我的方案。方案框架如以下表格所示，其中产品细节部分留待见面讨论。

基础风险保障方案（35 岁一家四口）

序号	保障类型	产品名称	保额	保障期间	缴费时间	每年保费	保障要点	备注
1	终身重疾险	××	50 万元	终身	20 年	0 岁男：×× 元 3 岁男：×× 元 35 岁女：×× 元 35 岁男：×× 元	1. 120 种重疾，分 6 组，每组赔付 1 次，首次 50 万元，后续每次递增 30%，每次间隔期为 180 天，其中恶性肿瘤单列一组 2. 25 种中症，不分组赔付 2 次，每次 30 万元，无间隔期 3. 55 种轻症，不分组赔付 4 次，每次 15 万元，无间隔期 4. 身故全残保障：赔 50 万元 5. 被保险人自带轻症、中症、重疾豁免，已附加投保人豁免 备注：等待期 90 天	规避患病后的收入损失
2	定期寿险	××	400 万元	20 年	20 年	35 岁女：×× 元 35 岁男：×× 元	1. 20 年内发生身故或全残，赔付 400 万元 2. 若是航空意外，则赔付 800 万元	规避人生风险
3	百万医疗险	××	200 万元	1 年	1 年，可续保	0 岁男：×× 元 3 岁男：×× 元 35 岁女：×× 元 35 岁男：×× 元	1. 一般医疗 200 万元，特定疾病医疗 200 万元 2. 免赔额 1 万元，剩余部分 100% 报销 3. 质子重离子医疗保险金 400 万元，0 免赔额 4. 院外购买的恶性肿瘤特定药 400 万元，0 免赔额 5. 院外特定疾病急需药品费用保险金 2 万元，0 免赔额 若孩子选择 0 免赔额的住院险，则保费是 ×× 元 / 年	规避重大医疗费用风险
4	养老年金	××	6 万元	终身	10 年	×× 元	共投入 60 万元保费 60 岁开始，每年领取 74800 元至终身，或每月领取 6358 元 至 85 岁，已领取 1961400 元 至 95 岁，已领取 2745980 元 活多久，领取多久，至少领取 20 年，与社保一样，按月到账	提前规划未来的养老费用

续表

序号	保障类型	产品名称	保额	保障期间	缴费时间	每年保费	保障要点	备注
5	教育金	××	3 万元	到 30 岁	15 年	×× 元	共投入 45 万元保费 20 岁时，现金价值是 689438 元 30 岁时，现金价值是 1010419 元	提前规划未来的教育支出
备注	以上是重疾险 50 万元 + 寿险 400 万元 + 医疗保障 200 万元 + 一份养老计划 + 一份教育计划							

注：保额及保障要点仅供参考，请以实际产品测算为准。

目前家庭现状：

有两个儿子，妻子在家照顾孩子。您一个人工作，之前一直是房企高管，收入颇丰，当下处于职业转型期，有可能考虑创业。想在创业前，将自己与家人的很多事情安排妥当，因为创业有风险，创业的最终目的也是让家人有更好的生活。

表中方案是按通常家庭的四个风险维度来设计的，供您参考。

A. 责任风险（即身故、失能时，父母赡养、各项债务房贷等）——对应意外险、定期寿险。

B. 医疗风险（即患重疾时，发生的高额医疗费）——对应百万医疗险。

C. 因病失去工作能力时，依然要面对的各项生活支出或收入损失等——对应重疾险。

D. 自己的养老或孩子的教育储蓄等——对应年金险。

表中的方案先供您参考，到时候您可根据实际需要选择其中一项或多项组合。有不明白之处随时问我，结果不重要，我们轻轻松松沟通即可。

很多客户经常会找我咨询某个具体的保险产品，但我的建议是在明确需求后，再将保险纳入家庭的长期财务规划中，拨出相应预算，有条不紊地逐步建立健全各项保障，让人生重要事务有序规划，从容不迫地进行。我想，这也是我这份工作于每一个人及每个家庭的意义。

场景 2

客户两年前咨询过保险，这样唤醒

客户咨询保险已经两三年了，如何进行有效跟进是一门技巧。

我们应该回顾之前的对话和记录，以了解客户的需求和关注点有没有发生变化，设身处地理解客户的立场，写好沟通文案，在跟进过程中展现出真诚和专业，展示出对客户的关注和重视。跟进客户并建立良好的互动，是保险事业的长期工作。

文案示范

亲爱的，下午好！很抱歉这会儿才仔细回复您。刚刚我将我们前后联系保险的所有过程都看了一遍，帮您仔细梳理一下：

我们前年5月在会所认识，至今已2年有余，那会儿您就咨询过保险，后来又陆续询问过多次，我能感受到您很想为自己考虑一份保险，但由于种种原因一直未定下来。

我们未曾正式碰面讨论过保险一事，不知道您对未来真实的需求和担忧，只能凭有限的微信聊天记录了解一些您的情况。

说白了，每个女人出于安全感考虑都会为自己买一份重疾保险，以备不时之需，同时，在有能力时，还会为未来养老提前做些安排。您现在年轻，有能力赚到钱，当您将自己的医疗与养老都安排好时，每一天会过得更自信。不知您可曾想过，一旦您自己发生健康问题，谁会照顾您、帮助您？年老时，又能有谁来为我们养老？每天新闻或微信上都有各种各样因病致贫，或因病被家人抛弃的事情发生。所以，做好安排，才是明智的选择。

我很感谢您在考虑保险时会想到跟我咨询，虽没有碰面，但一定是朋友圈大量文字记录，让您对我有一种信任感。我大学毕业后在保险公司工作20年了，通过保险帮助若干家庭规避风险，或是强制存下了养老金，客户理赔后都非常感谢我。我会在这个行业认认真真工作一辈子，所以后续的服务您也不用担心。

我把产品链接发给您，供您参考；建议您尽快考虑。接下来的投保，都要当面录音录像，手续比较多，我们可以尽快落实。

文案示范

××，晚上好！元月联系至今，时间已快过去半年，其间陆续联系，偶有回应。保险业务员其实挺难。

晚上我仔细回顾了我们之前的沟通记录，也浏览了您近半年的朋友圈，发现您是特别有规则的人。每天发4条朋友圈，关于财经、早餐、每日一答、课程信息、行业介绍……字里行间也在体现着您工作的细节和点滴。

提到保险，我猜想，当初是什么原因让您觉得要考虑重疾险？回到初心，一切行动方有缘由。其间可能是因为疫情影响，也可能是因为想法没那么迫切了，所以才没有回复我。

有些想法会因环境而改变，而有些想法却来源于人性深处，永远不会改变，比如对生的敬畏、对死的恐惧、对未知的担忧、对病痛的无助，等等。人生有万种情绪，却又可简单粗略归因于一种需求，即对钱的需求。这些需求中有很多可以通过保险这个工具来提前规划。

以前，我为很多中产家庭提供过服务，受限于客户对保险的了解，我将这类家庭常见风险归为以下四点，与您探讨。

A. 责任风险（即身故、失能时，未成年子女的教育、父母赡养、各项债务等）——对应意外险、定期寿险。

B. 医疗风险（即患重疾时，发生的高额医疗费）——对应百万医疗险。

C. 因病失去工作能力时，依然要面对的各项生活支出等——对应重疾险。

D. 宝宝未来的教育金、婚嫁金，自己的养老安排等——对应年金险。

如果近期您方便，希望能够有机会与您碰面讨论以上各项安排，也期待能用专业知识协助您有条不紊地逐步建立健全家庭保障，让人生的重要事情都在规划中有序进行，让我们的人生不慌不忙，从从容容。

3.4 与专业人士谈保险，用好文案，事半功倍

场景

与医生、律师谈保险，用同理心理解他们的专业

当医生、律师等专业人士咨询保险时，他们通常对保险条款和疾病范围非常了解，并在保险规划方面有自己的独到见解。因此，我们越是理解他们的专业知识，就越能够有效地进行沟通。

文案示范

Hi，×× 医生，晚上好！

之前几次由于各种原因都没能好好通话，只能在这夜深人静的时候，用文字交流一下心中所想，保险顾问都很不容易。希望我的努力与勇气能化解这份陌生感。

回顾我们的几次接触，从微信交流、电话沟通到后来咨询重疾险对比表来看，我能感受到您深深的保险观念和风险意识。

兴许因为您职业的关系，见多了生老病死残，对于重疾险的选择也会更多看重保障内容。我想这也是您找我咨询重疾险的原因。想要多看看，多了解了解，货比三家。而我在保险行业从业 20 年，恰好可以提供这条捷径，提供全面的产品信息，客观、公正地提供分析和建议。

希望见面详细给你们介绍一下，期待您的回复。

祝您一切顺利。

3.5 写好见面之前的铺垫文，让面谈接洽更顺畅

场景 1

不同情况、不同认知的客户，用不同的文案做铺垫

保险成交的关键在于有效沟通。然而，当我们与客户在保险认

知上存在差异时，如何高效地达成共识呢？

在与客户见面之前，通过文案将要沟通的核心逻辑写出来，用简洁的文字和清晰的结构展示，更有助于与客户见面时的沟通。

在准备文案时，清楚地表达出保险产品的核心信息和优势，根据客户的特点和需求进行有针对性的设计。文案的结构也需要清晰明确。采用层次分明的标题和段落，将核心逻辑和关键信息突出展示。逻辑严谨的结构可以帮助客户更好地理解和记忆文案的内容，从而更好地引导后续的沟通。

文案示范

××，晚上好！为了节约您的时间，更高效地与您沟通，我将明天您可能会问，以及我要说的内容总结如下：

（1）我们为什么需要规划这些保障？

a. 现在我们所处的时代与从前已截然不同，人们都知道保险的好处，然而要将这些好处落地，需要实实在在每年存下几万元的保费，需要我们将这部分储蓄延迟到未来满足。知道这个道理的人很多，落实到行动的却很少，否则世上怎会有那么多生老病死的尴尬，这也是我们这一行工作的最难之处。

b. 当我们从存下第一笔保费开始，做好这些规划，事实上便解决了内心很多担忧与焦虑，关乎自己的、孩子的、父母的健康及人身保障，甚至是养老问题。

c. 人们会花费几百万元买房子，甚至不惜用贷款，用杠杆，因为这几百万元匹配了我们内心对安居乐业的梦想。而假设每年5万元的保费，20年下来，我们将这100万元匹配成我们从当下到未来，再无后顾之忧，安心踏实活在当下每一天的美好心情，也一定非常值了。况且，这100万元终究是份储蓄，未来给到家人的会是200万元甚至更多。

（2）我为什么需要买这个额度？

额度越高，给予我们的安全感越强。就像我们买车喜欢奔驰、宝马一样，因为安全性高，如果将保障也做到“奔驰”级别，当下体面，未来会更体面。

（3）产品组合如何选择？

之前的方案框架已经比较全面，各个产品也都是同类产品中性价比最高的，具体如何组合搭配，明天见面详细与您讨论。

（4）我的优势。

说不出太多大话，但比一般从业者在这个行业工作得更久，也更有可能为您提供比较持久的服务。我热爱这个行业，所以20年来每天都兢兢业业地做着这些点点滴滴。相信从这些文字中，您能体会一二。我的微信朋友圈也记录了我这些年认认真真度过的每一天，有空时可以浏览一下，多些了解与信任，便不觉陌生了。

感恩遇见。

文案示范

××，晚上好！根据您昨晚微信提到的内容，我将思路与想法整理如下，期待后续与您共同讨论。

通常在帮客户做风险规划时，会按资产（可直接用于投资的金融类资产）级别做如下分类：

（1）资产在30万~200万元的富裕家庭。

（2）资产在200万~1000万元的高净值家庭。

（3）资产在1000万元以上的超高净值家庭。

不同财富的群体对人生的规划各有不同，以往第一类客户是我平常工作中涉及最多的人群，第二、第三类客群也幸运服务过几例。虽然他们对待保险的态度和认知千人千面，但其中关乎人性的部分却大同小异。我列举如下，您看是否曾从人性角度认真思考过以下种种？

（1）放眼未来，大部分行业能看到5~10年的经营状况，但10~20年，甚至更远，就很难把握了，现实中的大部分行业都难以给到我们一种永续的安全感与现金流。如果有一个工具，可以协助我们趁年富力强时做好安排，保证未来永续的收入与现金流，延续我们对生活的掌控度与安全感，会不会更好？

（2）普通家庭的收入主要用于个人开销，而富裕家庭不仅如此，更多会考虑给孩子更好的教育，为子女创造更美好的未来；如何传承自身的价值观和财富理念，确保子女终身富足、有所建树。每一笔留给子女的财富都饱含着我们对其祝福与期望，怎么更科学均衡地留，才能让孩子常记恩情、没有矛盾，值得我们深入思考。

（3）多伟大的英雄都得面对疾病与衰老，更何况常人，这是生命的无奈，却也是生命的公平所在。怎样在年老时还保有对自己、对财富如今天一样的掌控度？怎样用规则、制度和工具去给予孩子一定的约束，让他们奔跑在我们期待的方向上，如何做到这样？

（4）当下的企业经营是依靠系统还是依靠您的先生或您本人。如果依靠人，那么这个人的风险就会影响整个企业的经营，如何规避这样的风险，让企业经营安全稳健，为我们的家庭带来持续财富？

（5）孩子未来愿意接班吗？他们未来有能力驾驭继承而来的大笔财富吗？怎么做好这方面的规划，让孩子终生幸福、安全？

以上这些一定不是给几套房子、不确定性的股权或给几千万元存款就可以解决的。唯通过合理规划，才能更体面从容。

在提到具体的保险产品之前，需要思考上述每一个问题，如果有对这些问题的担忧或愿望，那我们就需要保险这样一个金融工具；如果没有这些担忧，或者自己有更好的解决方案，也完全可以不考虑保险这个工具。

我相信，如果我们静下心来思考这些问题，并理性地解决它们，人生一定会更加美好。我会准备具体方案供您参考，期待后续与您详细讨论。

场景 2

客户有过不愉快的购买保险的经历

有的客户很认可保险的功能，但曾经被不专业的保险从业者“伤害”过，从而导致客户很谨慎，想好好做保险规划，却又不肯充分表达自己的需求，这时候，用文字打开客户的心结，反而更有效。

文案示范

××，我回顾了一下我们的微信沟通记录，发现您是个对新生事物非常感兴趣的人。以往我发新的保险产品，您都会关注回应，当然也有可能是出于对我的尊重。

不知道是不是之前在您叔叔那里购买保险不愉快的经历，让您对其心存戒备。您潜意识又很想规划好家人的医疗风险，并做好养老储备，可是对周围的保险从业者又不能完全信任。

我很想努力做些什么，消解您曾经购买保险的不愉快经历，并建立您对专业服务的信任，从而接纳我专业的规划和服务。放下心中的戒备，深入交流讨论，我才能想您所想，给出最优方案。

在某宝上了解保险，购买保险，信息比较碎片化，既不系统完整也不节约时间，而且在后续理赔服务上，都需要自己亲力亲为，毕竟某宝只是销售平台。

而我的服务可以为您更系统化地呈现方案，既节约时间，又节省预算。期待见面。

场景 3

客户经常咨询保险，但一直没有成交

有时候我们与客户在线上就保险方案进行多次沟通，但客户可能觉得没有紧迫性，最终导致无法继续推进。在这种情况下，如何继续有效地跟进？在使用文案与客户建立联系的过程中，以下三个方面是必不可少的：

（1）回顾之前的经历：回顾客户的背景以及我们之前的沟通内容，进行一次全面的梳理。了解客户的需求、痛点和关注点，对双方之前讨论过的话题进行回顾。

（2）分享专业思考：充分表达给客户发送信息的理由，并结

合保险规划逻辑和客户的家庭情况进行分析。通过对客户的需求和问题进行深入思考和分析，展现我们作为专业人士的见解和思考。

（3）表达期待：告诉客户我们希望能够与其深入交流的心情，并争取面对面沟通的机会。通过直接表达我们对与客户进一步合作的期待和兴趣，让客户感受到我们真诚的期望，并激发他们对进一步交流的兴趣。同时提出与客户见面的具体建议，如约定时间、地点等，以便进一步推动沟通的进行。

做好以上三个方面，不仅能够提升我们与客户之间的有效沟通，也会为进一步拓展业务奠定基础。

文案示范

亲爱的 ××：

5 年前通过 ×× 的介绍有机会认识您，当时没有想到会以这篇文字与您沟通保险，一切源于您断断续续向我咨询，我也为您提供了一些碎片化的产品信息。但这些都不足以让您做出决定，我也自然无法成交一张保单。今天我仔细梳理了一下过往的交流记录，分析如下：

（1）通常我们不会无缘无故地咨询保险，一定是疾病、意外等无常风险让我们担忧和焦虑，我们希望能转嫁这类风险。其实这种焦虑和不安全感在我们这个年龄的大部分人中都存在。这样一种社会需求是保险这种杠杆类金融商品存在的意义。

（2）您曾多次向我咨询先生的高额重疾、意外、医疗的产品。先生年长于您，收入也非常可观，当下甚好，每个人都希望将当下幸福富足的生活锁定。科学配置保险可以协助我们排除担忧、实现愿望、锁定幸福。

（3）鉴于先生的职业和家庭收入，我设计思路如下：

A. 配置高额意外险，规避意外风险。

B. 配置终身型的重疾险及高端医疗险，解决患病后收入损失风险及高额医疗费问题。

C. 配置养老年金，为富足的养老生活提前规划。

以上所有方案均可单独购买，无搭售要求。因微信能沟通的信息有限，只能以产品框架展示，具体细节部分，期待与您碰面详细商讨。

文案示范

我回看了一下与您的聊天记录，看出来您最近几次在关注保险，我猜，要么是周围有人在向您推荐；要么您手头正好有闲钱想做些更好的规划安排；要么是人到中年，对未来有相应担忧。

无论是哪一个缘由，在适当时机对未来做更完善的安排都是对的。回到人生的最底线的需求，当一个人安排好生老病死后，心情都会开朗很多。

生（活得有品质）；

老（活得久）；

病（医疗费，及医护服务费）；

死（对上、对下的未尽责任及负债）。

基础风险保障补充方案（50岁一家三口）

序号	保障类型	产品名称	保额	保障期间	缴费时间	每年保费	保障要点	备注
1	重疾险	××	50万元	终身	20年	20岁女：××元 50岁女：××元 50岁男：××元	1. 120种重疾，分6组，每组赔付1次，首次50万元，后续每次递增30%，每次间隔期为180天，其中恶性肿瘤单列一组 2. 25种中症，不分组赔付2次，每次30万元，无间隔期 3. 55种轻症，不分组赔付4次，每次15万元，无间隔期 4. 身故全残保障：赔50万元 5. 被保险人自带轻症、中症、重疾豁免，已附加投保人豁免 备注：等待期90天	规避患病后的收入损失

续表

序号	保障类型	产品名称	保额	保障期间	缴费时间	每年保费	保障要点	备注
2	养老年金	××	6万元	终身	10年	××元	共投入60万元保费 60岁开始，每年领取74800元至终身，或每月领取6358元 至85岁，已领取1961400元 至95岁，已领取2745980元 活多久，领取多久，至少领取20年，与社保一样，按月到账	提前规划未来的养老费用
3	意外险	××	100万元	1年	1年	50岁女：××元 50岁男：××元	1. 一般意外：100万元 2. 航空意外：200万元 3. 基础意外医药费用：10万元 4. 基本医疗保险目录外药品（即社保外）费用：1000元/次 5. 意外住院日额补偿：100元/天（最高180天）	规避意外风险

注：保额及保障要点仅供参考，请以实际产品测算为准。

以上种种人生必经之事，无非是钱的问题。趁年轻有能力时，尽可能对每一项都做充分安排，终是明智之举。

根据您之前在我这里规划的保险，我又做了一些补充，一家三口增加重疾险保障，你们夫妻二人增加一份养老金及意外险等，供您参考。具体增加项目的保额及保费可根据您的实际情况来定，以上您先参考。

为了让您将重疾险看得更清楚些，我发个产品计划书链接给您。

如有机会，还是我来为您做这些规划吧，如没机会，也不要紧，您看到后一项项安排好，也都是好事。以上部分我们可以随时讨论，祝一切安好。

文案示范

××，这两天我很想与您碰个面，不知您能否抽出时间？如果一句话能约到就不必写下面这些文字了。

我翻了一下聊天记录，2022年至今，我们前后约了7次，因种种原因都未能如愿。保险之难就难在这里，对于明确有意向的客户尚且不能落地生效，更何况大多数没有意向的客户呢？所以，很多人要来跟我做保险都被我委婉拒绝了。

2022年与最近，我们通过几次电话，从简短的话语中，我能感知到您的担忧及需求；这次与两年前一样，同样的愿望，同样的担忧：

（1）你们年龄逐渐增长，孩子尚小，你们不愿成为她的负担。

（2）预算有限，希望能用有限的预算最大限度地解决问题。

您的担忧，也是大部分中产家庭的担忧；您的现状，也是大部分中产家庭的缩影。医疗与意外风险是我们都绕不过去的坎，也关乎一生中最重要的一项财务安排，它关系到我们余生的安全感和幸福感，所以一定需要拨出相应的预算才能安排好，否则只是流于形式。

2022年时，我没有孩子，还没这样的感受；如今，随着儿子的到来，我的很多想法与您一样，真正爱孩子，便是在当下为未来年老或失去能力的自己做足安排。计划落地，方使愿望达成，不宜再拖延。期待碰面仔细讨论。

第 4 章

客户沟通篇：写好成交环节的沟通文案，让你的成交过程更高效

与客户见面并进行保险沟通是建立最高信任度的时刻。一方面是因为人与人之间的见面会让情感升温，另一方面则是通过沟通可以使其增强对保险的认可度。在此之后，我们会为客户设计方案，并等待进一步的沟通。如何让这种黏性不断增加，而不是减少呢？一段真诚的沟通文案至关重要。

（1）回顾见面现场场景：回顾见面时的氛围和场景，让客户重新感受到我们的专业和热情。例如，客户进入办公室的那一刻，或者见面中客户留给我们的深刻印象。

（2）表明自己的保险从业态度：强调我们对保险事业的热爱和专注。无论从业时间长短，都可以描述我们在行业中的思考和经验，以及对每位客户认真负责的态度。让客户感受到我们是值得信赖的专家，愿意为他们提供最好的保险方案。

（3）留下再次见面沟通或再次连接的话题：在文字中表达我们希望与客户再次见面的期待，或确认下次见面具体的时间，继续深入探讨保险方案。

通过上述优化，我们将能够在沟通中建立更高的黏性，让客户对我们产生更深的信任和认可。真诚的沟通文案将成为我们与客户之间连接的纽带，为成交打下基础。

4.1 写好高价值的自我介绍文案，让客户更信任你

自我介绍是非常有技术含量的一件事，它决定了别人如何认识你，也决定了别人如何传播你。

不管是在线下见面还是通过微信连接客户，不管是新朋友还是老朋友，在保险营销过程中，一份好的自我介绍会让你的专业感提前呈现在客户面前，也会加速成交的进程。

一份好的自我介绍，需要你能总结自己的核心优势，简洁恰当地呈现出来，并且让人快速记住，需要你懂得换位思考，想想可以为他人提供什么价值。

读到这里，你可以思考一下，你曾经参加过哪些活动？做过什么样的自我介绍？哪些人的自我介绍让你难忘？

有些人的成就很厉害，一句话就能让人过目不忘，比如：我叫×××，在保险行业从业10年，每年都是公司业绩第一名，创造了10亿元保费的纪录。

这时候，你可能会觉得这个人很厉害。如果你是保险从业者，你会不会想要认识他，想要知道他是如何做到的？如果你不在保险行业，会不会觉得这个人挺厉害，认识一个这样的朋友也不错？

你发现了吗？这就是自我介绍背后的核心逻辑：展示价值。

所以，学会包装自己非常重要。这个包装不是无中生有给自己脸上贴金，而是放大个人优势。在短短的自我介绍中，能够让对方知道你是做什么的，你是不是值得信任，将来可以做什么连接。

写好一份自我介绍，可以使用MTV法则：

M——Me，我是谁：

姓名、职业经历、从业时间、所在城市、兴趣爱好，不管在什么场合，这些都是别人了解你的基础信息。

T——Task，我的成就：

成就是一个人的闪光点，会让别人觉得你很厉害，忍不住想要认识你，成就也是一个人优势、能力、成绩的组合，可以讲数据、业绩、成果、长处、技能等。

有人说，我只是一个小白，没有什么拿得出手的成绩怎么办？

没有人天生就很厉害，在过往的人生经历中，你完成过哪些挑战，克服困难解决了哪些问题，这些都属于个人成就。

比如，我从一个跑100米都喘的小白，到完成了马拉松比赛；我从带娃7年的全职妈妈转型做保险，第一年就做到团队业绩名列前茅。

不管你是已经拥有了很厉害的履历，还是正在变得厉害，你的成绩数据和个人突破，都很容易让人记住。

V——Value，我的价值：

如果只介绍自己很厉害，会让别人觉得“你很不错，但和我无关”。自我介绍的目的是增加与人之间的连接，所以在成就的基础上，你能给对方提供哪些价值，也要告诉对方。

根据自己的优势能力以及积累的成就，列出可以为他人提供的有价值的服务。

接着前面的例子，价值点就是：如果您也想练习跑步，我可以分享自己一手的经验；如果您和我一样想实现职业突破，我的经验可以毫无保留地分享给您。

如果你本身就很厉害了，那么就可以结合自己的成就展示价值：

我叫 ××，在保险行业从业 10 年，每年都是公司业绩第一名，创造了 10 亿元保费的纪录。如果您有关于保险的任何问题，都可以问我。

如果你的自我介绍包含了以上三个部分，就是一份很完整的、有连接性的自我介绍了。同时，对于保险从业者来说，你的介绍里还需要包含一个非保险的价值点。

因为保险是一种低频率、高客单、需求隐性的服务，并不是每个场合都有人需要买保险，所以如果你能提供一个非保险的价值点，将会更容易增加与人连接的可能性。

比如：

在做保险之前，我曾做过 10 年的酒店管理工作，您如果出差，我可以帮您推荐高性价比的酒店。

我曾做过 7 年的汽车销售工作，如果您有买车的需求，我可以提供一些参考意见。

我有 5 年的摄影经验，如果您想提高摄影水平，尤其是学会用手机拍大片，我很乐意分享经验。

有了宝宝之后，我坚持每天亲自给他做饭，如果您想学习快速做好一顿美食，我可以分享经验。

可以看到，这些价值点都是基于兴趣爱好和过往学习、职业的经历，这些也都是日常生活中，人们会高频出现的需求。如果你刚好擅长，就为他人提供了更丰富的价值点，为自己的个人品牌形成了“保险 +”的标签。不仅让个人品牌更立体，也更有差异化。

文案示范

MTV 自我介绍法示范

模块	示范
M—Me	我叫张一铭，是一位在保险行业有 15 年营销和培训经验的从业者，主要帮助保险人打造个人品牌，也是一名跑步 10 年的跑步爱好者
T—Task	个人成绩： · 保险行业从业 15 年，累计面对面培训学员 10 万人 · 保险类图书策划人，《保险爆款营销文案》作者 · 跑步 10 年，已完成 50 多场马拉松比赛，自己办过 4 场马拉松赛事
V—Value	我可以提供： · 保险行业内参：关于“保险”的任何问题都可以问我，包括但不限于：了解行业发展，了解某家公司，了解某个产品，保险 IP 打造，保险方案对比等 · 保单整理：如果您已经有很多保单，但又不是很清楚知道自己买了什么，我可以为您提供一份所有保单的电子档案，一键读懂自己的所有保障权益 · 科学运动：从 0 开启跑步的方法，帮你实现半马、全马的突破

4.2 用文字与客户持续保持真诚连接，使客户黏性更强

场景 1

和客户见面后相谈甚欢，简单的文字让感情持续升温

与客户见面或电话沟通后，双方都感到欣慰和开心。客户委托我们设计方案，我们也期待着下次会面。撰写一段文字总结这次会面，同时强化沟通过的保险理念，相当于把这次沟通做了“会议纪要”发给客户，能够使面谈更加深入，更有助于保险的成交。

文案示范

3 个小时的交流，相谈甚欢，我们都是独立思考与有独立人格的人，尽

管部分价值观不同，但这正是我们各自在人群中的辨识度，远远好过人云亦云。

喜欢您身上的那种独立精神，也喜欢您那份温暖自己、爱护自己、美丽自己的小资情怀，更看到了您对待生活的那份不勉强、不迁就，以及背后的付出与辛劳，这一点，我感同身受。

保障部分赶快行动起来，落实好，您会获得与往常不一样的自信与安全感。只有规划好未来，我们才有未来，也才能更心无旁骛地活在当下。也希望在不久的将来，能将养老计划落地生效，丰厚的养老金会让人年老时活出另一种美丽。人生夕阳时，微风吹起丝巾的刹那，您会感谢年轻时我们之间的这种相遇、信任与托付。

文案示范

××，今天的见面，保险信息量很大吧？其实我也觉得内容很多。

我们老总对您戴的手表、温润的玉镯、质感的衣服，都赞不绝口。这些细节的观察，让我深知学习的地方还有很多。我之前在外资公司从事了 11 年的供应链采购工作，去年出于对保险的认同转投保险行业。我一直很刻苦、很努力，也希望成为像您这样优秀的人。

我相信，您抵抗风险的点不在单一片面的某个产品点上，而是在整个家庭全面系统的风险规划上。我会仔细思考，做个系统全面的解决方案发给您参考。

谢谢您的信任和支持，我们到时再联系。

文案示范

××，您好！今天终于见到您，相谈甚欢，一见如故。时间短暂，匆匆相聚却又匆匆告别。在什么都快的时代里，给您写一封信来记录今天的浪漫“约会”。

谢谢您给我分享了您最爱的宝贝的故事，安稳的物质环境给了宝贝身心健康成长的机会。我现在都能想象一个才两岁的孩子平静面对独自一人在家，不慌不忙与门外的您保持通话的场景。这样的画面在妈妈们心里实在太过美好，我已经不自觉地收藏在记忆里。

很多妈妈都想给孩子储蓄一笔教育金，但极少有妈妈真正落实它，因为诱惑的广告和消费场景实在太多，延迟满足对大人来说也是个古老难题。您是那少部分发现并在行动的妈妈，为您点赞。

宝贝需要教育金，宝贝更需要爸爸妈妈的爱。有工作有收入的我们是孩子平安幸福长大、完成学业的最大保障。我们目前还有房贷，贷款还完才算是拥有房子。房子和宝贝都是因我们而来，我们是财富的源头，更是家人幸福的基石。也正因如此，我冒昧提到教育金之外的健康保障，是因为我想做您称职的保险顾问。所有的永续经营都需要用心识别客户还没意识到的风险，并做好善意的提醒与规划。

方案这两天就会根据您的要求做出来，期待我们下周五的会面，到时候再仔细与您交流方案全貌与细节，您爱人的生日也发给我。

文案示范

××，晚上好！感谢您一直以来的支持和信任，让我有机会为您和您的家人提供保险服务。身处商业世界，尽管从事保险的工作看似普通平凡，但没有人希望与客户只做一次性生意，人们总是希望能与客户建立持久有效的联系，促进更多友谊或业务延伸。我们的工作很难，更需如此这般。

一般来说，人们对保险的真正了解并不是从购买时开始，而是在发生理赔时才深刻体会到。

大部分重疾保险会贯穿我们的一生，这也注定了重疾险的理赔是相对低频的事件。如何在这个过程中和客户保持信任，维系友谊，是我多年来持续思考的问题。我不希望因为一笔业务经常打扰客户，因此文字成了我与客户之间最好的纽带，不仅可以表达思想，还能传达情感。这些年来，我写下了数百万字，有些是我与客户之间的沟通，有些则记录在我的朋友圈中。它帮我连接着与几千个家庭之间的责任与友谊。

有时除业务之外，也会多了解客户的工作和事业，并记在心中，总希望在自己有限的人脉关系或知识体系中为客户提供帮助。毕竟理赔服务不常发生，但人与人之间的沟通协作却会时常发生。

今晚初次见面，在短暂交流中，我能感受到您的温婉与简单，展现出了标准苏州小娘子的特质。本地姑娘，在父母疼爱中长大，生活殷实单纯。趁此机会将一家人的保障建立好，也算是放下肩上负担，再无后顾之忧。

希望伴随着这些保单背后，是未来几十年，我与你们家庭之间长长久久的友谊。我们周一见。

文案示范

××，你们好！下午茶时间，我想隔着屏幕和你们说个题外话。

我在保险业工作 17 年了，一直希望自己能给客户提供更专业的保险服务。

我想象中的场景是：

（1）当客户有买保险的想法时，我能与客户坐下来，仔细了解客户家庭的收支情况、负债情况，对孩子教育及自己养老的期待，目前已规划的部分有哪些，缺口是多少？

（2）了解客户当下可用于保险的预算。

（3）在预算范围内，结合客户的实际需求，选出最匹配、最优的产品。与客户一起讨论产品细节，落地方案。

（4）未来，每隔 3~5 年，根据客户的收入增长情况，是否增添了二孩，是否需要调整养老目标等因素，再帮助客户调整、优化家庭保险配置。

在伴随客户的一生中，让保险配置真正能为客户规避风险，使其生活无忧。所以，从业之初，我就想好要在这个行业干到老，做一名专业顾问。

现实中大部分的场景是：

（1）客户与保险顾问及保险公司之间很难天然地建立信任感（这主要归因于过去保险行业粗放、鲁莽的营销方式）。

（2）客户怕见保险顾问，怕被推销，所以会通过各种渠道自己了解各种产品信息。碎片化的信息在头脑中铺天盖地，陷入单纯性的产品比较当中，而忽略了原本的初心与需求。也是因为人们大多数时候都是非理性的，所以保险公司会利用人们的这种非理性心态，将客户邀到公司开会或参加活动，在现场氛围的烘托下，买了一份不一定需要或价格偏贵的保险。

（3）由此产生了退保损失、理赔难、健康告知有问题等行业负面信息。

我希望能为你们各自的家庭及周围的亲朋好友们提供真正有意义、有温度的专业服务。保持沟通，祝一切都好。

文案示范

××，您好！首先感谢这么多年来你们对我的信任和支持，把全家的保障、理财方案交给我来负责。再次感谢您这次愿意抽出时间聆听我关于养老金项目的分享，真诚地交流您的想法并给出预算让我做方案，每次我都是笑着完成与您之间的文字沟通。

相信这次的交流对你我来说都是很有收获的，我的初衷是给大家分享养老金观念，提升养老金规划意识，提早开始科学规划养老金。作为保险顾问，如果你们给我的预算能够将方案落地生效、未来心愿达成，我肯定很高兴。但从业 7 年多来，我一直抱着平常心的分享心态。可能当下咱们还没有把这件事纳入议事日程或者还没有办法拨出这部分预算，都没有关系，您不用有任何的心理负担。

希望你我之间不光有保单，还有信任、理解、友谊与欣赏。与我打交道，希望您的感受是轻松、平常、自然。未来再有需要收集意见反馈时，您还能无条件地帮助、支持我，身边有同事朋友想了解保险时，也能帮我做推荐，我们的这份情谊来日方长、未来可期。

文案示范

××，您好！

我是下午给您打电话的 ××，感谢电话中传递的友好和真诚。虽然我们还不是很熟悉，但每一通电话都是建立在最大诚意和善意的基础上。随着人们保险意识的增强，几乎家家都需要配置保险，可以购买保险的途径也很多。在很多人还没有听过保险第三方的时候，您已经不陌生，证明您有关注到保险这个领域。由于各家公司的经营成本、产品采用的预定利率不同等因素，相同产品在各家公司的价格相差也很大。在现代信息发达，面对市场上众多保险公司，各种产品竞争的环境下，我想先从服务做起，不管您最终是否决定购买一份保险，我都要详细做一下介绍。

我所在的公司目前代理了市场上 50 余家保险公司的上千种产品，能够让客户自主选择、自由比较、自由组合。我们不代表保险公司，而是始终站在客户的立场，致力于为其推荐最切实可行且性价比更高的方案。在这里，您不仅可以根据个人的经济能力和消费喜好自由挑选，还可以定制个性化的保险产品组合，满足全方位的保险理财需求，省却了多方对比的麻烦，同时通过多款产品的结合也分散了购买风险。

孩子出生后，父母基本上都会考虑给孩子规划一份保障。关于孩子为什么要配置保险，以及要配置什么样的保险，您先看下我发的资料。希望对您在选择保险产品上能有帮助。

第一，孩子的抵抗力较差。

断奶后小孩子容易感冒引发高烧、肺炎、支气管炎、咳嗽、脑炎、手足口等疾病。

第二，孩子碰到小意外的情况比大人多。

1 岁的孩子开始学走路、奔跑、与宠物玩耍，小磕小碰、猫抓狗咬时有发生，这时候意外险可附加意外伤害医疗保险，可以包含进口狂犬疫苗、钢钉等社保不包含的项目，与孩子的居民医保形成有效补充。

第三，少儿重疾不容忽视。

近年来，随着环境污染、食品安全问题日益突出，儿童重大疾病的发病率逐年上升。国际儿童肿瘤学会调查显示，每 3 分钟就有 1 名儿童死于癌症；平均每 1000 名儿童，从 0 岁成长到 18 岁，就至少有 2 名身患重疾。而少则二三十万元、多则五六十万元甚至上百万元的治疗费更令很多家庭无法承受。

第四，提前准备教育金、婚嫁金。

保险公司产品的强制性能保证专款专用，有长期理财增值、婚前财产所属、私有财富定位等功能。要知道，我国一、二线城市每年的子女教育支出平均在 1.8 万元，三、四线城市的支出也在 1 万元左右。

第五，保费豁免功能，避免中途无法缴费。

一旦大人出现重疾、伤残、身故等风险，保险公司替大人为孩子缴纳剩余各期的保险费，保险依旧有效。

第六，保费低、承保机会大。

年龄越小，所缴保费就越便宜，所买的保险就越划算。而且一份保单还能帮孩子建立良好的风险规划，培养孩子的家庭责任感，还可以成为转移财产给子女的工具。

关于宝宝的保险一般分为以下 3 种：

（1）意外险。

（2）健康险（重疾险、医疗险）。

（3）年金保险（教育金、婚嫁金）。

我会仔细思考，结合您的实际情况，做个系统全面的解决方案发给您参考。

文案示范

亲爱的 ××，感谢您在考虑保险时想到了我。微信缩短了我们彼此之间时空的距离，让我们之间的交流少了些陌生，多了些信任。

翻开聊天记录，去年 4 月，我们曾认真沟通过保险一事，但后来因种种原因搁置，我猜想有以下几方面原因：

（1）想为家庭配置保险，但对保险不了解，人们对不了解的事物通常很难做出决定。

（2）可能身边的朋友也曾偶尔向您推荐过，但产品众多，难以选择。

（3）当时先生在外地，关系到家庭长远的财务安排，不能确保及时有效的信息沟通，所以搁置了。

我将方案列在如下表格中，您仔细看一下。接下来，期待针对方案与您见面讨论。

有时帮客户分析过保险后，他们说："如果没有你的分析，那么多保险真的一头雾水，真不知道该如何理解这些内容。"

虽然互联网打破了保险信息的壁垒，以及各种信息不对称，让我们对信息的采集变得异常便捷，但如何把这些碎片化的信息进行整合，变成有利于我们做购买决策的知识体系，却是互联网做不到的。期待与您见面讨论。

基础风险保障方案（28岁两口之家）

序号	保障类型	产品名称	保额	保障期间	缴费时间	每年保费	保障要点	备注
1	意外险	××	30万元	1年	1年	28岁女：××元 28岁男：××元	1. 一般意外：30万元 2. 航空意外：60万元 3. 基础意外医药费用：1万元/次 4. 基本医疗保险目录外药品（即社保外）费用：1000元/次 5. 意外住院日额补偿：100元/天（最高180天）	规避意外风险
2	定期寿险	××	400万元	20年	20年	28岁女：××元 28岁男：××元	1. 20年内发生身故或全残，赔付400万元 2. 若是航空意外，则赔付800万元	规避人生风险
3	百万医疗险	××	200万元	1年	1年，可续保	28岁女：××元 28岁男：××元	1. 一般医疗200万元，特定疾病医疗200万元 2. 免赔额1万元，剩余部分100%报销 3. 质子重离子医疗保险金400万元，0免赔额 4. 院外购买的恶性肿瘤特定药400万元，0免赔额 5. 院外特定疾病急需药品费用保险金2万元，0免赔额	规避重大医疗费用风险
4	终身重疾险	××	50万元	终身	20年	28岁女：××元 28岁男：××元	1. 120种重疾，分6组，每组赔付1次，首次50万元，后续每次递增30%，每次间隔期为180天，其中恶性肿瘤单列一组 2. 25种中症，不分组赔付2次，每次30万元，无间隔期 3. 55种轻症，不分组赔付4次，每次15万元，无间隔期 4. 身故全残保障：赔50万元 5. 被保险人自带轻症、中症、重疾豁免，已附加投保人豁免 备注：等待期90天	规避患病后的收入损失
5	养老年金	××	6万元	终身	10年	××元	共投入60万元保费 60岁开始，每年领取74800元至终身，或每月领取6358元 至85岁，已领取1961400元 至95岁，已领取2745980元 活多久，领取多久，至少领取20年，与社保一样，按月到账	提前规划未来的养老费用

注：保额及保障要点仅供参考，请以实际产品测算为准。

文案示范

××，晚上好！关于今天咨询的保险产品一事本想打电话跟您说，或见面详细说的，后来想想觉得不妥。因为任何一款产品若匹配不到客户的需求或生活理想上，最终都无法得到认同。所以还是将思路写下来先发给您，后续碰面讨论时就有的放矢了。

之前根据电话中了解到的情况，为你们家庭做了初步保障方案，但见面匆忙，也可能是我没能仔细思考你们的需求，方案便暂时搁置了。

今天我重新整理了思路如下：

现状：

公务员身份，福利全面，职业安全感强，收入稳定无负债。这正是许多人羡慕不已的人生好状态啊，我对您也是羡慕、嫉妒，没有恨。

可能存在的需求：

（1）普通家庭配置医疗险是为了解决医疗费用问题，富裕家庭则注重出险后能享受到更好的医疗资源、服务及舒适的体验。比如：海外就医、直付服务、特需病房、私立医院，等等，而这些是我们公务员群体无法在体制内享受到的。如果有一类产品，可以满足我们对医疗品质的期待，夫妻俩都配置好，是不是会更好。

（2）普通家庭的收入考虑的是眼前，富裕家庭不仅考虑眼前，更多考虑孩子与自己的未来。每一笔留给子女的财富都饱含着我们对他们的祝福与期望，每一笔留给自己未来的钱，也会带给年老后的自己更多的可能性。怎么更科学地留，值得我们在当下深入思考。

我一直深信，当我们静心思考并以理性方式解决这些问题，人生必定会更美好。我会准备好具体方案供您参考，期待与您见面深入讨论。

文案示范

××，感谢您的信任与支持！让我有机会为您提供保险服务。虽一直是微信好友，但疏于联系，想必是日复一日的文字记录让您凭感觉找到了我，缘分是个很奇妙的东西。

我仔细浏览了您的朋友圈，您应该是在一家上市公司做企业管理咨询培训师的工作，照片中看您英姿飒爽、清秀干练，是我特别欣赏的状态。

鉴于现在癌症发病率特别高，所以我为您设计的方案，侧重在癌症方面。

（1）针对高发的8种特定癌症，可以获得60万元的赔付，并且还可以获得多达100万元的医疗费用报销。同时在癌症治疗期间，每年还可以额外赔付4万元康复金，连续给5年。

（2）我设计的是综合保障计划，能够全面覆盖疾病后的收入保障、医疗费用报销以及应对意外情况。

（3）为您父亲设计了一份储蓄型的防癌险，一份意外险，一份百万医疗险。

以上供您参考，具体保额与保费可以根据您的实际情况调整修改。若有不明白之处，随时问我。

场景2

一位不到30岁的单身女性，职场收入蛮高的，未来3~5年内有购房需求，咨询当下怎么做各项财务规划，见面后给她写这样一段文字。

文案示范

××，您到家了吗？本年度最后一个大热天碰面，又被锁在门外，够难忘的。我不擅长匆忙应对各项事务，所以养成了每天做总结记录的习惯。留着这些记录，以便在年老时回顾自己度过的每一天，怀念那些给予我温暖和尊重的人，以及与我交流联络的事情。把这些都用文字封存在这里，同时及时复盘反思，梳理当天的事务，不拖沓冗余，这让我能够保持良好状态。

从××事情的处理，到另一件××事情的处理，您的冷静沉稳，都让我看到一个不一样的年轻人，那是成功者才有的风范。几乎能想象到在不久的将来，您在职场中更高、更好的实力与状态。这些也非常值得我学习，希望我们都能各自努力，每一个阶段都在人生更高处相见！

我梳理一下今天交流的内容，分享给您。我们看似在探讨财务规划，实际上也是在探讨人生规划，或者可以说这两者在本质上是相同的。

不同的财务规划，会将我们引向不同的人生之路。这一生可以说有很多事情要去处理，买房、买车、换房、换车、生儿育女、养老、医疗，其中的每一件事情都很重要，如果安排不当，都有可能对我们追求幸福人生的体验产生影响。然而，这些事情并不能完全通过阶段性的衡量来判断决策的对错。只有我们在人生终点回望时，才能真正知道哪些是正确的，哪些是错误的，哪些是可以优化的，但是为时已晚，所以有几个观点与您分享：

第一，以终为始。

我们在 20 多岁时，可以将自己的眼光放到人生的全局来看问题，本身就已经很了不起。而做规划的意义，不过就是将自己在有限的 30 年工作期间创造的财富，能平均分配到上面提到的每一个人生大事或人生节点上，这样，即便我们一生没有财富自由，但也是幸福的。如果这是我们想要的财务状况，那我们就定好计划，并长期去执行它。我们终将过上或靠近这样的生活，在人生的大事上，都会应对从容，行有余地。

第二，自动驾驶。

我信奉长期主义，享受处理那些慢变量的事务，喜欢将生活中那些重要但不紧急的事情转化为“自动控制”状态，比如：

（1）每天锻炼。

（2）每天来回地铁上学习，睡前半小时听一本书。

（3）长期开发积累客户，每年更新约 600 位新客户。

（4）提前存养老金及做孩子的教育规划等。再有 4 年，我退休后月领 3 万元，领取终身的养老规划就完成了。

想着 45 岁后当别人都面临“中年危机”时，我反而越活越轻松，真的感谢自己这些年提前规划，去执行计划。做到了少有人能做到的事，便拥有了少有人能感觉到的幸福与安稳。

（5）每天复盘反省总结输出。

这些重要却不紧急的事情不可能仅仅依赖于意志力，而是要依靠习惯来实现“自动驾驶”，这样我们可以把宝贵的精力用于当下每一个可把控的事情上。

为何要这样做？因为我们一般人缺乏强大的意志力，脑海中每天都会涌现出成千上万的念头，一般人的判断力和决策力也不尽如人意，而妄念更会让我们偏离最初的目标。

比如下午交流中提到的：

每月发了工资就做一些基金定投，当作流动现金。

每月存 2000 多元养老金，用于应对远期养老这件人生大事。

年中及年末薪水中的大额现金，就在银行存定期，用于三年后的购房计划。

用百万医疗险，来补充一下社保医疗的不足。

这样的资金安排，既考虑了眼前的流动性，又兼顾了三年后的购房，同时还考虑了未来的养老。短期、中期、长期相结合，非常完满。当您将身上的资金做好这样的安排，人生就少了很多妄念。

补充：养老是占到我们人生 1/3 的大事，这件事永远都不那么急，可是又那么重要。每个人都希望 60 岁后能拥有一份与生命等长的、丰厚的被动收入，这部分看似金额很大，但正如我们下午所交流的，如果逐步来规划，我们会很轻松地到达目的地。

在年轻时就开始做好准备，我们普通人的持久努力，在长期思维的复利效应下，会逐渐积累成为奇迹。将这些安排妥当，您就会感受到生活变得更简单，不再被琐事和焦虑所困扰，能够更专注于眼前的事业和工作。

有不明白的地方，我们随时交流。

场景 3

35 岁的企业主客户，有一笔资金暂时闲着，又考虑到创业的不确定性，还有对未来的担忧，咨询当下该怎样规划财务，初次沟通后给他写这样一段文字。

文案示范

××，晚上好！首先感谢您的信任，让我有机会协助您做理财规划，或配置产品。看您发来的消息，一定是当下手中有闲钱。我本想着与您约个时间见面详细交流的，但我习惯在见面之前，将要沟通的内容先分享给对方，这样交流时才能有的放矢，效率更高。

（1）投资与理财是两个不同的概念。

当人们手中有一定的财富积累时，一般会考虑如何赚更多的钱，投资于高收益的项目，因为投资的目标就是获取回报。但是理财与投资不同，它的目标是将财富与人生事务结合起来考虑，也就是不同的财富用于实现不同的人生目标。

所以，您目前存下的这笔钱用途是什么？是为了自己的养老（20~30年后）、孩子的留学费（15 年后）、未来 3~5 年的生活费用、家庭紧急情况下的备用金、5 年后购车，还是 10 年后孩子的高中教育费？

当我们弄清楚这些问题时，就会自然而然地意识到不同时间段的需求需要使用不同的金融工具来匹配。关键在于以最终目标为先导，一旦确定好用途，选择适当的产品，制订计划，长期执行，这样生活将会减少许多杂念，更容易专注于当前生活。我们以 20~30 年后的养老来举例，因为这件事越早准备越能发挥时间带来的复利价值。

（2）进攻与防守，平衡的艺术。

大多数人的理财观念都是持续进攻，很少有人考虑进攻和防守兼顾。市场上有很多进攻型产品和项目，每个人都能分享许多独特的成功经验，而防守型产品和项目相对较少，保险行业所设计的产品大多是这一类。

正如您周末聚会上提到，对于创业者来讲，在创业时要先将家人的生活安顿好，说得再具体一些就是：家庭成员的基础医疗、孩子读书的钱、自己养老的钱、基本的生活费，这些都是人生底线，也是一个人在前端进取的底气。而这些人生的底线，就可以用保险产品来匹配，保险收益不高，但最安全，也具有一定的杠杆作用。

每个人的心智都具有防御功能，它会屏蔽大部分信息，只接受和以前知识经验相匹配、相吻合的信息，即人们通常只会在自己的认知范围内来看待并理解这个世界。所以，我特别喜欢出来与朋友们交流，避免自己产生信息茧房。

给您列两个具体的产品：

案例一：35 岁，假定每年缴 10 万元保费，缴 10 年，共缴 100 万元。

60 岁开始，每月领取 9979 元。

至 85 岁时，已领取 2993700 元。

至 95 岁时，已领取 4191180 元。

活多久，领多久，伴随终身，与社保一样，按月按时到账。

无论您未来创业如何，这个安排既可以锦上添花，也可以守住底线。

案例二：35 岁，假定每年缴 20 万元保费，缴 5 年，共缴 100 万元。

至 50 岁，现金价值为 1603982 元。

至 60 岁，现金价值为 2262324 元。

至 70 岁，现金价值为 3190942 元。

至 80 岁，现金价值为 4500678 元。

至 90 岁，现金价值为 6347568 元。

这个产品是复利增值的产品，现金价值可以根据需要随时领取，可部分领取，也可以按月领取当作养老金。

场景 4

客户是事业编制，对保险有一定的了解。通过沟通达成了一致的意见，但因为客户本身有很好的福利，实际上距离把商业保险方案落地还有一定的距离。这时候，用文案做好铺垫，夯实理念是必不可少的工作。

文案示范

那天下午我们聊天结束，回家后我想了很多，这会儿才得以安静地写下来。我很感谢您从众多保险顾问中选择与我碰面，一定是我平时大量的文字记录让您凭感觉找到了我，关于保险一事我们也谈得很深。

通常在咱们这个年龄及收入水平的很多家庭都或多或少地为家人配置了保险，而你们的保险相比你们的收入则偏少。我想，这一定与你俩的职业有很大关系。大部分公务员或事业编制的工作人员都有一种天然的安全感与优越感，认为企业或国家可以包办未来，以至于轻视对健康风险的规避与管理。在这个社会上，聪明或能干之人陷入困境，大多因为认知原因，而改变一个人的认知是世上最难的事。

两个孩子的未来与责任压在肩上，说起来容易，但做起来并不简单。你们两位的健康风险管理就显得尤为重要。有时，人们会觉得保费很贵，其实不是保费贵，而是风险背后对应的家庭责任太重、太贵，是我们当下的储蓄及收入无法应对的，所以才需要保险这样的工具，让我们能用最少的保费去解决最大的问题。

如果我是您，我会拨出年收入的10%甚至更多为自己与先生各建立200万～300万元保障，这个额度在出险后足够解决医疗费用，也足够孩子长大成人。让未来的每一天都尽量活在掌握与安排之中，而不是侥幸之中，这才是一个人真正的成熟与理智。做好这些安排，余下的时间与精力就放在努力地打拼与用心地生活上。

生活会给我们一些挫折，但一定也会给我们一些美好。就像我们彼此之间遇到一样，一定不是纯粹的偶然，而是为了彼此的未来更好。

将保险调整到您的预算之内，这样您才能早做决定，我将方案调整为：您与先生分别配置保额为20万元的重疾险+30万元的防癌险+50万元的定期寿险+100万元的意外险；孩子选择保到30岁，保额为50万元的定期重疾险，同时加上一份全家的百万医疗险。

希望早日做好规划，只有做好你们自己的规划，才是更深层、更久远地爱孩子。期待佳音。

场景 5

与中产夫妻客户交流后，客户对未来有焦虑，对保险有需求，见面沟通后，写一段文案，夯实保险观念，推进成交。

文案示范

亲爱的 ××，你们到家了吗？我是一个不擅长仓促应对日常事务的人，因此养成了每天做记录总结的习惯。将这些记录存档，是为了在年老时回忆每一天，怀念那些给予我温暖和尊重的人，以及与我交接联络的事情。我都用文字封存在这里，同时定期进行复盘反思，厘清当日之事，不拖泥带水，这也有助于我保持良好状态。

下午的交流中，你俩都提到“焦虑”这个词，我们年龄相仿，所以非常理解，都是身处不敢停下也没法停下来的青中年时光。庆幸的是，在芸芸众生中，我们相对还算顺利，收入还算不错，家庭幸福，一切都在忙碌中有序地向前发展。怀抱感恩，活在当下。

每个阶层、每个年龄段都有各自的财务焦虑。但其实所有的焦虑，都来自“不确定性”，这跟钱多钱少没关系。而保险就是对抗这种“不确定性”的最好工具，做好规划，能给到我们一个确定的未来。

诺贝尔经济学奖得主泰勒，在其研究的行为经济学中指出：人们对眼前不确定性比较在意，对长期不确定性相对麻木。

当我看到这段话时，不免想到了我的工作。其实，客户们在买保险时何尝不是这样的心态呢？对一个年轻的、健康的人来讲，重疾、养老都属于远期的、不确定性的风险，大部分人对此都缺乏紧迫感。当事到眼前时，无奈万事蹉跎，春去秋来，老之将至。

在未来 5~20 年的时间长度内，中国一定会步发达国家的后尘，进入低利率，甚至是负利率时代，这是任何经济体发展到一定水平后，必然要进入的常态。

当经济体的生产力达到充分发展，人口不再持续增长，物质充裕时，一个市场的消费能力会受到限制。换句话说，企业所生产的实体商品、提供的服务和虚拟商品将最终超过该国或全球所有人口的消费潜力。

假如没有突破性的科技进展，那么企业家没有多余利润可图，将不再扩大生产，不将利润再投资，不向银行间接贷款融资，不向股票市场直接股权融资，社会的GDP原地踏步，此状态像极了过去20～30年至现在的日本。

这样的结果是，社会上的存款资金和可投资资金，将无处可去。商业银行收储了海量的居民存款，找不到适合的企业去发放贷款，自然也赚取不了息差，整体社会的利率将显著下行。

而我们这代人，一直生活在经济高速增长的和平年代，也是全球化的黄金时期，所以我们习惯了和平和快速发展，会认为很多东西是天经地义、理所当然的。但如果从大的历史尺度来看，未必如此。一个人长达八九十年的一生中不经历战争或者社会动荡，是稀少而幸运的一件事。经济的高速增长、一直和平、全球化黄金时代的顶峰应该已经过去，我们和我们的后代未来将不得不面对更多的不确定性和风险。

用保险工具的超级确定性，来对冲外界的不确定性，是我们这代人面对未来的首选。趁年轻，提前做好准备，普通人的辛勤付出，在长期主义的复利效应下，会逐渐化为奇迹。

我将方案思路说一下：

（1）定期寿险——对应肩上的责任。

（2）高端医疗险——锁定优质医疗资源，再无医疗费用担忧。

（3）增额寿险或年金险——锁定利率，用于未来养老或子女教育。

稍后将方案发给您，将这一切都安排妥当之后，您将会感受到生活变得更简单，不再容易陷入纠结和焦虑，可以更专注于眼前的事业与工作。

场景6

老客户的收入很好，已经买过一些保险，但养老金还没规划，在日常跟进的过程中，通过文字激活客户的观念，保持积极沟通。

文案示范

××姐，上次您的那份合同还在办公室抽屉里，一直想着尽快拿给您，但回顾了与您整个的沟通过程，总觉得自己无论在专业方面，还是细致度方面，都有很多做得不到位的地方。今天周末，一个人在公司，坐在电脑前，静下心来，做一下梳理复盘，并将以下内容分享给您。

第一，往事回顾。

过去 5 年的交往，说实话，挺羡慕您的。您对孩子的教育观念、对家庭的责任、对父母的赡养，及工作方面的成就，热爱生活的态度，我感觉处处都是我的榜样。希望我们之间除了保单之外，能有更多向您学习请教的机会。销售工作的好处就是总能发现人外人与山外山，只要自己不骄傲，总能发现成长空间，感恩遇见。

第二，家庭现有整体保单明细及分析。

（1）之前帮您做过保单整理，从一份份保单背后能看出您对各类风险的防范意识，但也看到了一些随意性与偶然性。在讨论保障时，知道您现有的理财方式、偏好及习惯，盈亏之间有丰富的经验，但也包含了很多时代的运气与随机性。其实，从我过往与许多客户深度打交道的经验来看，这也是大部分人风险管理及财富管理的现状。当然，这也是我们从年轻时没有积累，到中年渐渐富裕的必经之路。从前是有人推荐保险时，遇到合适的就买点；做理财时，跟着经验，跟着趋势各类产品做一点。可能是职业习惯使然，总希望自己能用专业规划能力协助客户从人生全局来系统完整地看待理财及风险管理。

（2）保单整理表。

您家的保单明细（××）

序号	投保人	被保险人	保险公司	险种	每年缴费日	缴费期限	保障期间	生效时间	保费	备注（各产品简要保险责任）
1	××	××	××	两全附加重疾险	××	××	××	××	××	70 岁前发生重疾，赔付 20 万元，若未发生重疾，则到 70 岁，返还保费 116720 元 重疾康复金 6 万元 其中附加的女性重疾险，只保 10 年，已到期

续表

序号	投保人	被保险人	保险公司	险种	每年缴费日	缴费期限	保障期间	生效时间	保费	备注（各产品简要保险责任）
2	××	××	××	定期寿险	××	××	××	××	××	59 岁前发生身故，赔付 30 万元，消费型
3	××	××	××	定期寿险	××	××	××	××	××	60 岁前发生身故，赔付 50 万元，消费型
4	××	××	××	年金保险 附加万能	××	××	××	××	××	从 39 岁开始，每年返还 5874 元，活多久，领多久 应领取的钱，若未领取，则放在万能账户生息 60 岁时，现金价值是 166080 元 70 岁时，现金价值是 173441 元
5	××	××	××	增额终身寿险	××	××	××	××	××	60 岁时，现金价值是 292921 元 70 岁时，现金价值是 412909 元 ……
6	××	××	××	重疾险 （一家四口）	××	××	××	××	××	××
7	××	××	××	医疗险 （一家四口）	××	××	××	××	××	××
8	××	××	××	教育规划 （二个孩子）	××	××	××	××	××	××
9	××	××	××	养老规划 （夫妻俩）	××	××	××	××	××	××
合计									××	
备注	1. 表中 1~5 项是目前家庭已拥有的保障，每年已缴保费 ×× 元 2. 表中 6~9 项是根据现状需要补充的重疾险、医疗险及教育规划与养老规划，建议未来逐步完善									

注：表格内容仅供参考，请以实际情况为准。

（3）从保单整理表，我的分析如下：

家庭资产负债表

资产			负债		
项目		现值金额（元）	项目		现值金额（元）
流动性资产	现金及存款	25300	流动性负债	信用卡	50000
	活期存款	50000		其他	22995
	每月工资流入	60000			
	合计	135300		合计	72995

续表

资产			负债		
项目		现值金额（元）	项目		现值金额（元）
投资性资产	股票	100000	长期负债	房屋贷款	1500000
	非货币型基金	200000		汽车贷款	200000
	债券	25000			
	定期存款	200000			
	其他	30000			
	合计	555000		合计	1700000
固定资产	自住房产	2500000			
	投资房产	1500000			
	珠宝	50000			
	汽车	350000			
	合计	4400000			
总资产		5090300	总负债		1772995
备注	1. 用流动资产（每月工资）规划养老，选择 10 年期及以上产品，养成长期存钱的好习惯 2. 用年收入的 10% 左右做家庭成员各项风险规划 3. 用现在存量现金资产，做子女教育规划，选择 3 年或 5 年缴的产品				

注：数据仅供参考，请以实际情况为准。

总结：家里保单不少，表面上看保障做得蛮全面的，但经过整理分析，可以清晰地看出尚存在不足之处。面对真实数据，可以引发我们理性思考，做出科学的安排。

第三，家庭资产负债表、收入支出表及分析。

说明：上面两张表都未填写完整，一是对您的家庭财务状况不了解，二是想约您坐下来静心讨论这部分。我曾经帮助很多客户做过关于普通家庭这两张表格的填写与分析。通过分析，我们能更清晰地看到家庭财务的真实状况、现金的流入与流出，也因为将这些数据都微缩在一张表中，我们能更全面地看待自己及家庭成员的当下与未来。

每月的支出、当年的学费、当期的理财，这些都是当下的事；未来的教育、自己的养老、身体及精力随年龄增长会越来越不如年轻时，这些就是未来的事。如何在当下与未来之间做好平衡，这就需要智慧与科学地规划。

第四，汇总及我的建议。

（1）很多人认为做好家庭财务管理就是多赚钱，在我看来，好的家庭财务管理，不是赚到更多的钱拿在手里，而是提前做好规划，把家庭成员大大小小的目标事件解决好。

不管是看病、买房、孩子教育、自己养老等大事，还是买菜、吃饭等小事，当事情发生时，如果我们能拿出需要的资金，把事情安排好、解决掉，不让它成为家庭的阻碍，那就算是把家庭财务管理好了。从关注“钱”转换到关注“事”上面，这样就能从容安稳度过一生。

（2）针对以上分析，我给出的方案建议如下：

养老规划：10 万元 / 年 × 10 年，总投入 100 万元保费，60 岁起每月领 6800 元养老金，领取终身，保证领取 20 年，有多长寿就领多久。对接养老社区，全国有 74 个长居养老社区，12 个旅居养老社区。在活力养老阶段，可以四处走走，旅居养老。等腿脚不方便了，需要人照顾护理了，可以入住长居养老社区。

配置理由：您今年 45 周岁，女儿 7 周岁，儿子 16 周岁。11 年后，女儿 18 岁开始上大学；儿子 27 岁时，大概率在这个时间段谈女朋友买房结婚；你们夫妻俩 56 岁即将退休；这时候双方父母也在 75 岁以上，面临着需要护理照顾或是经济支出。

当上述 4 件事同时段发生，假定那时候我们身上有 100 万元，或是现金，或是银行理财产品，或是股票基金产品，我们原本打算用于自身的养老，但万一以上事件发生，我们最有可能牺牲的就是自己的养老安排。但如果那时候，身上的 100 万元对应的是养老年金产品，是 60 岁后按月领取的，那么这笔钱大概率能真正用于我们自己的养老。

（3）教育是发展问题，而养老是生存问题，生存问题原本就优先于发展问题。另外，子女的教育可以获得各项助学贷款，而一个老人是没有任何办法获得社会的金融支持的。

（4）将时间再往后拉，当我们超过 75 岁时，孩子们也有了各自的家庭与生活，当我们真正需要照顾时，他们不一定有时间、精力和财力，他们也希望父母在年轻时就安排好自己的这一切。

（5）在女儿的教育方面已经做了一部分安排，可能在其他理财方面有相关的考量，可根据您的需要再做规划。

第五，您可能会问的问题。

关于你们夫妻俩的养老问题，目前日常生活品质不差，退休后应该生活水准不会降低。

实际上，人们很容易忽视养老的第三阶段（80 岁以后的失能养老阶段）。这个时候的养老支出需要医疗、康复和家庭护理相结合，是用金钱换取生活质量和长度的阶段。在这个阶段，支出大约是正常的第一阶段（60~70 岁的休闲养老阶段）支出的 3 倍左右，还不包括第二阶段（70~80 岁的功能衰退期）的半看护费用。

如果依赖于不确定何时能够领取，也不能确定具体金额的社保养老金，或是数十年后不确定的房价，或是手中风险不明确的股票基金，都不是最理想的养老金安排。

配置一份与生命等长的养老金，像社保一样每月到账，再加上自己理财部分的基金股票。金山银山绿水长流，和老伴未来的退休生活，儿女安心，自己舒心。有这样的安排，就可以让晚年过得体面、富裕、温馨、有尊严。

场景 7

客户三年前咨询过保险，终于约到夫妻俩一起见面，见面后给客户写一段文案，作为沟通的总结。

文案示范

××，谢谢你们夫妻俩的信任和支持，让我有机会为你们家庭提供保险服务，昨晚通过简单交流了解了你们的需求及担忧，大概分成几个部分：

（1）父母的医疗费用——用百万医疗险来应对。

（2）你们各自肩上的家庭责任——用定期寿险来应对。

（3）重疾发生后导致的收入损失——用重疾险来应对。

（4）一定会发生的养老——用每月各2000元的储蓄型养老年金来应对。

还是那句话，做了这些安排后，人生会少很多妄念，反而可以更好地专注眼前的工作与生活、家人的陪伴及自我的成长。每个人的人生看起来各有不同，但一生中会发生的大事，对每个人来说也就那么几件，无非疾病、意外、养老、子女教育。我们做的所有规划最底线的目的，就是将这些事情都安排好，这样才能幸福感满满。

这些年我在工作中，曾经与若干客户交流分享过这种观念，接纳之人无不受益匪浅，我自己也在执行这样的财务安排。人到中年，哪怕遇到疫情暴发这样的事件，因做好了充足的安排，包括日常现金流、投资理财等，工作与生活都不会受到太大影响。

一种选择，就是一种价值观，一种价值观，就是一种人生，没有对错，只有冷暖自知。

我们下周四见！

场景8

客户对养老社区有意向，陪客户夫妻现场参观后，给客户写一段文案作为总结，保持良好跟进。

文案示范

亲爱的，晚上好！我有每天记录总结的习惯，会将每天发生的重要事情做一下梳理。一是怕时间长会忘记，二是留着年老时回忆从未虚度过的每一天。还有那些给我温暖尊重的人，与我交接联络的事，我都用文字封存在这里。

一个上午的参访，听老师沉浸式讲解，带着我们提前“感受”与“思考”老年的时光，此举仿佛将我们拉到了60岁，站在那里回望自己年轻时的历程真是既可怕又幸运。可怕的是“人生一世，如草木一秋”，那么短暂。幸运的是，还好，我们还年轻，可以提前做好很多安排；还好，我们收入稳定，家庭幸福，一切都在有序中向前。

我们会老，会缺爱，会需要友谊，会渴望被关注、被善待，但这样的精神需求离不开“物质”的支持与“制度”的约束。像 ×× 公司这样的优质稀缺养老资源未来一定会被很多人看好，当我们这代人老之将至，这样的稀缺性就会尤为显著。趁着年轻，提前规划好夫妻俩的养老，同时锁定这样的资源，还能兼顾一下父母未来的赡养与照顾，真是一举三得。

看得出来，您丈夫今天对这样的养老规划很满意，从寥寥数语中能够看出他是一位高瞻远瞩、看问题长远的人，难怪这么优秀。他待人接物的风格真是我们这些普通人学习的榜样。想必参访回去后，你们也在考量各项收入与支出，以及如何平衡当下与未来，期待佳音。

我时常与周围的朋友分享规划好养老金的感受，我自己的养老金再过 4 年就缴完了，一件大事安排好，想想真是松了口气。毕竟，能在年轻时有能力规划好养老的人并不多。确定了目标，人就会减少很多杂念和妄念，可以专心致志地投入到目前真正可掌控的生活中，从容自在地活在当下。

存下 200 万元，加上时间的杠杆，其实是为未来准备了 500 万 ~600 万元的养老金。这是一笔可以给到我们安全感的资金。我们从幼小到成熟，再从成熟到晚年，生命连绵不断，时间看起来很长，实际上却很短。

到 2050 年，我们国家 60 岁以上的人口将超过 4.8 亿。生命的后半程如同下山一般，下山的景色美不胜收，就让这份养老计划成为您下山的向导吧。

场景 9

客户在了解养老金规划后，又觉得银行大额存单还不错，总是做不了决定，与客户微信上沟通后写一段文字总结，给客户一颗定心丸。

文案示范

亲爱的，这会儿才仔细回复。前几天孩子爸爸外出办事，我接送孩子加上工作，一下子就忙不开了。过去这些年，我们虽然打交道不多，但从仅有的交往中也能大概知道您的性格，有自己的个性与主张。所以下面这些内容，并不是想说服您改变想法，仅当作朋友，从另一个角度来分析问题，并分享给您。

我们 2017 年 9 月认识，时间过得真快，转眼您 ×× 岁了，我已 ×× 岁了。有时候，我在给客户做养老规划时，也会时常问自己的内心，作为同龄人，我如何看待养老这个问题。

（1）就算我们不将养老这件事单独列出来，我们也会去理财，比如股票、基金、银行大额存单，甚至房产等。但是不同的理财工具，有不同的属性，即在安全性、收益性、灵活性方面各有差异。在面对众多理财产品时，我一般会提醒自己从“关注钱”转向“关注事”。若是关注钱，一是我们普通人大概率难以实现财富自由，凡事若总等着有钱再去做，那我们会有很多事做不了；二是因为关注钱，我们就不由自主地关注投资收益，而忽略风险及灵活性，总觉得收益达不到自己的理想状态，心中出现各种妄念。

（2）若是在理财时，从“关注钱”转向“关注事”，便会简单轻松很多。比如，养老就属于我们人生的大事，因为这关系到我们 1/3 的人生。试想一下，国家的社保政策规定所有年轻人只要上班，自己及用人单位都必须每月存下一笔钱，用于医疗与养老。虽然在年轻时，每月从工资中扣这笔钱，很多人都不是心甘情愿的，但每一个活到退休领钱的老人，我相信无一不感谢这项强制政策。有一笔伴随终身的退休金，这是很多老人最后的尊严。

社保养老金的属性：人活着就有、按月领取、不需要动脑筋、每月到账。

而大额存单、股票、基金等理财工具并不具备这样的属性，所以这些是理财工具，却不是最佳的养老金工具。大额存单需要至少 20 万元起存，目前的利率也低于 3%，且趋势是逐年下降的。

另外，人老了，这样一整笔钱放在身上并不安全，可能有子女的觊觎，自己也不舍得用，因为越用越少，远不如按月到账、活着就有这种方式带来的安全感。

股票和基金我就不举例了，投资的波动加上操作的难度，也不太适合老年人的心智。

（3）您提到养老金的现金价值，其实养老金应该关注的是到 60 岁时，每年年金的领取部分，关注现金价值意义不大。因我们一旦做好这项规划，中途是不会轻易退保的，所以前期现金价值多少并不重要。

总结：

我们可以用大额存单作为短期理财工具，也可以适当配置股票和基金博取高收益，但也需要配置一份按月领取型的养老年金，再加上我们现有的社保，到我们退休时，社保能领取 ××× 元左右，加上养老金这份每月领取 ××× 元，加起来有 7000 元左右。无论生活发生怎样的变化，或宏观经济有何变化，这部分每月按时到账的 7000 元是我们养老的底线，其他的理财收益可以锦上添花。

每年缴 5 万元保费，缴 10 年，60 岁时，每月领取 3647 元。同时，还能锁定养老社区资源，要知道，我们这代人赶上退休高峰，同时退休的人数为 2 亿 ~3 亿人，到时候养老资源非常稀缺。以上皆肺腑之言，期待您拥有这样伴随终身、与生命等长、按月到账、充满安全感的养老金。

场景 10

客户咨询养老金，但在不同公司间做对比，咨询哪个产品返本快。写一段文案告知客户选择养老金的标准和理由，帮助客户快速做决定。

文案示范

您提到的 ×× 的产品与 ×× 的产品哪个返本快，是指增额终身寿险，×× 公司也有一款。但增额终身寿险系列产品中，×× 人寿的产品是排名第一的，返本快，长远收益也高。我用系统做了一个演示发给您，您点开看一下就知道了。

这个演示看似很专业，给客户的感觉也似乎很好，但其实一点儿意义也没有。还是回到养老这个话题来看，这类增额终身寿险产品可以配置，当作老年时的流动资金，但也因为这类产品太灵活了，反而不太匹配养老金的属性。我反复思考后还是觉得年金险更适合养老，就是月领，伴随终身，这样既安全，也可以在年老时最大限度地将这部分资金用于自己的养老。否则其他账户的钱，大部分人都只喜欢存着，却不舍得用。

您之前配置的 ×× 人生两全分红保险，是属于养老金，按年领取的，70 岁返本，有分红，但不知道您配置了多少额度。

目前在年金类产品中，我推荐给您的这个产品是排在第一梯队的，若是再考虑到它的央企性质，以及未来对接养老社区，那基本上就是排名第一了。

您可以根据实际情况增加这类月领型的养老产品，不要太纠结于现金价值及返本，因为现金价值与退保有关，如果我们不退保，现金价值高低对我们没有意义。另外，返本快慢这个指标对年金产品来说，也意义不大，因为配置年金，是为了到 60 岁时每月领取多少，至于什么时候返本也意义不大。

所有养老年金及增额寿险的现金价值都比较高，不同产品之间返本时间差别也不大，您看对比就知道了，再回到产品功能上来考虑就简单了。

我是给自己按照退休后月领 3 万元来规划的，6 年前，我就做这个规划了。再有 4 年，到我 ×× 岁时就全部缴完了，接下来就轻松了，什么也不用担心。除了少量基金定投外，我也没做其他理财，一是担心风险，二是不懂也没时间。做好这些人生大事的安排后，心里特别踏实。所以您会看到我当下状态比较好，活得简单，从不纠结，专注当下。因为未来的人生大事都做了安排。

希望将这样的心得分享给您。我们做的所有的理财，无非就是为了更好地生活，养老年金属于这类理财。您看我们平常孝顺父母的钱，父母一般都不舍得花的，父母自己存在银行的钱也是一直不敢花或是不舍得花。这些做法也没错，但辛苦一辈子后，这些钱并未真正用于享受养老生活，因为这些钱，感觉会越花越少。但年金不一样，是这个月用完，下个月又来了，也许还是那些钱，但感觉上完全不一样。它是终身不用打理的现金流，保险责任也简单，就是存钱，退休后月领，活多久领多久。

4.3 用好文案沟通，把老熟人变成新客户

场景 1

团队伙伴原本是医生转行做保险，自己心理上有各种不适应，虽然周围有很多高端客户，但一直切入不了保险话题。身边客户也都是象征性地买了一点保险。现在想着对这类客户再做一些深度开发，以下是写给客户的沟通文案。

文案示范

亲爱的，久未联系，前两天刚送女儿去学校读书，心里空落落的，一下子还不能适应，想着找朋友们出来坐坐。别人都以为外科医生内心强大，其实在面对儿女亲情时，内心的柔软与所有人都一样，感觉自己从未像当下这样需要朋友。

鉴于过去外科医生的职业身份，再加上自己先天就是个最佳的倾听者，所以周围朋友们都很信赖我，让我得以有机会走进很多人的内心，分享她们的生活烦恼与幸福，也从中学到很多、感悟很多。这些年，我一直在一线忙于保险销售工作，大多数情况下都是在换位思考，为他人考虑，好像很久没有静下心来倾听自己内心的声音了。感觉用文字的方式记录下来，与朋友们分享，也是一种诉说与交流，好轻松的感觉。

在与人打交道的过程中，其实有一件事一直让我受困于其中。或许是因为我在医疗领域探索较深，在朋友们心目中，总是医生的角色大于我保险顾问的角色。角色切换困难，让我在面对朋友们时，心中常常纠结着，不能自由舒展，不能自信地表达自己在保险方面的专业及想法。可人不就是在这一次次与自我的对话中获得了成长吗？当我将这些心里话写出来时，就已经疗愈很多、释怀很多。

关于保险部分，我与您之间也进行过几次简单的沟通，说实话，在比较

清楚地了解您的财务能力后，从普通保障的角度，真的想不出来您需要做哪方面的保险规划。但也正是因为我们之间非常熟悉，非常了解，所以还是觉得有两个部分需要规划一下，这样就更完美了，我写出来分享给您看。

（1）高端医疗。

有钱人在面对医疗问题时，缺的不是钱，而是出险后更好的医疗资源和医疗服务，需要的是体面与尊贵，普通医疗保险难以做到这样。高端医疗险可以帮助客户调用到全球最好的医疗资源，享受最好的医疗服务的同时，又不占用任何现金流。建议你们夫妻俩可以将这部分保障尽早建立起来。

（2）优质养老资源。

有些事如果放在当下，我们会觉得这根本不是事；若是放到 10 年、20 年后，觉得这可能会是件事；但若是放到 30 年或更远的未来，甚至是我们的一生来看，我们会觉得它一定是件大事。

比如说养老这件事，很多人不会觉得这个有多重要，但是当知道未来 20~40 年间，将有 2 亿 ~3 亿人陆续退休，可以想象的是高端养老资源的紧缺性。目前在国内高端养老做得最成熟完善的是 ×× 公司，他们整体规划未来的总服务人数是 5 万人。想想就知道，当庞大的人口面临退休、老龄化时，如果不提前锁定这样的资源，未来想要入住真的很难。

而你们的情况又更特殊些，女儿很优秀独立，大概率未来会不在身边。可能从当下的身体健康及情感来说，我们不是特别需要她在身边，但未来有一天，我们需要照顾和护理，需要经常去医院了，这种情况下，住在家里真不如住到专业养老机构，享受全方位的照顾与疗养，女儿可能更放心些。在生命的晚年阶段，既需要子女关怀，也需要经济支持，否则很难体面地面对挑战。透过人生的“缩影”，我们才能一览全局，及时制定规划，应对未来。

具体方案是见表格中所示。您有空时看看，细节部分，我们见面时再讨论沟通。

综合保障方案

产品类型	产品名称	保额	年保费	保障要点
高端医疗险	××× 个人医疗保障中国计划经典版	各 1200 万元	40 岁女：×× 元 45 岁男：×× 元	1. 公立医疗普通部、特需部，国际部，私立医院，昂贵医院 2. 只报住院发生的费用（直付），住院前后 90 天的门诊可以报销 3. 不保普通门诊，住院 15000 元免赔，15000 元以上直付 4. 可以一直续保，保费随年龄增长，消费型
定期寿险	××× 定期寿险（350 万元 + 250 万元）	各 600 万元	40 岁女：×× 元 45 岁男：×× 元	身故或全残赔付 600 万元
养老金（方案 1）	××× 增额终身寿险	—	20 万 / 年 × 5 年	共投入 100 万元保费 至 50 岁，现金价值为 1603982 元 至 60 岁，现金价值为 2262324 元 至 70 岁，现金价值为 3190942 元 至 80 岁，现金价值为 4500678 元 至 90 岁，现金价值为 6347568 元
养老金（方案 2）	××× 年金保险	—	10 万 / 年 × 10 年	共投入 100 万元保费 60 岁开始，每月领取 9979 元至终身 至 85 岁，已领取 2993700 元 至 95 岁，已领取 4191180 元 活多久，领取多久，至少领取 20 年，与社保一样，按月到账
养老金（方案 3）		—	20 万 / 年 × 5 年	共投入 100 万元保费 60 岁开始，每月领取 10812 元至终身 至 85 岁，已领取 3243600 元 至 95 岁，已领取 4541040 元 活多久，领取多久，至少领取 20 年，与社保一样，按月到账

注：保障要点仅供参考，请以实际产品测算为准。

场景 2

客户是朋友，收入很好，但只买过一份保险，现在想着做一些深度开发，以下是将销售过程向前推进的文案。

文案示范

亲爱的××，习惯了有事直接电话、语音或是视频，今天坐在家里码文字给您，竟然也有些不习惯。疫情三年的影响，让我变得更安静了，突然发现，文字能让表达更准确、更有条理、更有逻辑，这让我发现另一种更有意思的沟通方式。

您知道，我虽然在一线做销售，但性格偏内敛，没有进攻性。还记得当初您配置的那份重疾险吗？是在我们见面快结束，我准备离开前最后几分钟才鼓起勇气说的，当时您那么爽快答应的场景，直到今天我都难以忘记。这十多年的保险路，就这么自尊又韧性地走了过来。随着接触的客户变多，历练变多，理赔变多，加上自己年龄渐长，我对保险的理解与从前也更加不一样。所以，也很想将自己这些年的思考与理解分享给您。您且听听看，结果不重要。

回望过去，我们因心理学课程而认识。您生活富足、追求自我，心态年轻化，以及对生活满满的掌控感，都是很多同龄人没有的，也是他人眼中幸福的模样。另外，您思维丰富、灵感无处不在，每次与您一起，时光像是停滞，都不舍得说再见。但因为我们太熟悉，每次见面，总能隐约感觉到您内心的那份安全感欠缺以及隐隐的焦虑。

十几年来，您也一直投入非常多的时间和精力在心理学领域深耕，心理学知识体系早就超越了我。同样，这十多年来，我也在保险领域投入大量的学习与实践，取得了国家高级理财规划师及其他很多荣誉。在心理学方面，我们经常一起畅聊，但在保险方面却少有机会让您感受到我的精进与专业。

但很多时候，人成于斯，败于斯。就是因为我们太熟悉了，我于您而言，总是同学及闺密的角色大于保险顾问的角色，也怪我自己一直碍于闺密身份，很少呈现出工作中专业的一面。

其实这些年，我帮很多中高端客户做过专业规划。通过完整的方案，让他们在家庭资产配置中更科学地利用了保险这个工具，为自己人生的每一步都尽可能做了提前安排，真正做到心不忧，踏踏实实活在当下，尽情享受生命当下之美。

所以，去年听说您在其他朋友那里买了 ×× 养老保险，当时内心起伏了很久，都怪我在朋友面前总觉得提到保险，是有求于人，怕被拒绝，职业自尊低。这其实也是一个保险顾问从青涩走向成熟的必经之路，某种程度上，挺感激这样的经历，让我的内心在这个点上有了本质的突破。从此，也就释怀了，在后续面对其他客户时，我感觉自己的职业自尊提升了很多。

是啊，我为什么不能优先为我在乎的人们提供这些专业的规划与服务呢？不管她们最终做怎样的决定，至少，我将自己的角色从朋友的角度分离出来，用保险顾问的身份真正呈现过我的专业，这样便没有遗憾了。

因为我对您的家庭情况相对比较了解，想尝试从专业的角度帮您做一份系统科学的规划报告，发给您看看。

家庭情况分析：

第一，家庭结构图。

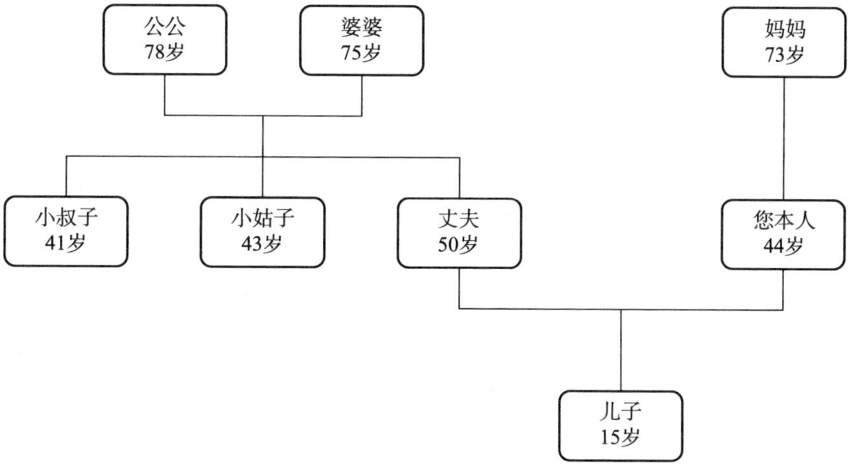

（1）幸福的家庭结构图都是简单的，就像你们家一样。我接触过有些客户家庭结构图，这一张纸都不够画。

（2）从图表中可以直观地看出继承关系，一般情况下人们不会主动去考虑这种关系，但继承权关系到财富的最终流向，所以社会上这类亲友对簿公堂的情况并不少见。和谐与矛盾之间、互撕与体面之间，缺少一份这样的提前安排。

（3）最大的风险点是先生发生人身风险时，他的父母、配偶、子女都是第一顺位继承人，是均分的。如果这个点上不做规划，可能会造成你们夫妻共同创造的财产，最后流到先生的兄弟姐妹那里。我想，这一定是您不希望看到的。

（4）您先生离退休还有10年，假定收入200万元/年，那么未来10年，他为家庭带来的是2000万元的现金流。为了确保万无一失，可以用金融工具来锁定这份收入。这一点，我们之前聊过，先生50岁，每年保费82万元，10年缴，锁定2000万元的创富能力。如果平平安安，这2000万元可以对接家族信托，按你们的心愿给到儿子或孙子。信托合同可以有很多个性化的约定，让孩子的成长与发展走在你们期待的路上，这是用制度的方式对孩子的正向激励。

解决方案：采用遗嘱加保单的方式，可以规避这类风险。

第二，资产配置表。

家庭收入支出表		
日期：×××		姓名：×××
一、当下的流入		**金额**
工资薪金	先生	××× 万元 / 月
	太太	××× 万元 / 月
奖金收入	先生	××× 万元
	太太	××× 万元
投资收入	房产投资租金	××× 万元 / 年（目前）
	基金收入	不确定
	股票收入	不确定
	债券收入	不确定
总收入		××× 万元

续表

二、未来的流出		金额
养老	夫妻双方的养老	××× 万元
	双方长辈的养老及护理	××× 万元
儿子	读书、婚嫁、置业	××× 万元
家庭品质生活开支		××× 万元
可能发生医疗支出		××× 万元
总支出		××× 万元
备注	1. 收入与支出部分都有很大的不确定性 2. 将钱与家庭成员人生事件结合起来规划 3. 随着自己及家中长辈年龄增大，各类医疗及护理费用变高 4. 从当下富裕到“确定的终身富裕”；从自己富裕到“儿孙富裕”，就需要做科学、细致、长远的规划	

注：数据仅供参考，请以实际情况为准。

（1）财富流入渠道：从表上看，是夫妻俩的收入、金融资产的投资收益、房产的增值。但其实，还有另一个视角：人的精力有限，创造财富的时间是有期限的；金融投资有收益，也会亏损；房产会一直增值，但那是过去 20 年的惯性思维。事物都有其两面性，通常我们只会看到一面，所以从不同的视角考虑问题，就很有必要。

（2）财富流出渠道：未来的养老支出，可能的医疗支出，儿子读书、结婚、置业支出，用于家庭品质生活的日常开支等。

第三，家庭成员人生重大事件上的安排。

算算自己夫妻俩的养老：

10 年以后，正式退休了。您目前的生活开支：3 万元 / 月，假定 3% 的通胀率，用专业公式计算出来，10 年后，维持现有的生活品质，每月需要 4 万元。

养老分成三个阶段：

60~75 岁，活力养老阶段。生活能自理，可以出去看世界，4 万元 / 月，15 年，总共需要：4 万元 / 月 × 12 个月 × 15 年 =720 万元。

76~85 岁，协助养老阶段。这段时间体能下降，精力也下降，投资理财能力也不像年轻时那么敏锐。如果住在 ×× 养老社区的话，虽然出行减少，但医疗保健支出会增加，大概还是需要 4 万元 / 月，这 10 年，又是需要 480 万元。

85 岁以后，专业护理阶段。长寿时代的到来，百岁人生对我们这代人来说，并不遥远。但这段时光，如果安排得好，同样可以高品质度过。据欧美、日本官方数据统计：入住高端养老社区，健康生命平均延长 8~10 年，听起来是不是值得期待？人生暮年，多准备些，一方面自己过得体面，另一方面不让孩子为我们操心。这段时期，护理费用会增加很多，假定 5 万元 / 月，活到 100 岁，需要 900 万元。

整个退休期加起来，需要流动现金 2100 万元左右，这是一个庞大的数字。

第四，儿子读书、结婚、置业支出。

当下你们都在工作，这部分没有问题。我们将时光拉到 10 年后，儿子结婚生子、置业，会给出房产，同时会给到小家庭资金支持。当然，到时候，这笔钱怎么合理地给出去，既祝福了孩子们的婚姻，也保持了对这笔钱的掌控，我们未来再慢慢探讨。

第五，医疗资源的匹配。

一般人去医院就诊时，考虑得更多是医疗费用的问题。但有钱人不一样，他们当然也会考虑费用，但更注重整体的就医体验，他们希望在病痛中，自己内心最细微的感受都能得到关注和善待。但这部分对医疗资源的要求就更高了，您在日常生活中本来就是一个非常注重品质与感觉的人。关于这部分，我认为高端医疗险是必备项目，越早安排越好。我看了一下：9500 元 / 人，有一张直付卡，可以解决 1200 万元的医疗费用，同时包括私立医院，还有公立医疗国际部、特需部，昂贵医院也包括，从此医疗无忧，尊贵感满满。

场景 3

客户是一名职场精英，也有很好的理财习惯，但养老金的规划还不足。这时候通过专业的分析，与客户交流保险理念，这样的告知对于客户来说，更容易打动对方。

文案示范

××，一直觉得您是一位有主见、有想法的现代女性，目光长远，对未来的生活也都提早安排，为您的远见点赞。针对养老金的规划，是保险产品更好，还是基金定投更好，有些话想与您分享。咱们只做讨论，看看会不会激发出新的思考。

首先回归到需求。我们的需求是养老生活规划，而养老金的特点是没有时间的弹性，到了退休年龄我就要用，并且是不允许发生任何风险的。我们希望退休的时候可以按月领取、一直领取、终身领取，最好是不要动脑筋的傻瓜式领取。这一点保险的安全性和确定性是目前其他金融工具无法媲美的。

无须费神打理和操作，完全可以把自己的时间用在更美好的事情上。因为年纪大了以后，我们难免对市场的判断能力和精力都会有所下降，没办法再像年轻时那样对投资理财和市场保持当下的敏锐度。毕竟我们要确保自己在日渐衰老的时候，头脑跟现在一样清醒，才可能对基金定投做到很好的操作和掌控。

长期的基金定投，比较适合作为养老金的补充。我身边也有很多人在做基金定投，我也了解并咨询了一些业内人士，他们的判断是，要做到保证在相对高位出来，这样才可能在基金定投上有收益。如果一直持有一个基金，5~10 年不放弃的话，有可能这样下来收益是很低的。所以，基金定投如果在我们要用的时候，收益很好，那就是锦上添花。但是如果碰上经济危机产生亏损，我们能有确定的养老金打底，也就不用太过担心了。

基金定投属于一种中短期的投资理财方式，如果是孩子 3~5 年后需要一笔钱，我们可以用基金定投来规划，这样既可以满足自己投资理财操纵钱的快感，又达到了短期理想生活规划的目的。其实基金定投作为资产配置的一部分，它的性质与主要功能即表现在这里。

所以，基金定投和商业养老金是可以互相补充的，并不是说选择了 A 就否定 B。追求高收益并且很擅长，基金定投是不错的选择。想要稳定收益，并且长期锁定，可以选择商业保险的年金或者增额终身寿的产品。用商业养老金做基础养老金配置，用基金定投做养老金的增值部分，两者相辅相成会更科学一点，这样才是资产配置。

4.4 成交促成文案，让成交的每一环都无懈可击

场景 1

老客户想了解养老社区，在微信上做过简单沟通，但是养老社区是一项综合规划，需要全面考虑，通过文字总结，从八个维度帮客户做好理性分析，并根据客户实际情况进行促成。

文案示范

××，很高兴为你们设计养老的规划。帮助客户安排好养老生活，是我觉得特别神圣的事情，了解了你们的情况和需求，为了方便你们决策，我总结了以下八个方面的内容，方便你们做参考。

第一，需求及必要性。

（1）您的父母 70 岁左右了，父亲半自理状态，需要协助护理。

我们通常将养老分为三个阶段。

第一阶段是活力养老期（60~70 岁）。

第二阶段是功能衰退期（70~80 岁）。

第三阶段被称为失能养老期（80 岁以上）。这个阶段的养老支出需要医疗、康复和家庭照料共同支持，是以金钱换取生命的质量和延续，支出大约是第一阶段（60~70 岁活力养老时期）的 3 倍左右。

您目前的情况是：您与先生在外地工作，没法在父母身边照顾，加上父亲的身体情况，更需要请人照顾或是医学康复。这种情况如果照顾得好，会得到比较好的康复，照顾得不好，生存质量会很差。

（2）如果请护工在家照顾，只有两个老人在家，护工可能会照顾不周全，你们可能也不放心。如果当下全由母亲一个人照顾，时间久了，母亲的身体健康状况也会让人担心，毕竟年龄都大了。

（3）父母入住后，不仅餐饮、健康方面能得到更好的照顾，还能够在更好的环境中锻炼、休闲、娱乐、参与老年人社团活动，对他们的身心健康很重要。若需要照顾时，×× 养老社区也能提供同三甲医院一样的检查及各种专业护理服务，父母感到很舒适，也省去了你们的麻烦。

第二，这份保单能提供什么服务？

（1）您是投保人及被保险人。合同规定，总保费 200 万元（可一次性缴，也可分 5 年、10 年缴），投保人在 80 岁前申请，有保证入住的权利。

（2）投保人父母及投保人配偶的父母有优先入住的权利。

即当下保单生效后任意时间，若双方父母需要，可以随时申请入住养老社区。免去你们未来照顾他们的不便，因为既没时间，也不专业。

第三，关于这份保险产品的简要说明。

（1）通过一份200万元以上的保险，拥有 ×× 养老社区的优质养老资源。

（2）这样的选择，当下惠及双方父母的养老，未来惠及您与先生的养老。20~30 年后，人口老龄化的严峻形势，想必您从国家第七次人口普查数据及开放三孩政策中已能感知。人口老龄化越来越严重，尤其是到了我们这代人的退休年龄时，优质的医疗、养老资源将非常紧缺。

（3）产品详细说明。

您 40 周岁，每年保费 216925 元，缴 10 年，总保费 2169250 元。

① 在 60~80 岁，每月固定领取 5000 元，另有分红。每年的中等水平分红大约为 37000 元。如果在 60 岁之前未领取分红，将会累积，至 60 岁时，累计分红金额约为 745722 元。若选择不领取，分红将以复利滚存的方式增长，在需要时可以随时支取。

② 80~85 岁，这 5 年，每年领取 450465 元，同时每年还是有分红。

③ 86 岁以后，依然每月领取 5000 元，活多久领取多久。但 85 岁后若发生身故，则不再有身故保险金。

④ 如果在 85 岁之前身故，会获得身故保险金：根据已缴纳的保费总额、生存保险金以及保单账户现金价值中最高的一项进行赔付。

（4）这份保险是独立存在的，有保险产品本身的一切功能。即便不选择入住 ×× 养老社区，保单还是按照这个来领取的。

（5）我将这个产品的计划明细发给您看一下。

第四，如何获得这样的服务？操作流程有哪些？

（1）可以预约陪同父母参观养老社区；

（2）与您相约签订保单；

（3）保单生效后签署“养老社区入住确认函”，根据需要，提前申请入住。

第五，入住费用说明。

父母两人一室一厅：

房屋使用费及居家费：11900 元 / 月，餐费 1800 元 / 人 / 月，两人合计每月费用为 15500 元。

若未来由于身体原因需要康复及医疗护理时，会住到养老社区的护理区。同时，在上面费用基础上，还有另外两笔费用：

（1）护理押金：护理押金是一笔一次性缴纳且可退还的押金，您需在入住前一次性缴纳 20 万元 / 人的护理押金，以获得养老社区护理区的入住资格。

（2）护理服务费（仅针对护理区），具体费用标准如下：

照护等级	护理服务费（元 / 人 / 月）
护理一级	6500
护理二级	8000
护理三级	9500
护理四级	12000
护理五级	15500

注：数据仅供参考，请以实际情况为准。

第六，总费用预演。

假定，父母在 ×× 养老社区有 15 年的安闲晚年时光，则总费用大概为：

15500 元 / 月 × 12 月 × 15 年 =279 万元

他们的退休金假定每月 1 万元，15 年，总共 180 万元，缺口 279 万元 -180 万元 =99 万元，再加上通胀及最后期间的护理费用，预计 50 万元。

则费用总缺口为 150 万元左右。

他们当下也有房产。总的来说，足以让晚年生活过得体面、富裕、温馨、有尊严。

第七，父母的观念。

入住 ×× 养老社区的老人，目前基本都是各领域的高知分子，这个群体一般受到良好的教育，经济富足，观念开明，对生命和人生的理解非常通透。

200万～300万元，对您来说也不多，但是想要为父母做出这样的安排，也不是特别容易，主要是观念方面。要看父母是否有这样的观念，或是父母不舍得您花钱，都有可能。但当下的这个安排与规划，却可以为您妥善解决人生中即将到来的重大赡养责任，同时还有您与先生退休后的养老资源问题。

不知父母当下会如何理解，但老人一旦身体出现问题，他们的意识会立刻提升，并充分认同和理解这样两全其美的安排。

第八，我的建议及权衡。

生命是有限的，值得好好对待、好好享受。做出一个总保费200万元的决定，不会特容易，但想通了，也没什么。比如我经常提到的，很多人拥有多套房，但却不能享受生活。其实只要变现任意一套，就可以让生活更精彩。

注：本书中涉及具体的保险利益，请以为客户提供的实际方案为准，本书中的数据仅作为参考。其他内容同理。

场景2

客户想为父母安排养老生活，尤其关心养老社区的护理。了解了客户的需求之后，通过护理明细、入住方案及费用、保单收益明细、综合分析四个维度，详细解答了客户的疑惑。

文案示范

第一，护理明细。

关于护理部分，我今天在 ×× 养老社区做了详细咨询，目前有一至五级不同程度的护理服务，会根据入住时该居民的实际情况综合评估后给出更个性化的护理方案，这也是他们更加人性化的地方。

我将一至五级护理明细发在下面，供您参考：

照护等级	护理服务费（元 / 人 / 月）
护理一级	6500
护理二级	8000
护理三级	9500
护理四级	12000
护理五级	15500

注：数据仅供参考，请以实际情况为准。

第二，入住方案及具体费用：

假定父亲达到护理三级，则目前 ×× 养老社区护理区的实际费用是：

一个房间，父亲需要护理，母亲健康，则父亲的费用是：13640 元 / 月（包括房屋使用费、居家费、餐费、护理费），母亲的房屋使用费是：2400 元 / 月，餐费是 1800 元 / 月（每个房间都有小厨房，假定每餐都在社区吃，不自己单独做，若是自己在房间单独做，则没有这部分费用），父亲一张床，母亲一张床，这样每月总费用是：17840 元。

目前社区的整体入住情况是：

（1）活力区入住户数 195 户，人数 258 人；

（2）护理区入住户数 68 户，人数 78 人。

预定情况：

预计 11 月开 472 户，第一批开 200 户，已经预定了 245 户。

（这是截至 6 月 15 日的统计数据，到 11 月就不是这个价格了，以上给出的是 7~8 月入住时的价格，入住后会一直是这个价格。）

第三，保单收益明细。

我今天特意问了一下，目前不能选择年缴 10 万元，连续缴纳 20 年；至少是年缴 15 万元，连续缴 15 年，所以我重新调整了一下计划书。

您 40 周岁，每年保费 163645 元，缴 15 年，总保费 2454675 元。

（1）在 60~80 岁，每月固定领取 5000 元，同时还有分红。每年的中等水平分红约为 37000 元。如果在 60 岁之前没有领取过分红，会累积，至 60 岁时，累计分红大约为 745722 元。如选择不领取，分红会以复利滚存的方式增长，根据需要再领取。

（2）80~85岁，这5年，每年领取501815元，同时每年还是有分红。

（3）86岁以后，依然每月领取5000元，活多久领取多久。但85岁后若发生身故，则不再有身故金。

（4）如果在85岁之前身故，会有身故金，身故金的金额为：累计已缴保费、生存保险金与保单账户现金价值，按其中金额最大者赔付。

第四，综合分析。

考虑到父亲的身体状况及母亲整个晚年的时光，如果一直维持现状，父亲的身体没法得到更好的照顾，再叠加情绪问题，可以预期的结果会越来越严重。而母亲的健康及晚年幸福也会受到很大影响。他们过得不开心，也会影响到您的心情。

所以这个方案可以帮您解决摆在眼前的现实问题。你们可以趁着现在赚钱最多的时候将自己未来的养老金安排好，还可以让父母优先享受这样高品质的晚年生活。入住后，母亲在陪伴父亲的同时，还可以有自己的时光。我看了护理三级的内容，他们会组织各类室内外的活动，而这类活动对您父亲的情绪稳定也更有好处。

另外，费用方面，我看了一下，可以接受的。假定他们住在这里15年，总共300万元左右的费用，他们俩的退休金可以解决一部分，你们再贴一点，这样挺好的。因为他们未来有房产给您继承，也不会增加太大的负担，又能解决当前的问题，每个人都可以得到幸福。

注：文案中的日期、金额、数量等仅供参考，与客户沟通时请以实际情况为准。

场景3

春节的时候，家里的小孩会收到压岁钱，很多父母会考虑用理财工具管理这笔钱。客户问：你有理财类的保险推荐吗？我们小孩每年有一些压岁钱想存起来，一年1万元左右。

这时候，如果直接发一个产品方案过去，很有可能石沉大海，而从理念开始沟通，让客户为这笔钱做一个规划，更容易成交。

文案示范

谢谢亲爱的信任我，在考虑保险时，能想到找我咨询。很多人会直接发一个教育金理财产品给您，然后在推拉打磨中探究不同产品的收益，其间可能成交，也可能没有结果。

但我希望借此机会，能与您分享完整的家庭财务规划理念，然后将产品放到家庭整体财务规划中来考虑。这样以终为始的思考方式及方案呈现，也是过去 19 年，我为很多家庭做规划过程中的思考与总结。希望这样的分享对你们有用。

有时，我们看似在交流财务规划，但实际上也在讨论人生规划，或者说这两者本质上是一回事。不同的财务规划，会将我们引向不同的人生之路。这一生说起来有许多任务需要完成，购房、购车、换房、换车、生育子女、养老、医疗，其中任何一个任务安排不当，都足以影响我们对美满人生的体验。然而，这些任务无法以阶段性的标准来衡量决策的正确与否，只有当我们站在人生的终点回顾时，才能确定哪些是正确的，哪些是错误的，哪些可以做得更好，但为时已晚。而以上所提到的事件，有很多可以通过保险来提前规划，具体如下：

（1）各类风险管理。

意外、医疗、重疾失能、各项贷款债务及对孩子、对父母的未尽责任，这类风险在现代社会，都可以用金融手段来规避。

（2）人生重大事件管理。

子女教育、自己养老，这类事件涉及周期长、金额大，需要设定目标，通过时间来积累。当我们将这些事情都想好，就会更科学地去安排自己的财务。这里有个家庭资产象限图分享给您。

微信中您提到孩子的压岁钱储蓄就属于图中第四象限。我将上面提到的保障，对应的产品解决方案也发给您，您对照着参考。具体年龄及保费、保障额度，我们见面讨论后根据实际情况再做调整。

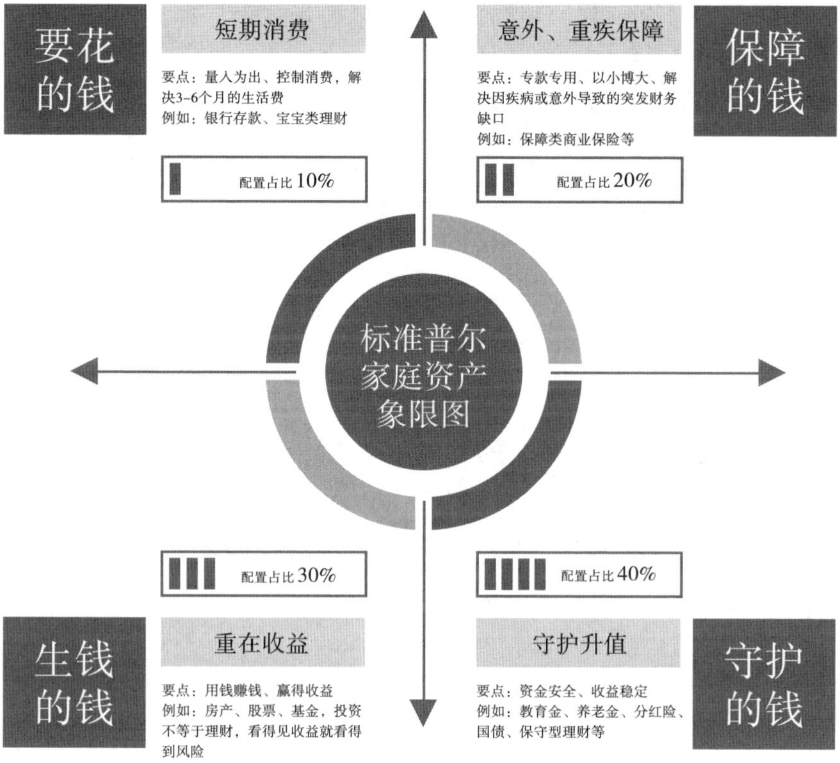

场景 4

有时候客户觉得买保险不着急，或者正在比较不同的产品回报，这时候不妨直接借助其他同类产品进行横向对比，或者用举例子的方法，让客户意识到及时规划的重要性，帮助客户做决策。

文案示范

××，前两天那个理财产品您打算配置多少啊？您哪天空闲？我们可以碰个面。您看最近这基金涨涨落落，算下来真不如这个产品呢。

这就像夏天洗冬天衣服时发现口袋里有 200 元，虽然还是我们的钱，但那种感觉像是白捡的一样，更何况这个产品是缴三份，领五份，等赢型。

到时候您就能体会到一大笔钱从天上掉下来的感觉，特有成就感的那种，您可以分散点资金配置在这里。

生活中不确定的因素太多，但我们看确定的那些，比如孩子到那个时候一定要用钱，这样强制储蓄是个不错的选择。

文案示范

××，这几天考虑得怎么样了？我在想，存点钱养老这件事你们心中肯定早有打算，否则您不会微信问我的。不要犹豫，让年富力强的自己为年老时的自己做一个安排。

跳出当下这个时间维度，从一辈子的时间周期来看当下的这个安排，您会发现这是提前考虑，主动布局，这样的人生才尽在掌握啊。28 日前等您消息。

文案示范

其实有时候，我在一次次做争取时，心中也很有压力。但总是想着万一朋友们能一念之间，因为我的坚持而为自己和家人做了一份规划，其实是非常好的事情。

我知道您不是特别看重这 1 万多元保费，可就是这不起眼的保费，却有杠杆功能，以备不时之需。还记得那年，您母亲在医院治疗，很想找专家诊疗，但我们普通老百姓实在没有太好的医疗资源。而现在很多保险产品都提供这项绿色通道服务，即客户出险后可以打电话给保险公司报案，保险公司可以帮我们预约全国专家门诊、专家病房、专家二次诊疗，省去了我们自己到处找人的辛苦与周折。

××，我知道您缺的不是钱，而是出险后得到更好的照顾与医疗服务，需要的是体面与尊贵，这份保险其后对应的服务可以做到。去年客户在上海治疗肺癌，就是我联系保险公司协助预约了专家服务，客户体验感很好。

我也知道您大概的想法，也正是因为您非常信任我，将我当朋友，所以我才会对这件事这样坚持，虽然不是什么大事情。下午见。

场景 5

客户在购买保险的决策过程中，可能会受到家人意见的影响，没有及时签字成交。这时候的临门一脚，可以帮客户做好决策，也能让客户及时拥有保障。

文案示范

亲爱的，晚上好！那天碰面后本想当天晚上将这段文字写给您，后来一直在外见客户，这会儿才得空。

在我的职业生涯中见过很多女性客户，像您这样在这个年龄有远见、明事理、个人能力又强的人真不多。我们虽然不熟悉，但真心为您开心。这么棒的您，无论职场还是家庭都未来可期。

那天没有签字，您尊重了丈夫的想法没有勉为其难，您做得很对。回去后应该商量好了吧？记得晚上签好字，明天快递给我，邮费到付即可。

文案示范

××，上次发给您的方案，不知道回家后您的程序员丈夫怎么看，他那种高智商、聪明人的思维，我既羡慕又觉得跟不上。

人们通常会本能地关注活得短的风险（意外与疾病），却常常忽略活得长的风险（养老）。不知道你们目前通过什么方式在理财，但无论是什么方式，理财讲究的是资产多元配置，长短期结合，分散风险。

其实我是希望您与丈夫每年各存 2 万元，即每月各存 1600 多元，你俩互相监督（知道你们夫妻间相处风格嘻哈）。

若干年前，我就是这样让很多客户存养老金的。这些年来，我与他们都经历了股灾、金融危机、疫情“黑天鹅”事件、P2P 爆雷、朋友间借贷坏账、房产的投资，还有各类剁手式消费等。如今他们提起存下的这些保费，有稳稳的收益及确定的退休保障，无不感谢我当年的坚持。

若方便，叫上程序员，我们周末碰面仔细交流一下。

4.5 用文案做异议处理，客户更易接受，更利于成交

场景 1

客户在规划保险的过程中，如果因为信任度不够就容易陷入产品对比的纠结中。这时候，除了给客户提供客观的建议之外，通过文字表达我们的专业态度，也是必不可少的。

文案示范

在选购商品时，人们总希望只获得 A 和 B 的好处之和，而不愿付出更多代价，这叫“完美的选择”。但这世界上从来没有完美的选择，只有“更好的选择”。要想做出当下“更好的选择”，就需要对规律的洞察和对趋势的把握，需要跨学科的知识，更需要智慧。若不具备这些因素，又希望做出好的选择，借助专业人士的经验，不失为一个明智之举。

文案示范

当陷入产品比较时，很容易让人感到疲惫不堪。因为不管是从网络搜索、咨询他人或是同事的推荐，我们获得的信息都是零散的，都难以据此做出科学的决策。对我而言，这些都是成体系结构的信息。如果您能信任并利用我的专业知识，将会轻松而科学地规划家庭保障，更不用担心理赔和服务方面的后续问题。

人生价值不在假话、废话、空话上，而在日复一日事无巨细的行动中。

文案示范

我比你们年长 10 岁左右，从这个年龄一路走来，深知你们的焦虑、担忧与不安全感来自哪里。而这些无形的负担，恰恰是保险这种商品可以解决的。

面对市场上保险公司琳琅满目、保险商品层出不穷、业务人员销售手段花样百出，人们会犹豫、彷徨、四面打听、私下研究，还会因为各种信任问题，无法将想法落地。

而此刻，你们需要的是一位真正的专业保险顾问。

我想，过往你们接触过的每一位顾问都会标榜自己是最专业的，这又让你们再次陷入选择困境。通常情况下，人们都会觉得自己很专业、很能干，但只有在数字、报表与成绩面前，我们才能够知道谁是真正的专业与用心，谁是真正的在做可持续经营。

场景 2

与客户沟通保险后，客户的丈夫不同意买保险。

文案示范

××，晚上好！回来路上，我想了很多，觉得还是要写下来与您分享。

您丈夫是典型的创业者性格，在过往工作中，我曾与很多创业者打交道。他们一方面有着冒险精神，追求更高的利润和回报，对自己的能力与未来乐观积极；另一方面也会本能地对各种推销心怀戒备，将所创财富管理得严谨。所以今天他不是拒绝您的诉求，而是出于本能对我的拒绝，是对您的保护。如果您能从这个角度来理解，我做不成业务，也倍感欣慰。

创业者性格的人容易将事情做成功，但他们常常只看到人生的 A 面，极少考虑到人生的 B 面。所以他们特别需要像您这样的妻子，当他在前方进攻时，您考虑守成。进攻能创造财富，而守成能留住财富，保险就是守住财富过程中非常重要的工具之一。

在资金的使用上，他也更趋于进攻。一直进攻，就会有风险。风雨来临时会慌乱、会脆弱，人太刚易折，财富也是如此。

您虽从事销售工作，但却非常理性。同时，您作为妻子，有买保险的想法，一定不仅仅是因为我的推荐，而是您的潜意识中感知到了未来人生的各种未知风险，希望在当下手头宽裕时做一些安排。无论这笔资金未来是用于医疗，还是用于养老，我们暂且不对这笔资金的功能做定夺。有些事还未到眼前，交给时间来决定会比较好。前提是存下了这笔钱，且因时间的复利，未来拥有一笔放大了几倍的财产。当我们从这个角度来理解保险的意义，做决定便容易了。

不要试图去说服他改变对保险的态度与认知，只需温柔并坚定地告诉他，您想为自己做些安排，希望他能理解即可。凡事从爱的角度去沟通，心中原本的百炼钢都会化成绕指柔。对原则的事情，温柔的坚定最具力量。独立人格是赢得长久尊重的前提，家里家外都是如此。

企业家的妻子都需要智慧：要么天生就有，要么后天锻炼。这是未来能驾驭更多财富的根本。相信聪慧的您一定会妥善处理好，等您好消息。

场景 3

向客户介绍了保险理念、保险方案，客户觉得很不错。但到签单环节，要从家庭支出一笔保费，客户又觉得买保险好像也不是很着急，于是不了了之。不管能否争取到立即签单，必要的跟进都是必不可少的。无论是通过文案表达自己的理念，还是邀约客户面谈，都是持续跟进的一部分。

文案示范

××，我仔细阅读了您发来的这段文字，很想回复您：“好的，那就后续再说。”但多年的职业习惯还是提醒我，再跟您强调一下保障的重要性。

希望我所接触到的每一个家庭都在保障方面没有遗憾。

2009年，我一个客户是派出所的公务员，不幸患肝癌，持续治疗半年后离开。他当初健康时与你们的想法一样，觉得单位福利和保障都够用。在他治疗期间，社保并没有完全报销所有费用。虽然他的工作单位做了募捐，并给他连续发了半年的基本工资，但又能怎样？孩子年幼，房贷尚未还完，这些未尽责任成了家人很大的遗憾。

其实，你们不是不想买保险，是舍不得支出一笔保费。

你们现在的身体状况都处在核保临界点，无论是定期寿险还是健康险都需要通过线下人工审核。

50万元的重疾险保额是我们面对疾病风险时急用的现金，会给予我们治愈的信心。还有夫妻的保费豁免，真的不容小觑。即便有房产等固定资产，在困境中变现也会很难。唯有你们为自己做好保障，才是真正爱儿子，某种程度上比带他吃喝玩乐更具深远意义。

不要将自己一生中最大的健康保障仰仗社会政策或是企业福利，因为这是最没有安全感的。我们不能保证在出险时，这些政策与福利是否还在。人在人情在，人走茶凉，才是真实人性。

以上是我的肺腑之言，还望三思。在良辰美景时不要将2万多元看得那么重，而是要看到这个安排背后，给我们带来的那份安心与踏实。我知道，您可以做主的。记得将资料先发给我，让保险公司先审核，然后我们根据审核结果再慢慢讨论。

文案示范

亲，还没到具体考虑保险方案的时候，我是希望能为您分享一次关于养老这个话题。可能之前也没有人专门与您讨论过，这次，您正好听听看。如果能借此提升这方面的意识，对我们都是收获。

周六是否方便？我过去给您讲一下。或者下周日我们正好有一场××活动，您到时候过来，我再给您讲也行。总之，您一定要听一遍。听不用花钱，不听则错失一个机会。到时候周围的人个个都是“公务员”水平的退休金了，咱们岂不是遗憾？

文案示范

Hi，亲爱的，晚上好！前后两次关于养老金的联络算是告一段落了。

还是挺感谢您，帮我完成了反馈。虽然没有实际落地方案，但我们都有收获。对于您来说，在心里种下了一颗种子，开始认识到近 1/3 的生命时光需要规划，也值得好好规划。我也完成了对更多朋友的告知义务。

只是作为保险从业者的敏感，一听客户有预算，就想着成交。来日方长哦，期待这颗养老金的种子生根发芽。

场景 4

给客户推荐了产品方案，但客户担心保险公司不安全。比如对于保险中介和经纪公司来说，有的客户喜欢它的丰富和全面，也有人担心它是否靠谱。这时候从客观视角向客户呈现优势说明，可以帮助客户做判断。

文案示范

关于保险公司的稳健性和安全性，无论从政策法规还是市场上的真实案例，都表明了保险公司对投保人的良好保障。以下三个角度可以帮助您了解保险公司的安全性：

第一，相关法规。

《中华人民共和国保险法》（以下简称《保险法》）规定人寿保险公司不得破产解散；如果被依法撤销或者被依法宣告破产的，必须转让给其他保险公司。

- 《保险法》第六十九条：设立保险公司，其注册资本的最低限额为人民币 2 亿元。保险公司的注册资本必须为实缴货币资本。
- 《保险法》第八十九条：经营有人寿保险业务的保险公司，除因分立、合并或者被依法撤销外，不得解散。

- 《保险法》第九十二条：经营有人寿保险业务的保险公司被依法撤销或者被依法宣告破产的，其持有的人寿保险合同及责任准备金，必须转让给其他经营有人寿保险业务的保险公司；不能同其他保险公司达成转让协议的，由国务院保险监督管理机构指定经营有人寿保险业务的保险公司接受转让。

如果没有保险公司接受转让怎么办？

没有达成转让协议的，由国家接手——中国保险保障基金有限责任公司。

以下摘自“中国保险保障基金有限责任公司”的网站。

《保险法》第一百条：保险公司应当缴纳保险保障基金。保险保障基金应当集中管理，并在下列情形下统筹使用：

（一）在保险公司被撤销或者被宣告破产时，向投保人、被保险人或者受益人提供救济；

（二）在保险公司被撤销或者被宣告破产时，向依法接受其人寿保险合同的保险公司提供救济；

（三）国务院规定的其他情形。保险保障基金筹集、管理和使用的具体办法，由国务院制定。

截至2022年底，人身保险保障基金规模为788.95亿元。

第二，相关案例。

2006年，新华人寿大股东几经转换。即使新华人寿被保险保障基金接手，也没有影响其业务的正常运转。即使是保险公司破产，监管部门也可以通过动用保险保障基金来支付破产公司无力支付的保单责任。所以，新华股权的变化并不会影响个人寿险保单的给付。

2015年5月1日开始的存款保险制度，说明银行可以倒闭了。但保险公司是不得解散——无论是大小公司，即使撤销或破产，也会转让给其他保险公司，或由国家来接手。

第三，我的想法。

其实，保险公司都很安全。有些听过，也有些没听过，这与我们对这个行业的认知广度与深度有关。人们通常习惯于在自己的认知范围内来看待这个世界，而我们对陌生领域的认知常常很有限。因此，这时候就要结合专业人士的建议来帮助我们做出科学的判断。

场景 5

给客户推荐了多个产品方案供其选择，但客户陷入纠结的困境，无法做出决定。

文案示范

保险产品那么多，到底选哪款？

举个例子，假设有两个三口之家，年收入都在 20 万 ~30 万元，都拥有车子和房子，而且生活在同一个城市：

A 家庭：为了买房付首付和装修，向亲朋好友借了不少钱，还得负担双方父母的开销。

B 家庭：购房首付和装修全靠自己的积蓄，而且双方父母都有退休金，时常能够资助他们。

虽然从表面来看，这两个家庭情况相仿，但实际上他们的资金流动和负债情况却存在着显著差异。因此，无论是投资还是购买保险，都应根据家庭具体情况来制订计划，避免盲目从众。

不同方案说明		
方案一	低保费，高杠杆	消费型重疾（或定期重疾）
方案二	保费适中	终身型，多次赔，加癌症或心血管扩展责任
方案三	保费稍贵	终身型，多次赔，加癌症或心血管扩展责任，加特定年龄多倍赔
备注	1. 在风险管理这一部分，重疾险保费占比最高，因为一旦出险，会立刻赔付一大笔钱，而这笔钱原本是需要我们用 3~5 年朝九晚五的工作才能获得。 2. 单独的重疾险再加上定期寿险、意外险、百万医疗险，这样组合起来，才是科学的风险管理方案。	

注：方案说明仅供参考，请以实际产品为准。

回到上面所呈现的三个方案，我的建议如下：

如果预算有限，买保险就是买保额。假如为了购买多次理赔的重疾险，但保额不够，那么购买保险就失去了实际意义。所以预算有限，建议选择方案（一），把关注点放在第一次赔付上。

如果预算足够，想为自己或家人购买多次赔付的重疾险与防癌险，我建议选择方案（二）。×× 公司的价格是同类险种中最低的，且根据多年合作心得，赔付快速顺畅。方案（三）的保费比方案（二）每年多 300 元左右，多出的 300 元，不如选方案（二）加上一份百万医疗险，增加 100 万元的医疗费报销额度。风雨来临时，真正派上用场。

最后提醒一下，保险实际上是一个组合，而重疾险仅仅是组合当中的一部分。要想获得全面的保障，医疗险、定期寿险、意外险都需要考虑，具体细节我们下次见面详谈。

文案示范

能看出来，出于防范家庭风险考虑，您一直很想规划保险，但未做出实质性的决定。

“新 ×× 保险”比“×× 保险”保费贵 20% 左右。前者不分组，含中症，后者有分组。而 ×× 公司的产品也不错，市场上各家公司的重疾险产品从保障内容来看都很不错，都包含了监管规定的 25 种疾病。这 25 种已经包含人们常见多发重疾的 95% 以上了。由于渠道、经营费用、利润分配、人工等因素，各家保险公司同类产品价格相差很大。

当涉及产品比较时，很容易让人筋疲力尽。从网络搜索到传闻，再到同事的推荐，我们获得的信息都是零散的，无法做出最科学的判断。然而，这些信息都是系统且有组织的。我利用专业知识，就能够帮助您轻松又科学地配置家庭保障，也无须担心后续的理赔和服务。

场景 6

客户的身体出现了不适，和他沟通保险的重要性。但客户表示自己的单位福利好，有团体保险，所以觉得不需要再买商业保险了。这时候，与其费心劝说，不妨简单和客户说明商业保险的价值，可以帮助客户做出判断。

文案示范

企业的团体福利不能保证年年都有，更不能保证在我们出险时正好有保险。这部分可以当作锦上添花，但不可以将一生中最重要的医疗健康保障托付于企业福利。

从家庭科学理财的角度来说，首先应该为全家做好风险保障，其次才是进取型投资。否则遇到股市的波动，再面临健康与意外风险，会使我们的经济状况更加紧张。

如果身体发出警告，亚健康状态严重，希望除了保险之外，饮食、锻炼、生活习惯等都全方位重视起来，也希望能有机会与您碰面详谈。

场景7

客户听说香港保险又好又便宜，而且保险的收益也高，所以想买香港保险。两地的保险各有优势，客户也有自己的选择权。但作为专业的保险顾问，和客户厘清其中的利弊得失，也是我们专业的一部分。

文案示范

在内地和香港买保险的优缺点有哪些？

在内地买保险的优点：

（1）比香港更便捷。无论是购买还是理赔，抑或日常与保险顾问的沟通都是“近水楼台”。

（2）比香港更容易得到全面的信息。离得近，无论是大事小情，都能尽早知晓并做出反应。

（3）服务更贴近。随着保险公司之间的竞争日益加剧，服务的竞争也给投保客户带来许多增值。

（4）监管更严。买内地大公司的保险，更稳健、更安全、更踏实，买保险主要就是买安全性。

在内地买保险的缺点：

（1）个别产品会比较贵。

（2）在条款设计方面，人性化程度不高。

（3）从业人员数量巨大，地域分布广，地区差异大（内地从业人员200多万人，服务地域960万平方千米；香港从业人员近4万人，服务地域1095平方千米）。

（4）内地保险起步较晚，目前只有30多年，而香港保险有170多年历史，所以在规范性和从业人员意识理念方面存在差距，还需要时间去沉淀。

在香港买保险的优点：

（1）产品种类多，可选余地大。

（2）有些产品的费率较低（一定要注意针对内地客户的特殊条款，现在内地一些中外合资公司的产品费率也可以替代）。

（3）有些产品的预期回报率会高一些（但一定要在香港官方网站上亲自确认保险公司和保险顾问的合法性，最好通过官方网站了解一下公司的注册地、适用法律和实力，不能因为高回报率而盲目投保）。

（4）资产全球配置的重要地点。

在香港买保险的缺点：

（1）手续费高：续期划账、联络交通、沟通接洽都比内地的成本高。

（2）法律风险：由于文化不同，了解太少，可能存在很多隐藏的问题，这都会加大出现纠纷的风险。

（3）服务风险：增值服务包含平日里保险公司组织的各种活动，因投保客户身处内地，很多增值服务是无法享受到的。

（4）贷款周转：香港保险产品前几年的现金价值非常低，甚至为零。若临时周转，急用现金的保单贷款就没有意义了。

合理配置保单的建议：先内后外、内外结合。

如果您有了投保的想法，一定要先在当地寻找优秀的保险顾问咨询，了解最新、最先进的产品和方案。不要仅听信香港保险顾问一面之词，断了与内地优秀顾问的往来。先把长期的重大保障部分在内地做好，如果还有余钱，再去香港补充一些，做到分散风险、灵活配置。但比例方面，应该是内地多，香港少，而不能颠倒。

去香港买投资类产品务必谨慎。因为投资类型的保险非常复杂，需要时常关照和顾问保持沟通。越是甩手掌柜，就越不适合把投资放在离自己特别远的地方。更何况，内地大型保险公司正处于上升期，投资回报随着大型的基建项目等能保持长期稳定的回报，远比香港保险更加安全、稳健、可控。

我们要客观地看待香港保单，无论香港保险公司说得有多好，在内地购买类似的保险一定不会让你后悔。方便、快捷、周到的服务就在身边，比什么都踏实。

我的观点是：购买人寿保险是一个长远并且非常个性化的家庭理财规划，涉及诸多因素。购买人寿保险有一个基本原则，投保人与被保险人在哪个地区居住，就购买当地的保险，特别是医疗保障类保险，以上供您参考！

第 5 章

产品介绍篇：写好产品文案，让保险功能一目了然

关于保险产品的介绍，如果只是列出一堆数字和保障内容，这样的方案无疑是冰冷的。客户的感知度低，也容易出现客户不着急购买保险的情况。

如何借助文案的力量，让保险方案有温度？或者说，向别人推介我们的解决方案时，如何做到与众不同？我的建议是，要遵循“四幕式结构”。

第一幕：我知道你遇到了什么问题。

第二幕：我已经找到了你的问题所在。

第三幕：我来给你看看我的解决办法。

第四幕：为什么这个办法能解决你的问题。

这四幕的本质，分别是：对问题的描述、对问题的拆解、对答案的描述、对答案的拆解。从事广告创意工作的人每次提案，就是在沟通这四件事。

提案前准备的文件，其实内容也是这四部分。我们日常与客户的沟通，每一次推介自己的保险方案，都应该非常清楚地沟通好这几件事。

解题式提案，是从一开始就站在客户的角度看问题，是我们带领他重新认识问题，给出找到的解决方案，并且帮他理解这个解决方案的思考逻辑。

5.1 用好保险功能文案，快速沟通保险理念

场景

有时候客户会发来某一款重疾险/年金险，咨询我们的意见。任何产品都没有绝对的好坏之分，关键在于是否与客户的实际需求相匹配。用一段简单的文案，把客户的认知拉到同一个水平线上，可以提高沟通效率。

文案示范

亲，关于重疾险，市场上的产品琳琅满目。您 30 周岁，以 50 万元保额为例，保费在 8000~20000 元的产品都有。保费多少与以下参数相关：

（1）保终身还是保到 70 岁？

（2）身故返保费还是保额？

（3）是否包含中症和轻症赔付？

（4）单次赔付还是多次赔付？

（5）是否包含癌症二次赔付，或心脑血管疾病二次赔付？

（6）是否在 60 岁前 1.5 倍赔付？

以上每一个条件的变动，最终都会影响保费。所以，建议您衡量好自己的预算，然后我协助您在预算范围内选择产品，接着再一起讨论产品细节。因为以上产品都包括了核心功能，即发生重疾时赔付 50 万元。

等您方便，我们可以约见一下。

文案示范

亲爱的，很抱歉现在才仔细回复您。当您向我咨询保险问题时，心中瞬间涌起一种被信任的感觉，暖暖的。想起还是几年前拍亲子照片时，我们在 ×× 老师那里认识，时间很快，一晃而过。

通常保险顾问听说周围朋友想买保险时，就会迫不及待地推荐各种产品。虽然我也心急，但还是想回答得更认真一些。对每一件事，每一次都认真一点儿，长年累月下来，不管是否做到生意，对于我们自己都是一种提升。

我的回复分以下几点：

（1）当不同保险顾问向我们推荐不同产品时，作为客户的我们很容易陷入对这些产品的比较中，而忘记初心。

首先要想清楚我们对这笔钱的用途及需求：是用于短期理财，还是用于自己长期养老？目前是否配置了其他理财产品？

（2）当我们明确了自己的需求，再回头审视这些产品时，会将这类产品当作一种实现目标的金融工具。驾驭这些工具，让它们服务于我们的人生目标。这样便不会被琳琅满目的产品带偏，更不会被保险顾问带偏。

假定这笔钱用于养老：当我们确定好这个目标，人生就会少了很多妄念。现在存钱，退休后月领，将当下的资金顺利安全地过渡到晚年时光。然后就可以静心专注于当下真正可以把握的时光，真正潇洒地活在当下。

相反地，人们渴望通过各种投资获取更高回报，但很少考虑到，这些额外获利背后需要我们付出的是什么呢？额外投入的时间、精力、风险和各种不确定性，这些都符合我们的预期吗？弄清楚这个问题，或许可以更加坚定决策，做出符合自身需求的财务规划与多元资产配置。

（3）很多公司都有这类增额终身寿险，终身锁利、复利。目前收益最高的是 ×× 人寿的产品。

还有一种是终身领取的养老金产品，可以对接养老社区，未来父母或自己有需要时都有入住资格。

文案示范

×× 姐，晚上好！感谢 ×× 姐的认可，让我有机会为您提供保险服务。那天短暂的交流，您的认真严谨和豁达都让我佩服。回来后这两天，我重新梳理、思考并整理出以下几个重点，希望对您落实保障计划有所帮助：

（1）您的需求及现状。

A. 从互联网渠道获悉了很多碎片化信息。

B. 希望能用较少的保费获得更高的保障。

C. 对未来理赔怀有担忧。

（2）我的角色与定位。

A. 希望通过重疾险这一个点的需求，与您一起思考整个家庭的风险管理，甚至是养老规划，进而做出一份全面的解决方案。在整体方案中，帮助您根据实际情况分步落实，而不仅仅是盲目推荐一款产品。

B. 帮您整合所有碎片化信息，站在行业高度选出性价比最高的产品。

C. 有信心为您提供持续的服务，您需要时，我就在身边。

（3）我的思路与建议。

从过往经验来看，受限于对保险的了解，客户心中更深层面的担忧与自己描述出来的往往有差别。在昨天简短的聊天中，我猜您心中更深层面的担忧可能有以下三点：

A. 责任风险（即身故、失能时，子女的教育，父母赡养，各项债务等）——对应意外险、定期寿险。

B. 医疗风险（即患重疾时，发生的高额医疗费）——对应百万医疗险。

C. 因病失去工作能力时，依然要面对的各项生活支出等——对应重疾险。

（4）虽然 ×× 姐是可以自己拿主意的独立女性，但保险关乎整个家庭的风险管理，即便只规划一人，也是小家庭财务规划中的一部分。为提高沟通效率，×× 姐可以将先生微信推给我，我来建个家庭保障沟通群。沟通过程中他的参与和知情，可能对你们落实保险更有帮助。

5.2 让你的产品介绍文案吸引眼球，自带成交属性

场景 1

有时候在一些社交场合，客户因为已经做过一些功课，会主动询问保险事宜，这时候往往都是围绕产品比较的。单纯比较产品，很容易陷入无休止的对比中。不妨通过文字表达出我们对保险的深度理解，这样更容易建立信任，促进成交。

文案示范

哈喽，晚上好！前两天见面聊天，发现您稳重、踏实、有责任心，是值得交往的好朋友。我们在很多方面还有着共同的价值观，在做生意的过程中能遇到志同道合的朋友，让人很开心。

我按您的要求将保险方案一一列了出来，并在表格下写了推荐的理由，供您参考。

被保险人	保障类型	产品名称	保额	保障期间	缴费时间	年保费	保障要点	备注
以 0 岁男宝宝为例	终身重疾险	×××重大疾病保险	50 万元	终身	20 年	×× 元	1. 110 种重疾，不分组赔付 3 次，每次 50 万元，间隔期 1 年 2. 30 种中症，不分组赔付 3 次，每次 30 万元，无间隔期 3. 40 种轻症，不分组赔付 3 次，每次 15 万元，无间隔期 4. 身故保障：18 岁前返还保费，18 岁后赔付保额 50 万元 5. 10 种少儿特定疾病额外赔付 50 万元，合计 100 万元 6. 被保险人自带豁免，轻症、中症、重疾豁免保费 7. 投保人豁免重疾、中症、轻症、身故、全残，保障继续有效（已附加上此项保费）	轻中重疾全部不分组，无三同条款 少儿特定疾病翻倍赔付 附加医疗绿通和增值优质服务
	百万医疗险	×××百万医疗险	200 万元	1 年	1 年	×× 元	1. 报销大额医疗费，解决自费超过 1 万元以上的住院医疗费用问题 2. 一般医疗保险金：200 万元 3. 重疾医疗保险金：200 万元 4. 质子重离子医疗保险金：400 万元（总限额内，0 免赔） 5. 院外恶性肿瘤特定药品：400 万元（总限额内，含 105 种药品目录，0 免赔） 6. 住院医疗费用、特殊门诊、住院前后 30 天门急诊医疗费用，免赔额 10000 元，不限社保内用药，100% 报销	可续保、保障覆盖面广、补充社保报销医疗费用 扩展院外特药和质子重离子保障 就医绿通、二次诊疗服务
	意外医疗险	×××少儿住院险	1 万元	1 年	1 年	×× 元	1. 报销小额的医疗费用 2. 意外医疗：8000 元（150 元免赔额，90% 社保范围内报销） 3. 住院医疗：1 万元（150 元免赔额，90% 社保范围内报销） 4. 自费、进口药：5000 元（50% 比例报销）	报销方便，补充社保不足
	教育金	×××年金保险	—	终身	10 年	×× 元	每年投入 2 万元保费，连续投入 10 年 18 岁时，账户现金价值：32.8 万元（可一次性取出，也可以按需领取） 25 岁时，账户现金价值：41.7 万元（可一次性取出，也可以按需领取） 30 岁时，账户现金价值：49.5 万元（可一次性取出，也可以按需领取） 如一直未领取，60 岁时，账户现金价值：139.1 万元 所有现金价值写入合同，强制储蓄，灵活领取，未来更多可能性	增额终身寿所有的利益都以现金价值的形式存在，锁定利率，安全无风险，强制储蓄，灵活领取

注：保额及保障要点仅供参考，请以实际产品为准。

保险规划是我们这一代人科学安排家庭财务必不可少的部分，这部分少则几万元，多则若干。若单纯地将这笔保费当作消费支出，心中难免各种不舍与不情愿。而若是将这笔保费通过专业人士好好规划，便完全不一样了，变成了消除担忧、解决各类风险的重要工具。尤其是储蓄型保险，相当于将银行账户的部分资产转存到保险公司，实现这部分资金功能上的大转变：即变成了用更高的杠杆应对未来的各类风险，变成了更稳健可预期的养老金，也变成了我们好好活在当下的基石。

我想，这应该是保险方案于每一个家庭的意义。这么多年，我都是这样想的，也都是这样给客户建议的。

市场上各类保险产品多如牛毛，细节更是琐碎繁杂。只有抓大放小，才能真正将有限的资金用在自己腰包最不能承受的风险上，方是真正买对了产品。再找到一个专业且能尽可能提供持续服务的保险顾问，这件事情决策起来便容易多了。

有不明白之处，随时问我，早点定下来。

文案示范

××，关于您今天问的这类产品，本身无好坏之分，主要看您存这笔钱的目的与用途。若是用于养老，这边有一款养老兼理财的产品，我觉得特别适合你们，回报率是目前行业最高的。我之前很多客户与朋友都为自己配置了，发您参考一下。

举例，37 周岁男性，保费 10 万元 / 年，连续缴 10 年。

60 岁开始每年领取 ×× 元，直到终身，也可按月领取，相当于退休后每月为自己补充养老金 ×× 元。

到 75 岁合计已领取 ×× 元，现金价值还有 ×× 元。

到 85 岁合计领取 ×× 元，现金价值还有 ×× 元。

合同可以领到 104 岁，未来的人都是长寿的。至 100 岁，合计领取 ×× 元，现金价值还有 ×× 元，还超过本金。这 ×× 元也可以留给子孙后代。

这样的保险养老金产品是我从业十多年来难得遇到的，所以发给您看看。现在手头紧一紧存下来，用一纸合同锁定了一份“公务员”式的退休金，活多久领多久，本金还一直都在（以上数据都是写在合同中的确定收益）。

保费可根据您的实际情况进行调整，您若喜欢这款产品，我们可以安排时间具体商谈一下。

注：产品利益说明仅供参考，请以实际产品为准。

文案示范

××，感谢您的信任与支持，主动联系我咨询保险一事。从您简单的微信文字中，能猜到您很想为孩子建立一个基本保障，大部分母亲都是这样想的。高龄诞下双胞胎儿子，辛苦、责任、幸福相伴每一天。我的儿子也很小，因此在很多方面都能感同身受。

在人们咨询的众多保险中，保障类保险已然成为一个家庭的标配了。其中，尤其是重疾险最为普遍，重疾险主要关注以下几个部分：

（1）观察期一般为90天或180天，时间越短越有利。在观察期内出险，一是退已缴保费，二是退现金价值；

（2）对重疾保障的考量（种类、赔付方式等）；

（3）对轻症、中症的考量（特别注意是否包含高发轻症和中症等，以及理赔标准和额度）；

（4）是否带有身故、全残、高残等保障；

（5）是否带有附加值服务：比如医疗绿通、SOS紧急救援等，好赔上门服务，直付先赔、直付速赔等；

（6）是否具有高性价比：保费 / 保额，看杠杆；

（7）豁免是否齐全：自带豁免还是加费豁免，投保人豁免，被保险人豁免，轻症豁免等，是否包含了自己所需要的。

考虑好以上7个方面，选到的保险基本差不了。险种与方案我已按照以上标准进行了选择与组合，可以根据你们自己的预算自由组合。（附产品方案）

文案示范

××，晚上好！多年的工作让我养成了与客户见面后写总结的习惯，无论多晚，都会在当天完成。在商业世界，尽管保险这份工作既普通又平凡，但没有人希望只与客户做一次生意。人们总是期待与客户建立持续有效的联系，以获得更多友谊和业务发展的机会。我们的工作很难，更需如此这般。

时间转瞬即逝，一转眼 10 年过去了。我们不知不觉已到中年，一直在这个城市打拼奋斗，从一无所有到慢慢积累了一些资产。看到我们的当下，再想到这些年工作中见到的各种悲欢、病痛、离合，或许我们都会觉得平淡本身就是一种幸福。

人到中年，想法也会改变，会重新去理解金钱与生活。保险是幸福人生必不可少的规划，它会让我们避免未来因病造成的重大财务损失。

所以我建议这次给 ×× 投保重疾险保额 100 万元，总保费 ×× 元；女儿投保重疾险保额 50 万元，总保费 ×× 元；再加上一家三口直付型百万医疗险，总共 ×× 元。这样，您家的保障就更为完整了。

把更多思考放在整体规划上，产品细节反而变得次要了。因为我们所关注的细节未必是未来可能发生的风险点。重疾险的保额是最重要的，提前做好充足的安排比纠结于细枝末节更为关键，这样才能轻松地活在当下。

保险公司都很正规，所有条款也都经监管备案。

只为客户推荐高保额且负担得起的保险解决方案，这是我不懈努力的方向，也因此赢得了更多客户的推荐和认可。在商业世界，薄利多销始终是不变的规则。

我们这两天一定要提前联系哦，让我能错峰高效安排。

文案示范

养老金这样领：

每年缴 3 万元保费，连续缴 10 年，合计 30 万元。

从 60 周岁开始，每月领取养老金 3000 元。

领至85周岁，合计领取养老金936000元。

此时现金价值还余26万元，相当于给自己规划一份“公务员”式的退休金。

防癌险这样保：

A. 轻度恶性肿瘤可以赔3次，每次15万元，赔付后豁免后续所有保费。

B. 恶性肿瘤可以赔3次，首次30万元，间隔期3年，第二次赔付36万元，第三次赔付45万元。

保险公司开发这样的组合，也是希望广大客户提前规划养老的同时，防范高发的癌症风险。您一定要认真看，也可以帮我推荐给您的朋友。

场景2

与客户很投缘，进入产品沟通的阶段。这时候除了提供具体的产品方案，还需要不断夯实客户购买保险的初衷，告知客户每一分保费都解决了哪些问题。这样可以提前打消客户的疑虑，更利于成交。

文案示范

××，晚上好！我在整理思路与产品时，翻阅了我们之前的聊天记录。2019年，你们已经配置了一些互联网保障产品，公司也有一部分医疗保障，后来由于身体因素及保费因素，没有再增加重疾保障。

关于储蓄理财部分，我们也交流过一次。当时你们偏向于自己做投资，后来就没有接着沟通。但人们的想法会随着时间与财务状况的变化而改变，正如当下人们都在讨论养老话题一样。在推荐产品之前，我将一些想法分享给您。

（1）投资与理财是两个不同的概念。

当人们手头有钱时，一般都会考虑如何赚取更多的钱，投资于高收益的项目，因为投资的目的在于获取回报。理财则不同，理财的目标是将资金和人生规划结合起来考虑，也就是把不同的资金用于实现不同的人生目标。

所以，如果我们当下有储蓄计划，我们需要问自己，目前存下的这笔钱的用途是什么？是为了未来 20 年的养老、孩子 10 年后的留学费用、3~5 年内的生活开支、家庭突发事件的备用金、5 年后换辆车，还是 10 年后的置换房？或者其他安排？当我们弄清楚这个问题时，也就自然知道不同期限的需求会需要不同的金融工具与之匹配。重要的是，要以终为始地考虑。一旦确定了用途，就更容易选择合适的产品，制订计划，长期执行。这样生活中就会少很多烦恼，更容易专注于当下的生活。

我们拿 20~30 年后的养老这件事来举例吧（如图片案例所示）。因为这件事，越早准备越能发挥时间带来的复利价值。

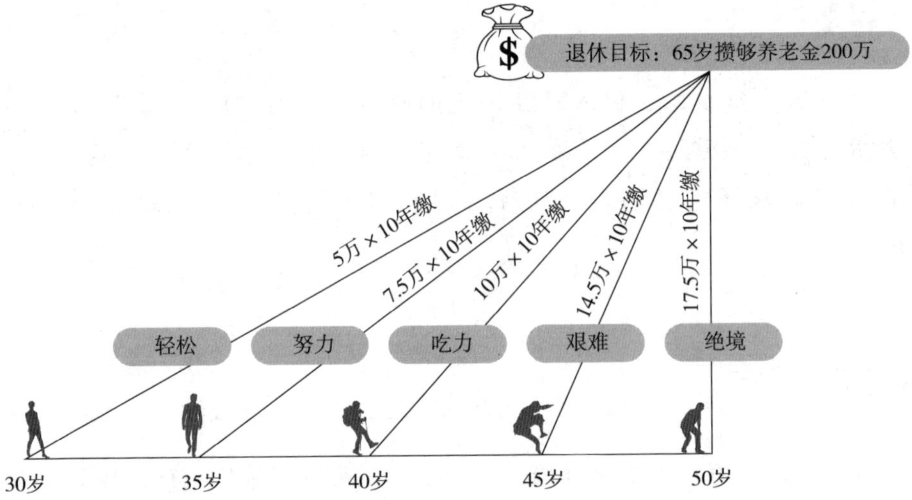

（2）进攻与防守，平衡的艺术。

在普遍的理财观念中，人们往往倾向于持续进攻，很少有人能同时兼顾进攻与防守。市场上进攻型产品和项目很多，每个人都可以分享许多独特的成功经验，而防守型产品和项目比较稀缺，保险行业所涉及的产品就属于这一类。

我在保险业工作 20 年了，大学毕业后就一直在一线从事保险销售工作。这些年在工作中，我一直克制，避免主动去推荐保险产品，而是将精力放到客户服务上。

梳理家庭各类风险，协助客户将人生缩微，全景式看到自己整个生命周期的事情，然后做好财务安排，平滑风险，从容应对不同生命阶段的重要事件。因为对更多普通人来说，在打理财富时，更侧重于“管理钱”，想的更多的是财富增值问题。而我希望与客户们认识后，能引导客户从“关注钱”转向“关注事”，即关注自己及每一位家庭成员人生重大事件的安排。

只有当人们从这个角度来理解家庭保险规划时，我的角色才有可能变成协助客户做好保险配置的专业咨询顾问。我们会站到同一面来一起讨论方案或产品中的种种细节，我们会在更轻松愉快的氛围中，弄明白保险产品对于我们的意义。让方案落地生效，从此活在 360° 的保障中，也活在对未来美好生活的期待中。

下面表中为您推荐的两个产品，一个是人身保障部分，另一个是养老金部分，供您参考。

家庭综合保障方案

产品类型	产品名称	保额	年保费	保障要点
定期寿险	××	各 300 万元	38 岁女：×× 元 38 岁男：×× 元	身故或全残赔付 300 万元 缴 20 年，保到 60 岁，消费型
养老金	××	—	4 万/年 × 15 年 （每人每年投入 2 万）	共投入 60 万元保费 60 岁开始，每年领取 59600 元，或每月领取 5066 元至终身 至 85 岁，已领取 1519800 元 至 95 岁，已领取 2127720 元 活多久，领取多久，至少领取 20 年，与社保一样，按月到账
备注	以上是寿险与养老储蓄，供您参考。			

注：保障要点仅供参考，请以实际产品为准。

文案示范

××，晚上好！经过前面的沟通，感谢您真诚的反馈。前几天我也整理了详细的资料给您，今天微信上联系，看得出来，您也很喜欢这个产品。相比大额存单对资金的要求，这个产品锁定利率，更容易操作。

上次我们主要探讨的是“养老规划”。目前您的工作稳定，社保缴费基数也很高，对于未来养老，有信心社保可以覆盖，即使要用到钱，可能缺口也不大。那回过头来，我们存这笔钱的目的是什么？

我分析给您看：

（1）假如每年缴 2 万元保费，缴 10 年。到您 50 岁时，刚好大儿子 26 岁，这时现金价值有 34 万元。孩子刚刚成家立业，有他们的压力与难处。我们每月取出 3000 元给他，适当补贴几年，有如当下父母对我们的支持一样，我相信孩子是感恩的。

（2）再过 5 年，老二的待遇也一样。这是妈妈在他们小的时候，提前做的准备。逢年过节，给孙子、孙女一份礼物，这样的一份亲情维系是不是很温馨？每年2万元保费，算下来一个月强制储蓄1600多元，您完全可以做到。

（3）到您 70 岁时，现金价值还有 ×× 万元。每月领 3000 元给自己请个钟点工，可以过得更舒适一些。这是一份大人孩子都受益的好规划。

我自己也买了，产品确实非常不错，要不然也不会推荐给您。月底停售，着急和您联系。这么好的安排，我给出了方案，您做出决定，就完美落地生效了。明天我过去找您吧。

文案示范

慢慢来，逐步规划。这是最近我与客户沟通中说得最多的一句话。我自己是按照退休后月领 2 万元来规划的，再过 4 年便完成这项计划，好像也不难。否则这笔钱早就被我换 BBB 的车，直接变成消费了。

方案一：

41 岁，每年缴 10 万元保费，缴 10 年。

60~70 岁，这 11 年，每月补充养老金 6000 元。活力养老阶段，出去玩玩，享受夕阳无限好的退休生活。

71~85 岁，这 15 年，每月补充养老金 10000 元。用于补充年老时保健、保姆、护理等更高品质生活。含饴弄孙阶段，手头宽裕，与儿孙之间有更多互动，也是人生的一种幸福。

85 岁时，现金价值是 97122 元。

共缴 100 万元保费，累计可领取 2689122 元。

方案二：

41岁，每年缴20万元保费，缴5年。

60~70岁，这11年，每月补充养老金7000元。活力养老阶段，出去玩玩，享受夕阳无限好的退休生活。此阶段，儿女刚成家立业不久，也是他们人生压力较大的阶段。作为父母，若不想协助带小孩，手有闲钱，支持一份钟点工的费用，也是各自温馨生活。

71~85岁，这15年，每月补充养老金10000元。用于补充年老时保健、保姆、护理等更高品质的生活。

85岁时，现金价值是176343元。

共缴100万元保费，累计可领取2900343元。

注：文中所列数字仅供参考，请以实际产品为准。

文案示范

××，晚上好！今天碰面，相谈甚欢，价值观相近的人终有机会相遇。根据今天我们沟通的信息，我将主要内容梳理如下，方便您仔细思考，从长计议：

（1）有了孩子后，便真正有了家，有了责任，也才真正开始思考未来，并对家庭财务做长远规划。而所有规划的出发点，都是因为我们太爱孩子了，想在任何情况下都能保护他、照顾他。也正因如此，我们才会思考生、老、病、死，会觉得非常有必要通过保险去转嫁自身钱包无法应对的这些风险。

（2）考虑到您丈夫是家庭支柱，目前暂无保障。我做了两套方案，总保费差不多，供您参考。首年保费可用信用卡支付。

（3）作为客户，您先不要过多关注产品细节。产品细节是我的专业，我在推荐时已为您考虑权衡过。您需要看方案框架项目，以及保额是否覆盖了您所担忧的事情，保费是不是当下可以接受等。同时问自己，做了这笔资金安排，心中是否更踏实了。如果是，那我的方案就有价值；如果不是，就让我调整方案，我们一起讨论，直到您满意为止。

（4）方案一与方案二不一样的地方我已做了标注。方案一，是给孩子重疾险保额做到100万元。方案二，是给孩子的重疾险保额做到50万元，丈夫的重疾险保额做到30万元，保到70岁。

具体如何选择，您可根据实际定夺。

最后，尽快办户口。重要事果断做好安排，将精力与时间聚焦到自己的领域，为孩子、为自己开创事业新局面。您的思维模式完全是成功者的思维，期待您接下来的黄金十年脱颖而出。

方案	被保险人	保障类型	产品名称	保额	保障期间	缴费时间	年保费	保障要点	备注
方案一	0岁男孩	重疾险	×××重大疾病保险	100万元	终身	20年	××元	1. 110种重疾，不分组赔付3次，每次100万元，间隔期1年 2. 30种中症，不分组赔付3次，每次60万元，无间隔期 3. 40种轻症，不分组赔付3次，每次30万元，无间隔期 4. 身故保障：18岁前返还保费，18岁后赔付保额100万元 5. 10种少儿特定疾病额外赔付100万元 6. 被保险人自带豁免，轻症、中症、重疾豁免保费 7. 投保人豁免重疾、中症、轻症、身故、全残，保障继续有效	轻中重疾全部不分组，无三同条款 少儿特定疾病翻倍赔付 附加医疗绿通和增值优质服务
方案二	0岁男孩	重疾险	×××重大疾病保险	50万元	至70岁	20年	××元	1. 110种重疾，不分组赔付3次，每次50万元，间隔期1年 2. 30种中症，不分组赔付3次，每次30万元，无间隔期 3. 40种轻症，不分组赔付3次，每次15万元，无间隔期 4. 身故保障：18岁前返还保费，18岁后赔付保额50万元 5. 10种少儿特定疾病额外赔付50万元 6. 被保险人自带豁免，轻症、中症、重疾豁免保费 7. 投保人豁免重疾、中症、轻症、身故、全残，保障继续有效	轻中重疾全部不分组，无三同条款 少儿特定疾病翻倍赔付 附加医疗绿通和增值优质服务

续表

方案	被保险人	保障类型	产品名称	保额	保障期间	缴费时间	年保费	保障要点	备注
方案二	31 岁男性	重疾险	××× 重大疾病保险	30 万元	至 70 岁	20 年	×× 元	1. 110 种重疾，不分组赔付 3 次，每次 30 万元，间隔期 1 年 2. 30 种中症，不分组赔付 3 次，每次 18 万元，无间隔期 3. 40 种轻症，不分组赔付 3 次，每次 9 万元，无间隔期 4. 身故保障：赔付保额 30 万元 5. 投保人、被保险人自带豁免，轻症、中症、重疾豁免保费	轻中重疾全部不分组，无三同条款附加医疗绿通和增值优质服务

注：保额及保障要点仅供参考，请以实际产品为准。

文案示范

××，下午好！感谢您的关注、支持和信任。很期待有机会为您当面讲解这份养老金，先将想说的话写给您，您有空时慢慢看。

许多保险顾问会针对收益或产品下架与客户讨论养老金问题，我对此并不完全赞同。我建议将这类产品类比为社保一般，既不随波逐流，也不盲目跟风，让自己的资金安排符合个人需求，做好长远规划。

社保缴费几乎伴随我们的职业生涯，未来能领多少不确定。可以确定的是，肯定不会有太多，也肯定无法仅仅依靠社会养老保险过上自己期望的退休生活。

而商业养老保险，缴费时间短，一旦缴清就可不再操心，直到退休时它会回馈你，每月提供稳定收入，几乎终身相伴。这是非常明智的做法，简单操作，更可能赢到终点。

将养老问题安排好，就可以幸福地活在当下。6 年前，我为自己按照退休后月领 2 万元来规划的，再存 4 年，这项计划就完成了，也挺快。做这项安排我感触很深，如果不做这个安排，这笔钱可能会被我提前还房贷，这样压力变小，就没有了奋斗动力，赚钱也会变少；也可能被我换车用掉，直接变成了消费；也可能被老家亲朋借贷或是被建议在18线老家买了房，几乎没有投资价值，更难以变现；也可能被我投资股票或基金，来回操作，耽误时间不说，还可能亏损；还可能被我日常剁手，跌落在消费的欲望中。

如此来来回回，钱是掌握在自己手里了，看似定心，其实什么长远目的都没达到，更谈不上有序的人生规划。想必您能感同身受，早点做规划吧。

我不知道你们的收入、投资、结余情况，具体每年缴多少保费，您可根据实际情况安排，数据同等比例增减。

生命的后半程是一段下山的旅程，风景依然很美，就让这份养老计划成为您的导游吧。

文案示范

亲，您能在这个年龄想到养老一事，说明您有着危机意识，或许也有一定的经济能力，为您的当下感到高兴。

养老金的规划，涉及金额大、周期长，大部分人都持观望态度，很少有人落地生效。因不了解您的收入，以及对未来养老生活的期望，但又很想争取到与您碰面仔细讨论的机会，所以还是出了两类不同养老金产品形态的方案，举例在表格中，供您参考。感谢您的信任和支持。

今天早会上集体观看了《老后破产》这部日本纪录片的部分内容，晚上忙完工作，找出来看了全部，真心建议所有人都去看一遍。

过去很长一段时间，我们习惯了中国经济的高速增长，也以为这样的增长会一直持续。

但是当经济增速开始放缓，中美贸易摩擦升级，股市暴跌，当我们感受到收入实实在在地减少，房租等生活成本却不断上升，关于经济的负面消息不断增多……

我们或许应该开始担心，我们离日本的“穷忙族”和“老后破产”的状况还有多远。或许，我们真的都应该为自己好好规划一份养老金了。

养老金方案

产品类型	产品名称	保额	年保费	保障要点
养老金方案一	×××增额寿险	—	20 万元 / 年 × 5 年	共投入 100 万元保费 至 50 岁，现金价值为 1603982 元 至 60 岁，现金价值为 2262324 元 至 70 岁，现金价值为 3190942 元 至 80 岁，现金价值为 4500678 元 至 90 岁，现金价值为 6347568 元
养老金方案二	×××年金保险	—	10 万元 / 年 × 10 年	共投入 100 万元保费 60 岁开始，每月领取 9979 元至终身 至 85 岁，已领取 2993700 元 至 95 岁，已领取 4191180 元 活多久，领取多久，至少领取 20 年，与社保一样，按月到账

注：保障要点仅供参考，请以实际产品测算为准。

文案示范

××，在发给您的整个方案中，最难做选择的就属重疾险部分。这部分保费占比最大，因为它对应的是因病带来的直接补偿，保额相当于我们 3~5 年的工资。原本需要朝九晚五、勤恳敬业 3~5 年才能赚到的钱，一朝因病，就能获得理赔补偿。而现在重疾出险率很高，所以这类产品保费不会便宜。

我们需要在预算和产品功能上进行权衡。

（1）将有限的预算放到常见多发的风险上。推荐的是 ×× 产品，目前这个重疾产品是业内性价比最高的。

（2）表中方案是按照一家四口重疾险保额各 50 万元来做的，也可以调整为家庭支柱保额高些，孩子保额低些，这样可以将保费控制在预算范围内。

（3）选哪个方案都可以，结合您的想法。我会帮您列出优劣势，最终由您自己决定。我尊重您的想法与决定，即便最后我们经过努力沟通，但还是没有成交，也不要有心理负担，我都平常心对待啊。

重疾险方案（35 岁一家四口）

方案	被保险人	保障类型	产品名称	保额	保障期间	缴费时间	每年保费	保障要点	备注
方案一	0 岁女儿 3 岁儿子 35 岁女性 35 岁男性	重疾险	××	50 万元	终身	20 年	0 岁女：×× 元 3 岁男：×× 元 35 岁女：×× 元 35 岁男：×× 元	1. 120 种重疾，分 6 组，每组赔付 1 次，首次 50 万元，后续每次递增 30%，每次间隔期为 180 天，其中恶性肿瘤单列一组 2. 25 种中症，不分组赔付 2 次，每次 30 万元，无间隔期 3. 55 种轻症，不分组赔付 4 次，每次 15 万元，无间隔期 4. 身故全残保障：赔 50 万元 5. 被保险人自带轻症、中症、重疾豁免，已附加投保人豁免 备注：等待期 90 天	规避患病后的收入损失
方案二	35 岁女性 35 岁男性	重疾险	××	80 万元	终身	20 年	35 岁女：×× 元 35 岁男：×× 元	1. 120 种重疾，分 6 组，每组赔付 1 次，首次 80 万元，后续每次递增 30%，每次间隔期为 180 天，其中恶性肿瘤单列一组 2. 25 种中症，不分组赔付 2 次，每次 48 万元，无间隔期 3. 55 种轻症，不分组赔付 4 次，每次 24 万元，无间隔期 4. 身故全残保障：赔 80 万元 5. 被保险人自带轻症、中症、重疾豁免，已附加投保人豁免 备注：等待期 90 天	规避患病后的收入损失
	0 岁女儿 3 岁儿子	重疾险	××	30 万元	终身	20 年	0 岁女：×× 元 3 岁男：×× 元	1. 120 种重疾，分 6 组，每组赔付 1 次，首次 30 万元，后续每次递增 30%，每次间隔期为 180 天，其中恶性肿瘤单列一组 2. 25 种中症，不分组赔付 2 次，每次 18 万元，无间隔期 3. 55 种轻症，不分组赔付 4 次，每次 9 万元，无间隔期 4. 身故全残保障：赔 30 万元 5. 被保险人自带轻症、中症、重疾豁免，已附加投保人豁免 备注：等待期 90 天	

注：保额及保障要点仅供参考，请以实际产品测算为准。

文案示范

××，晚上好！前一阵您跟我提想买一些保险理财产品，本想直接发个产品给您，然后直接约您的。后来想想觉得不妥，虽然我们很熟悉了，但依然要认真对待。

过去的这些年，我们曾因保险一事反反复复联系多次，由于种种原因未能落地结果。峰回路转，总有机会，谢谢您考虑保险时想到了我。

在之前的交流中，得知您平时的理财风格偏向稳健，这让我在推荐产品时心中有了底。这两天我认真思考了一下：保险除了能给到您安全保本，同时还能发挥它的哪些优势，为您带来更多的好处。

普通家庭的保险配置，是为了雪中送炭，而你们这样的家庭则是锦上添花。不断追求更高质量的生活，从好到更好，从不确定到更加稳定。从这个角度来看，我整理了以下几点，可能也与您的想法相契合：

（1）家人的疾病、医疗与意外风险。妥善管理这一部分风险，确保无论未来遇到何种情况，都能够保护现有的各类资产不受影响。

（2）自己的养老金。现有的社保很少，现有的投资基本都是短期，且又不能确保未来几十年的收益。不妨划拨一部分资金，规划一项终身领取、始终保留“本金”（即已缴全部保费）的养老金计划，最终全部已缴保费也可以留给孩子。

（3）在家庭经济宽裕、个人需求得到满足时，作为父母，自然会考虑如何把钱留给孩子。但如何科学地留，直接关系到我们的晚年幸福。稍有差池，就可能影响到两个孩子之间，以及我们与孩子之间的关系。我想，通过保险的专属性来指定，会避免很多麻烦。

参照上述思路，我设计了初步的方案大纲，具体细节我们可以见面再详细讨论。

文案示范

从业多年，从客户对资产的态度来看，可以分为两种：对自己的资产进行有意识管理的和对自己的资产进行无意识管理的。我们首先要做到“对自己的资产进行有意识的管理”，不管做得好不好，首先要知道这个问题的重要性。在明确自己需要对资产进行有意识的管理之后，要确定两个问题：

（1）我的投资目标是什么？

（2）我的资产该如何分配？

通常我们的投资目标有以下三个：

首先是保障类的，一部分是意外和重疾保险，另一部分是为了养老和子女教育。其次是消费类的，比如每年休假出去旅游以及添置一些比较贵的家用物品。最后是不确定需求类的，比如买房买车，以及亲人的不时之需。

第一个目标里不提其他保险，光看养老。那么对于这笔钱的“流动性”需求就非常低，只需要在我们退休之后逐年取出就可以；对于这笔钱的“收益率”需求比较普通，毕竟我们并不打算靠这笔钱发家致富。我们希望这笔钱在保值的基础上至少能跑赢通胀，并且不太在乎短期的波动，更在乎长期的回报。

第二个目标比较随意，很多消费可有可无。如果这笔钱多，我们可能会去国外旅游；如果这笔钱少，就在家里看剧。如果这笔钱多，就换部苹果手机；如果这笔钱少，就买部红米凑合用。这一部分的投资属于“短期投资”，比较能够承受波动，对于流动性要求也比较高。

第三个目标是一个“不确定”的目标。对于不确定的目标，我们需要尽可能地确定下来，比如对于父母要准备好保险、对于未来的需求要有一定的规划，等等。而这一类目标和前两个的最大不同是它属于中期投资，中期投资在短期的流动性需求不大，但是在需求出现的时候要能够及时取出。在这个目标内的需求对于资产回报有一定的要求，但我们也希望少承担一些风险。

以上是关于投资的目标，接下来便是资产该如何分配。对于第一个目标，保险产品无疑是最好的工具，分配一部分资产在保险产品上是科学的安排。当然，也可以适当长期定投指数基金。

确定好目标就少了很多妄念，人们期待通过各类投资获得更高收益，但很少会想，这真的是我想要的吗？也许您会想，多赚钱有什么不好？可是在这多赚钱的背后我们需要额外承担的是什么呢？多付出的时间，多付出的精力，多承担的风险。这一切值得吗？认真思考这个问题，或许就能够更坚定地做出符合个人需求的财务规划了。如此，再回过头来看一下这份养老金方案，心中是不是释然很多？祝一切安好。

5.3 写好痛点分析文案，激活客户购买欲望

场景 1

保险的保费与客户的年龄息息相关，随着年龄的增长，保费也会不断上涨。建议客户在生日前夕考虑购买保险，这是一个非常好的时机。

产品更新迭代快，旧产品的下架，新产品的上市，也会面临着保费的调整。

提前准备并与客户沟通早早规划好保险的好处，能够有效激发客户的保险需求。可以做理念的讲解，也可以结合过往的沟通，直接为客户详细介绍保险产品，帮助客户获得保障。

文案示范

哈喽，晚上好，还在工作吗？记得您是 7 月 30 日生日，还在一个月生日追溯期内（可以按照生日前的保费标准投保）。保险是每个人都绕不过的事情，即便现在搁置，未来仍需面对。毕竟疾病与医疗是生命常态，对任何人来说，提前规划，意味着病患时的尊严，也是真正爱儿女的一种体现。

表格中是基于您上次提供的年龄信息所做的方案分析，以便您参考。

基础风险保障方案（35 岁女性）

序号	保障类型	产品名称	保额	保障期间	缴费时间	每年保费	保障要点	备注
1	终身重疾险	××	50 万元	终身	20 年	××元	1. 120 种重疾，分 6 组，每组赔付 1 次，首次 50 万元，后续每次递增 30%，每次间隔期为 180 天，其中恶性肿瘤单列一组 2. 25 种中症，不分组赔付 2 次，每次 30 万元，无间隔期 3. 55 种轻症，不分组赔付 4 次，每次 15 万元，无间隔期 4. 身故全残保障：赔 50 万元 5. 被保险人自带轻症、中症、重疾豁免，已附加投保人豁免 备注：等待期 90 天	规避患病后的收入损失
2	定期寿险	××	400 万元	20 年	20 年	××元	1. 20 年内发生身故或全残，赔付 400 万元 2. 若是航空意外，则赔付 800 万元	规避人生风险
3	百万医疗险	××	200 万元	1 年	1 年，可续保	××元	1. 一般医疗 200 万元，特定疾病医疗 200 万元 2. 免赔额 1 万元，剩余部分 100% 报销 3. 质子重离子医疗保险金 400 万元，0 免赔额 4. 院外购买的恶性肿瘤特定药 400 万元，0 免赔额 5. 院外特定疾病急需药品费用保险金 2 万元，0 免赔额	规避重大医疗费用风险
备注	以上是重疾险 50 万元 + 寿险 400 万元 + 医疗保障 200 万元							

注：保额及保障要点仅供参考，请以实际产品测算为准。

文案示范

××，下午好！我刚刚看了一下您是 5 月 9 日生日，生日前保额 30 万元的重疾险，保费是 7290 元，生日后每年要多出 500 元左右。我想着今天或明天是否可以帮您将这份保障安排好。

随着年龄增长，身体健康总会越来越不如从前。年轻时、健康时为自己将保障建立好，对自己及减轻未来孩子的负担都特别重要。

目前我的工作中，每月都会有几起重大疾病理赔案例，大部分患者目前康复状况良好，只是花费颇高。由于经常处理这些案例，见证了人情冷暖，因此每当客户有需求时，我都会竭尽全力坚持与努力。

等您回复，今天晚上我也有空。

文案示范

亲，晚上好！去年 11 月初，您提到想了解女儿的保险，后来一直未回复，是有什么不便之处吗？还是方案与你心中想象有差别？有空时可以回复一下，让我知道您真实的想法，然后根据您的想法及预算来调整参考方案，或是与您碰面讨论都行。

宝宝 6 月就 1 周岁生日了，生日前安排好，保费更便宜。

因宝宝才 1 岁，我猜到您年龄较小。过往工作中发现人们很难在 30 岁左右时去整体规划一个家庭的保障，但可以逐步安排起来。也希望自己能成为您身边的家庭保障规划师，协助您在未来的时光中安排好这一切。

文案示范

亲，晚上好！我刚刚看了一下您是 5 月 28 日生日，去年 11 月提到想了解自己及父母的保险，后来一直没见到面。如果在生日之前投保，保费会便宜很多。

微信聊天中您提到对保险也不太懂，让我来为您介绍一下吧。

通常您在外工作，父母年龄增长，您会担心父母万一发生健康风险，您刚工作，会没有经济能力来面对这件事，那么就可以通过保险来规避这个风险。

同时，您也一定经常听说一些人因重大疾病，产生高额医疗费、失去收入等，也可以通过保险来转嫁这类风险。

针对这两类风险的产品如下：

一家三口的百万医疗险：2370 元 / 年。

您本人的重疾险：6000 元 / 年。

目前在工作中，我每个月都会处理一些重疾理赔案件。大多数患者目前康复状况良好，但治疗费用颇高。由于经常接触这些案例，深知人情世故，因此在客户有所期望时，我总是全力以赴，尽最大努力。

期待与您见面，为您讲解。

文案示范

亲爱的，在吗？上次沟通的 ×× 重疾险已于 20 日下架，这种保费便宜，保障杠杆高的产品一去不复返了。大数据对未来的预判比我们更精准，下架是因为高赔付、微利，对保险公司的经营有风险。但从相反角度来看，恰恰是对客户有好处。

另一款 ×× 重疾险到月底停售。我看了一下，你们夫妻各买 50 万元保额，缴 20 年，保终身不带身故责任，您是 ×× 元 / 年，先生是 ×× 元 / 年。如果保额选 30 万元，保费就是 60%。

搭上这班车，将重疾保障做好，能更轻松面对未来。重疾险是每个家庭必备的规划。我将链接发给您，您记得点开查看，也可在上面直接操作投保。

注：文中数字仅供参考，请以实际方案为准。

文案示范

这么好的产品这两天就停售了。回顾一下这段时间的联系过程，每一笔业务都不那么容易，记录下来，与您分享。

我们大多数人每天都在忙于眼前的琐事，最远的打算也不过是下个月或者明年，缺乏时间观念，甚至没有意愿去积极思考未来。浮躁，是我们这个时代的人身上的一种共相。

而我所从事的工作是将人们的关注从眼前延伸至未来，协助他们在当前消费和未来规划之间取得平衡。这其实是非常困难的，因为人们都有自己根深蒂固的思维方式和习惯。即使我们是多年的老同事，也会面临同样的挑战。可以想象，与一个陌生人建立信任、进行沟通并落地保险方案，是一段多么艰难而漫长的过程。

可是，我为什么还要这么做呢？因为我觉得这件事情很有意义，它对我们这个时代的每个人都是有意义的。时光很长，也很短，我们终将面对年老的自己。有着这样一份安全的养老金，是内心的幸福与踏实，这就是支撑我在这个行业终身工作下去的信念。

最近我们身边认识的朋友，都做了养老金的储蓄，我希望也不要把您落下。未来一二十年的时光说起来很慢，可是也会很快。如果把人生比作一座山，那眼下，我们正努力攀登山顶；20年后，下山的景色同样美丽。请让养老金为您带来一路惊喜吧。

在表格中，根据您上次提供的年龄信息，进行了方案分析，供您参考。

养老年金分步规划方案（30岁女士）

<table>
<tr><th>步骤</th><th>年龄阶段</th><th>产品名称</th><th>年保费</th><th>保障要点</th></tr>
<tr><td>第一步</td><td>30 岁这年</td><td rowspan="3">××× 养老年金</td><td>1 万元 / 年 × 15 年</td><td>共投入 15 万元保费
60 岁开始，每年领取 18810 元，或每月领取 1599 元至终身
至 85 岁，已领取 479700 元
至 95 岁，已领取 671580 元
活多久，领取多久，至少领取 20 年，与社保一样，按月到账</td></tr>
<tr><td>第二步</td><td>40 岁这年</td><td>2 万元 / 年 × 10 年</td><td>共投入 20 万元保费
60 岁开始，每年领取 19060 元，或每月领取 1620 元至终身
至 85 岁，已领取 486000 元
至 95 岁，已领取 680400 元
活多久，领取多久，至少领取 20 年，与社保一样，按月到账</td></tr>
<tr><td>第三步</td><td>45 岁这年</td><td>3 万元 / 年 × 5 年</td><td>共投入 15 万元保费
60 岁开始，每年领取 13020 元，或每月领取 1107 元至终身
至 85 岁，已领取 332100 元
至 95 岁，已领取 464940 元
活多久，领取多久，至少领取 20 年，与社保一样，按月到账</td></tr>
<tr><td>第四步</td><td>50 岁这年</td><td>××× 养老年金</td><td>5 万元 / 年 × 3 年</td><td>共投入 15 万元保费
60 岁开始，每年领取 11150 元，或每月领取 948 元至终身
至 85 岁，已领取 284400 元
至 95 岁，已领取 398160 元
活多久，领取多久，至少领取 20 年，与社保一样，按月到账</td></tr>
<tr><td>备注</td><td colspan="4">1. 通过以上分四次来规划，到 60 岁时，每月可领取的商业养老金为：1599+1620+1107+948=5274 元，至 85 岁，共领取 1582200 元；至 95 岁，共领取 2215080 元。
2. 再加上社保，2000~4000 元（不确定），两部分加起来，每月可领取 8000 元左右，相当于一个公务员的退休金。</td></tr>
</table>

注：保障要点仅供参考，请以实际产品为准。

场景 2

客户觉得买保险不着急，是因为没有意识到潜在风险的存在。比如年龄带来的健康隐患、老龄化社会带来的养老风险等。用专业视角及时与客户分享保险理念，也是激活客户需求的好方法。

文案示范

高龄意味着什么？高龄意味着多病，包括充血性心脏衰竭、心肌梗塞、痴呆、中风、大多数癌症、2 型糖尿病和代谢性疾病、肾功能不全、慢性肺病、骨质疏松、退行性关节炎、失明等。

这些疾病共同的危险因素都是年龄增加，发病风险在生命最后 25% 的时间段里呈指数倍增长。

一个经典的针对人类死亡率的数据分析表明，即使我们可以治愈比如癌症或心血管疾病这样的一大类慢性病，也只能很轻微地增加人类平均寿命，因为还有其他慢性病会导致人类死亡。

在过去两个世纪中，大多数发达国家的人均预期寿命增加了 1 倍，深度老龄化的中国已开启长寿时代。

老龄化与家庭支持系统密不可分。日本就是现成的例子，老龄化越来越严重，但是医药行业的增长却是停滞的。所以，只要放大视野看问题，任何局部都不可能在一个衰败的整体中获利。

经济学家何帆老师曾说：真正稀缺的老年产业，也许是生涯规划。

对啊，大量 60 岁退休的人，精力充沛、社会经验丰富、支付能力强，为什么不给他们出主意、做产品，帮他们过好后面的 40 年呢？

当我们把老年人看成是资产的时候，还会在老年人身上发现一个特质：就是他们不会回到社会的主赛道上了，想回公司工作也不可能了。他们将用 20 年，甚至更长的时间去思考一件事：怎么不在主赛道上，但还能创造价值？这不就是社会渴望的创新吗？

现代化，简直就是一个吞噬时间的机器。它想方设法地把一个人的时间耗竭在无穷的诱惑中。

您想，一个人生活在这个世界上，是需要支撑系统的。人的原生支撑系统，就是家庭。家庭提供的是完整的支撑，既包括经济的（养儿防老、亲戚互助），也包括情感的（天伦之乐、亲密关系）。这个系统，效率不高，但是很全面。

但是进入现代化之后，又形成了一个支撑系统。它把所有可以效率化的部分，全部接手过去了。想挣钱？来加入现代化的协作系统。想实现自我？来加入现代化的社会组织。想省时省力？来使用现代化的工具。

这是一个对传统的家庭支撑系统不断侵蚀的过程。家庭的各种状态都被撕碎了，最后连全家人乐乐呵呵在一起做一顿饭、吃一顿饭的状态也被外包成了外卖。

现代化把家庭支撑系统中可以提高效率的那部分全部拿出去，整合起来，投入到效率的无限增长中去。最后剩下的那部分，现代化系统管不了，也不想管，那就是：生孩子。生孩子总没办法外包嘛。

保险，作为现代家庭支撑系统的重要一环，能够为我们提供稳定的养老保障。提前规划，选择适合自己的保险产品，可以让我们在享受现代化带来的便利时，也能拥有一个安心的晚年。

文案示范

生活不只衣食住行，对于退休的人来说更是如此。但养老并不是某一个年龄特有的需求，养老是分阶段的。生活不只衣食住行，更需要充足的费用来保障生活的品质。比较常见的，我们以通常年龄与身体素质来区分，分为3类：

（1）活力老人（60~70岁）

在这个年龄段，虽然身体在走下坡路，但是只要老人身体没出大毛病，家庭没有大的变故，一般还是活得比较舒心的。不过也分有钱和没钱两种：有钱的话，可以规划到处旅游，刚好子女成家，孙子孙女也到了读小学初中的年龄，不需要太操心，正是自己安排享受的好时光；没钱的话，也至少可以住在独门小院，自己种点菜，做点手工，费些体力，到集市上换点钱。整体而言，农村还是可以靠天吃饭的。

（2）高龄老人（70~80 岁）

到这个年龄段，老人身体已经下滑到一定程度了，行动多多少少会有一些不方便。这个时候老伴还在的话，倒是可以互相扶持。如果是一个人，那就需要找个人看护了，至少需要处于半看护状态，或子女在旁，或请护工。

（3）失能老人（80 岁以上）

这个年龄段，基本上需要专业护理了。先不说意外容易多发，就单单是各方面的营养均衡补充，为了避免某些老年易出现的常见疾病，更需要注意饮食。这些基本上除了子女，其他人还是很少能够替代的。

总体而言，农村最多的是儿女养老，这也算是传统。更容易出问题的，反而是子女多了，分摊不均而导致的各种家庭矛盾。在老一辈眼里，养儿防老和人多力量大，是千古不变的哲理。但这种哲理也导致了人心的离散，甚至会产生一些悲伤的故事，这里就不延伸说了。

面对不可避免的养老生活，我们更应提前用好保险工具，做好养老规划，确保各阶段的生活品质。未雨绸缪，方能从容应对。

场景 3

客户在考虑养老金产品，但又觉得现在花钱的地方多，手头紧，不着急怎么办？通过产品、大环境、未来场景带入等方式，可以让客户更好地意识到提前规划养老金的重要性。

文案示范

这样的产品在我从业这些年是难得遇到的，所以我还是坚持跟您再阐述一下。就怕现在这里花钱那里花钱，老了以后怎么办呢？现在手头紧一紧，至少老了以后可以锁定一份“公务员”式的工资，活多久领多久，您觉得呢？

最近公司推出一款空前绝后的养老年金产品，看到这样高的固定收益率，我自己都惊呆了。核实了一下，才知道这款产品之所以能给客户这样高的收益率，是因为享受了国家对养老年金产品的免税政策；同时公司为了扩大市场份额，也让出了很大利润。确认后，马上一个想法出现在脑海里，我要让我所有的客户都能享受到这个产品的福利，趁机为自己规划一份“公务员”级别的退休金。

这真是一个很宏大的想法与愿望，因为这款产品随时会叫停。这段时间我要马不停蹄地为每一个客户做出一份计划，挨个儿与他们约谈起来。虽然会很辛苦，但若能做成，那就太有意义了。

我几乎能想到，在不远的未来，我的所有客户都因年轻时手头稍微紧一紧，在这样一个契机下存下了一笔钱，锁定了一份值得期待的、堪比“公务员”工资的、与生命等长的退休金，还能惠及下一代，这种安全感与幸福感无与伦比。

开始行动啦。

文案示范

在工作中，想要连接更多人，说服或影响他们为自己存下更多养老金，并不是一件容易的事情。

常见的问题是：

（1）当下都疲于应付，哪有能力考虑未来。

（2）人们更喜欢将钱掌控在自己手中，而一旦放到保险公司，便暂时失去了对这笔钱的掌握度。

（3）人们更相信自己一以贯之的理财方式，总觉得自己的理财收益率能远远大于他人及市场平均水平。

（4）人们担心通胀，认为未来钱不值钱。

（5）大部分女性喜欢存钱，但男性不同意的情况较多，除非这个女性经济独立。

要动脑筋，在恰当的场景，不能以说教或讲道理的方式帮客户处理以上问题。客户定定心神将钱存下，规划好自己的养老，工作做到这个环节，做出这种成绩，才算圆满。

这让我想到投资人王玥说过的一句话："我们的工作要'眼高脚低'。'眼高'就是能够逃离表象，看到事情的本质，看到未来的趋势；'脚低'就是要把锃亮的皮鞋脱掉，光着脚踩在市场的泥土里，去感知土地的温度，感知市场每一寸、每一度的变化。'眼高'是世界观，'脚低'是方法论，只有把高瞩的世界观和实用的方法论结合起来，我们才能在时代大潮里去冲浪！"

我设计了两个方案，简要呈现如下。

产品一：

39 岁女性，保费 5 万元 / 年，缴 10 年；

60 岁到终身，每月领 4195 元；

至 80 岁，一共领了 1006800 元；

至 90 岁，一共领了 1510200 元；

至 105 岁，一共领了 2265300 元；

总共缴 50 万元保费，活多久领多久。

产品二：

39 岁女性，保费 5 万元 / 年，缴 10 年；

60~88 岁，每月领 4000 元，此时现金价值还有 32182 元；

总共缴 50 万元保费，共领 1424182 元。

上面这两个产品都是专属养老金产品，供您参考。

养老是个缓慢发生的事情，不太容易引起人们的注意，更是少有人为此去特别筹划。人们通常对养老金的理解就是年老时有一笔钱，对这笔钱的属性不会考虑太多。但只有长期、持续、伴随终身，满足这三个属性的钱才能与漫长年老体衰的老年人生阶段匹配。以上两个产品都有这样的功能与属性。

5.4 写好计划书设计逻辑，让保险方案更有温度

场景

在与客户进行多次沟通和面谈的基础上，保险的成交已经进入了方案设计环节。此时客户的保险观念已经明确，但是方案的实施与客户的决策密不可分。在保障客户的利益和达成双方共识的前提下，我们需要提前扫清成交过程中的所有障碍。为了确保方案最终落地，用文案与客户保持充分的沟通必不可少。

文案示范

××，今天看到您微信回复，我特别开心。不知道屏幕背后阅读这段文字的是怎样一个女孩，但已为人母，定是温和敦厚。好吧，言归正传。

下午在写这段文字之前，我仔细看了我们的微信记录中您所表达的意思，之前的方案设计，还有另外一些保险公司的费率。有以下几点想跟您讨论：

中国内地的保险公司类型主要有：传统的老牌保险公司、银行系的保险公司、中外合资且外方股东均为专业经营保险百年以上的保险公司、外资保险公司。

如您所说，大公司保费定价偏高，我们在给出方案时，大部分客户望而却步。另外有一些保险公司，客户又觉得没听过。其实关于是否听过，与我们的认知有关。人们通常习惯于在自己的认知范围内来理解很多领域，而非保险业人士在没买保险之前，对保险这一领域的认知其实非常有限。这时候结合专业人士的推荐就显得非常重要。

目前市场上还有一类互联网保险公司。这些保险公司主要在互联网平台上销售产品，保费相对便宜。

所以，我的建议是：一年期的低保费、高保障的产品，您若喜欢，可以选择在互联网上直接买。长期类的产品，不妨听听我专业、科学的建议。

稍后我把具体方案通过链接发给您。这样调整后，一家三口的保费基本就控制在 2 万元左右了，保额也都达到了 300 万元以上。您仔细看一下，我们再进一步沟通。

文案示范

××，很感谢您能抽出时间听我分享。经过前后两次沟通，我们对未来养老这件事，从模糊的概念，梳理到清晰的数据，到接下来的方案落地实施，到未来富足退休梦想的实现，我觉得这样的事情特别有意义。

我们虽然时常碰面，不过深入了解家庭情况还是从最近开始。知道之前配置了一些保障，但已不清楚具体额度及保费。也希望能借规划养老的机会，帮您整理一下家中现有保障。我作为客户身边的保险顾问，风险管理与养老规划，原本就是我应该协助客户去完善的地方。

在为您呈现方案的同时，将心中所想与您分享：

（1）帮您整理现有保障，查漏补缺。

（2）与您再次探讨养老规划的必要性。

先生做生意，你们属于富裕家庭。人到中年，手中宽松时常有闲钱。在可预期的 5~10 年，先生收入是稳定的。在这种情况下，若不做规划，让资金“自动驾驶”会出现以下情况：

A. 道听途说的各种投资，盈亏不确定。

B. 股票基金投资，目前亏损。

C. 各类额外增加的非理性消费等。

以上这些都会损耗我们积累的财富、降低幸福感，且“自动驾驶”，永远到达不了目的地。

若做规划：

A. 家庭成员各类人身风险、疾病及意外风险等，都无须自己承担，由保险公司负责。

B. 占生命 1/3 的老年生活刚需，通过现在的强制安排，用时间换价值，加上社保及商铺的这笔固定资产，“三管齐下”圆满解决了退休后月领 1.5 万元的问题。

C. 两个孩子未来的读书及婚嫁资金的安排等。（你们夫妻股票账户的钱，未来行情好时，记得拿出来，放到风险低的账户，用于孩子们的这部分支出。）

D. 目前已有三套房，也是为孩子们未来的居住做长远考虑。

我写到这儿时，自己都忍不住兴奋。若是您执行这样的规划，简直就是人生赢家啊。我突然觉得自己的工作，像是一个画家，与我的客户们沟通讨论后，一起描绘了一幅关于未来生活的清晰蓝图。我们活在现实的生活中，因为做了完善的规划，也活在了对未来生活的美好期待中。

我知道你们夫妻和睦，您先生肯定会支持这样一份有长远意义的家庭规划。细节部分，我们碰面再细说。

文案示范

××，晚上好！本来相隔几步远，见个面三言两语就能说完的事，非要写下来发给您，这样才觉得安心。

上次跟您聊到“养老保险”的话题，回来后，我想了很久。这样的富裕之家对未来究竟有哪些担忧和期待？其中哪些可以通过保险这个金融工具来解决？

普通家庭配置保险，是为了在风险发生时雪中送炭，而你们这样的家庭则是为了锦上添花，是在追求更高品质的生活，由好到更好，由不确定到更有把握。从这个角度出发，我归纳了以下几点，可能也代表了您的想法：

（1）家人的疾病、医疗与意外风险。对这部分风险做出适当的安排，以确保无论未来发生何事，都能保护现有各类资产不受损失。

（2）自己的养老金。现有的社保很少，现有的投资又不能确保未来几十年的收益。

可以考虑拨出部分资金，建立一个能够终身领取的养老金计划。这样的保单最终可传给子女，在两个孩子之间进行合理分配，避免矛盾。

（3）当我们经济条件优越，自身需求得到满足时，作为父母，自然会考虑为孩子留下财产。但如何科学地留，直接关系到我们晚年的幸福。稍有不慎，就可能对两个孩子之间以及我们与孩子之间的关系产生影响。我想，通过保险的专属性来指定，会避免很多麻烦（关于专属性，碰面时为您详说）。

我对您和家人之前购买的保单进行了整理，并按照上述思路制定了一个简要的方案框架，具体细节我们可以在见面时再详细讨论。

文案示范

××，早上好！在去见客户的路上，将以下内容写下来并发给您参考。

保险规划首要考虑的是保额，保额分两部分：所需保额和理论保额。

所需保额 = 理论保额 + 债务 – 存款 – 已有保障

理论保额 = 未来所需承担的家庭责任

举例（理论保额）：

（1）每个月家庭支出是多少？家庭支出是指必要的日常支出、子女教育、父母赡养等，不包括各种贷款偿还。

假设每个月大约支出 1 万元，一年大约需要 12 万元。对于家庭责任，我们最少需要照顾孩子到大学毕业，假设是 20 年，则最少需要 240 万元。

如果我们发生什么问题，需要在银行存下 240 万元，才能让家人每个月从银行提取 1 万元，一直到孩子大学毕业为止。

钱存在银行是有利息的，所以不需要一次性存 240 万元。假设我们打个八折，就是最少需要准备 200 万元存在银行。

（2）我们的房贷及各项负债是多少？

（3）我们现有存款及已有保障是多少？

通过以上思考，能够计算出我们应该配置的保额，您就会理解我为什么要配置定期寿险和百万医疗险了。当然，这只是我的建议，您可以根据实际情况来逐步规划。

但看到这段文字，作为客户就会知道该怎样科学配置。产品只是解决问题的工具，您会发现，若最后出险情况无争议，选哪家产品都大同小异；若有争议，则差别很大，因为有些过于便宜的产品在精算时就没有打算百分之百全赔。

关于养老保险每年该缴多少，要看我们未来对养老的期望值是多少，毕竟退休后 3000 元/月与 30000 元/月的养老金是不一样的。虽都叫养老，但品质有天壤之别。希望能有机会碰面为您仔细讲解。

文案示范

养老是一个渐进的过程，很少有人能提前做好准备。人们习惯自己管理财务，对自己的理财能力充满自信。但通常普通人受限于时间和专业知识，常常采用购房或股票基金等传统的理财方式。

然而房产除了作为居所，无法保证在我们晚年的 30~40 年中持续为我们赚取租金，同时变现也面临困难。随着年龄增长和身体状况下降，管理这些固定资产也会变得困难。因此，最好的养老方式就是在退休后每月像领取社保一样领钱，无须操心，活多久领多久。

选择这类固定领取的产品，再添置房产等固定资产，结合社保，手头还有一些闲余资金，才能确保退休后，生命中最后 1/3 的时光 360° 得到保障。

另外，股票基金的波动。最近的情况可能您也有所了解，这些上下起伏的数据着实考验人的心智。消费欲望似乎是无穷无尽的，将这笔资金存起来，假如未来保持良好发展，届时可用于女儿的学费、婚嫁以及初入社会时的财务支持。唯有存下来，未来才有更大的使用弹性，也将为生活带来更多可能性。

很多保险顾问会结合收益或产品下架与客户沟通养老金问题，我对此看法不太一致。我建议将这种产品比作社会保障，既不盲目跟风，也不随波逐流。让个人资金规划源于自己的内心需求，做好长期计划。

社保缴费几乎贯穿我们的职业生涯，未来能够领取的金额不确定。但可以肯定的是，肯定不会很多，而且我们无法仅依赖社保过上所希望的退休生活。

商业养老金计划，缴费期短，一旦缴完便可抛诸脑后，直到退休时它会惦记着您，每月为您提供固定的收入，如涓涓细流一般的现金流，几乎与生命同长。这是非常明智的做法，简单操作，更可能赢到终点。

终身锁利的产品，适合早点规划好，以应对未来养老刚需。

我知道您有自己的投资渠道，但还是想建议您保留这份养老规划。我们当下所赚的财富中，总有一部分是负责进攻赚收益的，也必须有一部分是用于防守的，守住未来生活的底线。这笔养老规划，每年 3 万元，就属于防守类资产。

不知道疫情有没有影响到您的行业，但我想未来贯其一生，可能还会有各类突发事件。也正是因为变化是人生常态，所以才建议不要轻易否定自己曾经的决定与安排。尤其是关于养老这类短期看不到，但一直在缓慢到来的事。

文案示范

××，晚上好！我仔细回顾那天与您及孩子爸爸沟通的过程，总结为如下几点，同时，这几点也是我出保险方案的基础：

（1）您与孩子的基础保障部分，保费不高，做好安排反而能够减轻孩子爸爸的负担。我能看出你们之间感情很深，互相信任，也知道您不希望让孩子爸爸太累。也正因如此，才要在一切安好时做好准备。

（2）谈话中提到，谈话中提到，由于是男孩，爸爸希望孩子能够独立，多经历、多锻炼，以便将来能成为真正的男子汉。因此，暂时不会考虑给他太多钱。言谈之中，尽是对孩子的期待。有一句话是这样说的：我在，我可以照顾你们免受风雨；我不在，同样可以照顾你们，继续拥有体面生活。

鉴于此，我希望孩子爸爸也能将自己的基础保障慢慢建立起来。毕竟人到中年，有科学安排总好过听天由命。

（3）因不知道孩子爸爸所属行业、财产及收入等，这些特别私人的信息也不便多问。但我想，爸爸一定想给到孩子温暖，陪伴与财务的支持。可能他心中早有准备，也可能那天我们谈了后，他觉得保险安排也有些道理。希望未来能根据实际财务情况做更完善的安排。

最后总结一下，保险这个工具与其他金融工具相比无法带来更高收益，但它有杠杆作用，能放大财富，应对生命中不时之需。更重要的是，它的权属分明、指定收益、具有私密性，可以避免未来各种矛盾、尴尬处境，让各方亲人都体面地生活。我知道，您能理解的。祝您永远幸福，也希望自己能成为您在这个城市的姐妹与朋友。

具体细节我们这周末可以碰面详细讨论。

文案示范

××，不知您看了方案后打算每年拿多少钱来做未来的养老规划？我很想您尽快做决定，但又不确定您的想法，只能将沟通内容写下发给您。

养老是一件缓慢到来的事情，少有人能从长计议。人们都习惯将钱控制在自己手中，很相信自己管理财富的能力，但通常普通人受限于时间及专业知识，惯用的理财方式就是买房或股票基金。

但房产除了居住功能，不能保证在我们年老后持续 30~40 年的时间中为我们带来租金，同时变现也难。随着年龄的增长，加上身体不便，也很难管理这些固定资产。所以，养老金最好的方式就是退休后与社保一样，每月领钱，不需要操心，活多久领多久。

配置这类固定领取的产品，再添置房产等固定资产，结合社保，手中还有闲钱，才能让退休时近 1/3 的人生时光 360° 得到保障。

另外，股票基金最近的情况可能您也知道，上蹿下跳的数据实在考验人。消费的欲望也是无穷无尽，存下这笔钱，若是未来发展一直较好，到时候也可以用作孩子读书、婚嫁及刚入社会时的财务支持。只有存下来，未来才有更大的使用弹性，也会给生活带来更多可能性。

我想好了，等您领这份养老金时一定要请我吃饭，记着我当年这么用心认真地沟通。

文案示范

亲，方案在反复思考后做出来了。但在这个信息发达的时代，我还是要真诚地面对自己的内心，告诉客户更多元的信息，以及多种选择，并将最终的决定权交到您手中。

保险方案中最需要权衡的部分应该是重疾险，这部分最重要，同时占比也最大。能解决这项风险的产品，综观整个市场，你们一家三口这部分的总保费范围在 2.5 万 ~6 万元。我的方案选择的是 4.6 万元左右的产品。这样选择自有各种考量在当中，具体细节留待见面仔细讨论，我会根据我们讨论的结果来调整方案。

这是关系到一个家庭非常长久又重要的规划，也需要我们反复讨论，直到找到最佳方案。

文案示范

亲爱的，晚上好！没有见面仔细交流就这样直接发方案显得很不专业，但也因想到 ×× 公司的同行一定与您已做过前面需求沟通，已经到了方案与产品环节，所以就不拐弯抹角了。先发您方案参考，您看到方案会有更直观的了解。

市场上各家保险公司都有重疾险，责任及条款纷繁复杂。我挑选了责任简单，一看就明白，核保相对宽松，理赔服务也非常棒的方案推荐给您。这也是性价比最高的两种。您有不明白的地方可以留言给我，我晚点仔细回复。

我俩同龄，我也深知这个年龄对健康的担忧，希望能有机会为您提供保险服务。无论最终是否有机会，我都会平常心对待。

文案示范

下午好！外面下着雨。今天不太忙，我沏了杯枸杞茶，看着电脑屏幕上为您做的方案，心却无法平静，想起我们之间所有的联结，特别想写下与您分享。当年因为您的介绍，让我有幸与先生认识并有缘组建家庭。每当孩子欢笑、家庭温馨时，我俩都会提起您、感恩您。

这几年，我们见证了您人生中的重大选择，因此你我之间的信任和交往超越了一般的客户关系。每次见面提到 ××，您都会泪湿眼眶，我也不知道该怎么样来安慰您。我提醒自己，不要发表建议，就安静地做一个倾听者吧。人不应该站在今天的立场去评品过去的选择，而应该站在此刻，面向未来，过好当下，无悔未来。正如您经历这段重生，就让曾经的感受与各种纠结都随风而去。现在的您充满活力，事业做得也越来越好，我与先生都打心底里祝福您。

虽然保险行业鱼龙混杂，但我还是希望自己对这个行业秉持着美好的期待，做行业内的一股清流。当然随着工作年限的增长，对于这个世界看的也多，各种美丑黑白，难分对错，也会提醒自己更有弹性地去面对，毕竟这样的姿态更显成熟。

稍后我把为您设计的养老金补充方案发给您，等规划好这份养老金，后续会帮您做好保单整理并定期查漏补缺。希望这些保障能覆盖您的需求，给您最大的安全感与踏实感，更希望伴随着这些保障背后是未来几十年我们之间长长久久的友谊。

文案示范

××，今天在地铁站碰到您真的很惊喜，感觉缘分妙不可言。每次跟你们聊天都很放松。

这次聊养老话题，才发现 ×× 哥的涉猎之广。无论对房产、股市、银行理财，还是经济形势都有深入了解，沟通起来特别畅快。

中产阶级的财富大多是借着中国经济的发展顺势而起，而这财富积累的时间实际上不足 30 年。放到整个经济周期和生命周期里看，这 30 年还太短，短到如今的中产阶级尚未经历过一次真正的周期性危机或者风险。我们无法想象，未来经济的变化对我们的财富会有什么影响，我们的生活又会随之有什么样的改变。

家庭的资产通常分为进攻型和防守型，人们习惯于做各类进攻型投资（有风险性，不确定性，也可能有高收益），而我希望做一个经常提醒你们做好防守的人。

包括之前为你们家庭规划的风险保障部分，还有这次涉及我们未来 1/3 人生的养老规划部分。这些都是人生底线，是必须万无一失的资产。

下面我就从安全性、收益性和保障性方面来探讨一下养老年金保险作为养老金补充及避险资产的好处。

（1）安全性。

外部环境多变，做好防守，剩余的那部分我们才敢放心地用来拼搏，做进攻型投资，获取最大利益。

（2）收益性。

养老年金保险是时间的朋友，因为其收益要靠长期的复利滚动来发挥作用。

市场利率下行压力增大，发达经济体都处于低通胀、低利率的宏观环境中。这是我们以前未经历过，但却是以后可能要面对的一种经济形势。所以我们无法拿过去改革开放、中国经济高速发展时代下的眼光来看问题。拿过去的经验来判断未来的趋势，很有可能会导致错误的决策。

（3）保障性。

除了绝对安全和锁定收益，养老年金保险还能在保障性上进一步增加我们的确定性。保障性属于养老年金保险产品的一个特殊加分项，比如身故责任、投保人豁免责任等都是其他金融产品无法拥有的保障功能。

在利率下行周期，保险公司将面临较大的兑付风险。无论是监管态度还是现实中的风险压力，我所推荐的可能是能买到的最好的养老年金保险了。

所以在当下的红利时点，紧紧把握住机会，给自己的未来增加一份确定的安排和屏障吧。

稍后发一个47岁女性，5万元10年缴和5万元5年缴的利益表，供您参考。

养老年金方案（47岁女性）

产品类型	产品名称	年保费	保障要点
养老年金险（方案一）	×××养老年金	5万元/年×10年	共投入50万元 60岁开始，每年领取××万元，或每月领取××元至终身 至85岁，已领取××万元 至95岁，已领取××万元 活多久，领取多久，至少领取20年，与社保一样，按月到账
养老年金险（方案二）		5万元/年×5年	共投入25万元 60岁开始，每年领取××万元，或每月领取××元至终身 至85岁，已领取××万元 至95岁，已领取××万元 活多久，领取多久，至少领取20年，与社保一样，按月到账

注：保障要点仅供参考，请以实际产品测算为准。

文案示范

亲爱的××，昨天一聊，甚觉人与人之间的机缘巧合。我们在同一会所坐月子，住同一街道，有着相似的成长环境，甚至是类似的创业经历。基于这些，我们虽初次见面，却似同知遇多年。

我们在30多岁遇到，可以谈人生意义、谈理想志向、谈奋斗创业、谈子女教育、谈学习进取。而若真因这一机缘而促成我们彼此的改变与提升，当我们60岁时，便可坐下谈丰收喜悦，谈人生成就，谈一切因财富充足、心灵富足而带来的所有闲适安宁。

如您所说，我并没有与您谈多少保险。因为保险作为一个避险工具，与世间所有商品一样，本身无对错，无难易，交给专业的人即可。而我在保险行业20年，可以站在行业高度和专业角度为您推荐性价比最高的方案，也能在未来为您提供更长久的服务。对于这一点我很自信。

保险营销之难不在产品，不在方案，在于信任。这些年，保险行业扩张，从业人员鱼龙混杂，使大众对行业的信任感降低。唯有彼此之间建立了信任感，我才能真正了解您的需求，也才能根据您的需求与预算来制定方案，从而通过方案落地来消除您的担忧，解决您的顾虑。

说到这里，又不得不提到当下人们的“普世焦虑”现象。我与很多中产、高产家庭打交道后，发现他们都很焦虑。职业、收入、健康等一切未知都会带来焦虑，让人无法心安理得地活在当下，更对妥善安排未来力不从心。而对未来不做安排、不做规划，又怎会有未来。于是一生受缚其中，在年轻可以施展时无法施展，在年老看明白时，已是人生迟暮，所思所想再无意义。那么该如何解决呢？

（1）打开思维，终身学习，更新认知。在自己的领域专注、聚焦，做出特色，做到别人无法替代。解决钱的问题，便能解决人生90%的问题，也能治愈所有的矫情与狭隘。

（2）做好安排。首先是风险规避（表格中为您呈现的保障类保险），不做安排，疾病与意外会毁掉所有，连翻身复盘之力都没有。基础保障做好后，再逐步规划其他综合理财及资产配置，用时间的复利来规划自己的养老与孩子的教育，这部分未来慢慢与您分享。

保障类型	产品名称	保额	保障期间	缴费时间	年保费	保障要点	备注
终身重疾险	×××重大疾病保险	50万元	终身	20年	男：××元 女：××元	1. 110种重疾，不分组赔付3次，每次50万元，间隔期1年 2. 30种中症，不分组赔付3次，每次30万元，无间隔期 3. 40种轻症，不分组赔付3次，每次15万元，无间隔期 4. 身故保障：赔付保额50万元 5. 被保险人自带豁免，轻症、中症、重疾豁免保费 6. 投保人豁免重疾、中症、轻症、身故、全残，保障继续有效	轻中重疾全部不分组，无三同条款 附加医疗绿通和增值优质服务
百万医疗险	×××百万医疗险	200万元	1年	1年	××元	1. 报销大额医疗费，解决自费超过1万元以上的住院医疗费用问题 2. 一般医疗保险金：200万元 3. 重疾医疗保险金：200万元 4. 质子重离子医疗保险金：400万元（总限额内，0免赔） 5. 院外恶性肿瘤特定药品：400万元（总限额内，含105种药品目录，0免赔） 6. 住院医疗费用、特殊门诊、住院前后30天门急诊医疗费用，免赔额10000元，不限社保内用药，100%报销	可续保、保障覆盖面广、补充社保报销医疗费用 扩展院外特药和质子重离子保障 就医绿通、二次诊疗服务
意外医疗险	×××意外险	1万元	1年	1年	××元	1. 报销小额的医疗费用 2. 意外医疗：8000元（150元免赔额，90%社保范围内报销） 3. 住院医疗：1万元（150元免赔额，90%社保范围内报销） 4. 自费、进口药：5000元（50%比例报销）	报销方便，补充社保不足

注：保额及保障要点仅供参考，请以实际产品为准。

看到这里，您是不是心头迷雾散去，突然豁达了？是不是明白了我为何不焦虑？我虽然辛苦，但心头不焦虑。因为我做了以上两点，并将时间放在了具体行动之上，心头敞亮、磊落、踏实。在这个世间，做个实实在在活出自我的小人物。如此挺好，是吧。

只有同等能量的人，才能相互识别；

只有同等能量的人，才能相互欣赏；

只有同等能量的人，才能成为知己好友。

第 6 章

成交后：成交只是开始，写好售后文案，让客户服务更有温度

6.1 送保单时的一份温馨提示函，给足客户仪式感

场景

保单成交了，客户拥有了保障，我们也拥有了一位客户，这是皆大欢喜的事情。但对于保险这份工作来说，成交才是服务的开始。给客户送保单时，也别忘了让客户感受到我们自始至终的温度。

文案示范

保险一事从考虑到落实，其间一定经历了很多思考与讨论。保险于家庭来说，是一份重要且长远的财务规划，值得我们共同用这样长的时间来选择与决定，为你们严谨的精神点赞，更为你们夫妻和睦尊重的相处方式点赞。

大部分普通家庭对风险的担忧主要集中在医疗、意外与重疾上，每类商品都有它的市场与客群。而不同人群，即便表面上家庭收入相同，但对保险的认知、近期的财务安排、家庭成员的结构、消费的偏好等差异，最后都会带来选择的差异。并无对错之分，只是不同的选择，结果自然会不同。

你们今天定下的方案，从保障额度到保障范围都是在现有预算下性价比最高的组合。后期服务也无须担心，我一直都在。希望伴随着这些保单的背后，是我与你们家庭之间长长久久的友谊。

文案示范

今天下午近半天的时间交流与分析，对我俩都很有效果。于您来说，增加了对保险行业的认识；于我来说，我们共同讨论设计出了应对各种风险的最佳方案。回家的路上，心里还有满满的成就感。

我能想象到这样一份高保额的方案带给你们家庭未来稳稳的幸福感与安全感。考虑了未来，我们才有未来。生活本应如此智慧，我们还奢求什么呢?

从与您的交流中，我能感知您在朋友中的影响力很不错。这样的信任一定是建立在您平常待人接物的稳重与真诚基础上的，我的生意未来仰仗您多多关照。

所有保单后续的行政事宜，我们再微信联系落实。希望伴随着这些保单背后的，是未来几十年我与你们家庭之间长长久久的友谊!

文案示范

亲爱的××，晚上好！傍晚的交流，让我忍不住想记录下来。两个小时，时间很短，意犹未尽。

因养老规划，我们再次联系上。下午在家我问过自己，想见到您的喜悦超过签这份保单的喜悦。缘分像一只无形的手，总能将对的人带到彼此的身边。在这个纷繁的世界，我们可以同频共振，放松自如地交换着彼此对工作与生活的理解。年轻的时候，我们都会很忙，忙孩子、忙家庭、忙工作，履行着作为人子、人母、人妻的各项职责。终将有一天，孩子长大，父母老去，工作也没那么需要我们了，我们会有大把的时间相聚，畅谈人生，品尝岁月静好。想着，真是好期待……

文案示范

亲爱的××，你们到家了吗？我刚到家忙完，我有每天记录总结的习惯，留着年老回忆时，回看自己从未虚度过的每一天。还有那些给我温暖尊重的人，与我交接联络的事，我都用文字封藏在这里。

我站在镜子前，看到油光满面、满脸倦容的自己。我听到××老师沙哑的嗓音，也看到你们一起折返学校的忙碌场景。我们年龄相仿，都是身处不敢停下，也没法停下来的中年时光。好在，在纷繁众生中，我们相对而言还可以，收入尚可，家庭幸福，一切都在忙碌中有序地向前推进。真的感恩这一切，感恩遇到您。

我常说，能在年轻时有能力，也想到做好养老规划的人是幸福的。毕竟，设定好明确的目标后，人们就会少很多纷乱思绪，可以专注于当下真正可掌握的时光，真正潇洒地享受当下。

反之而言，人们期待通过各种投资获取更高回报，但很少会考虑到，这些额外盈利背后需要我们额外承担的是什么呢？额外耗费的时间和精力、额外承担的风险和各种不确定性，这一切是否符合我们的期望呢？深思熟虑，或许就能更有定力，制定符合自身需求的财务规划与多元资产配置。如此，再回过头来看一下这份养老金方案，心中定会释然很多，同时对未来充满期待。

我们从娇嫩到成熟，再从成熟到晚年。生命源源不断，时间看似漫长，实则转瞬即逝。人生的下半场是一个下山的过程，下山的风景很美，就让这份养老规划做您下山的向导吧。

6.2 理赔文案这样写，用心让信任更巩固

场景

保险的理赔是保险价值的最实质体现。对于那些在遭遇困境时获得理赔的客户来说，一笔理赔款项胜过千言万语的问候与慰藉。对于还未购买保险的准客户而言，通过亲眼见证真实的理赔案例以及保险从业者在其中的心路历程，将更容易唤起他们对保险的需求与认知。

保险理赔往往伴随着家庭悲痛的时刻，而在这种情况下，文案的切入点显得格外关键。我们既要避免带给人们更多的心理压力和

痛苦，同时又要展现保险的温暖与人性化。因此，在传达保险理赔信息时，我们应该注重以下几点：

第一，托举正能量。通过真实的理赔案例，展现保险在关键时刻的力量与支撑，让人们意识到保险不仅仅是金钱交易，更是为人们提供安全感与保障的工具。

第二，关注人文情怀。在描述理赔案例时，不仅要突出事故本身，还要展现保险从业者在案件处理中的关切与关怀。

第三，强调保障全面性的重要性。并不是所有的理赔都很“顺利”，除了展示保险理赔的“好”，也要适度展示因为面对客户保障不足而带来的“遗憾”。这样可以让潜在客户意识到他们可能面临的各种风险。

通过呈现真实的理赔案例和保险从业者的心路历程，可以唤醒客户对于保险的需求与认知。这个小节的文案适用于朋友圈展示。

文案示范

旧的一年结束，迎来崭新的一年。各家保险公司第一时间发布了去年的全年理赔数据。理赔报告一直被视为保险公司诚信服务的体现，同样也是一份很有价值的数据分析材料。数据往往比人的主观结论更有说服力，其中从 6 家公司的数据，分享几点感受：

（1）大额理赔，交通事故多。

×× 人寿筛选出的 10 大理赔案件，有 1 例是由于重疾导致的高额赔付，其余 9 例全部是交通意外事故导致的高额赔付。

而其他公司也同样有类似的情况，可见交通意外还是比较高发的。意外险价格便宜、保额高，建议大家都要配置一下。

（2）重疾理赔，保额过低。

通过 ×× 保险公司的理赔数据来看，重疾险获赔均值仅为 3.2 万元，同样的情况也出现在其他公司，重疾险件均理赔为 5.8 万元。

这就是现状。很多人看似买了保险，但是保额太低，几万元的赔付根本起不到转移风险的作用。这也是为什么业内同行不断地强调，买保险就是买保额，只有保额高才有意义，也只有保额对我们才有意义。

（3）恶性肿瘤发病率高。

通过各家数据来看，恶性肿瘤仍然是所有重疾理赔的第一名。甲状腺癌、乳腺癌、肺癌已然成为恶性肿瘤三大出险原因，癌症仍然是健康的最大敌人。

另外，越来越多的公司开通了线上理赔、App理赔，不仅降低了成本，也方便了广大消费者。

这些看似冰冷的数据，实际上代表数百万家庭和几百亿元理赔金的赔付，普通人恐怕很难有太深的感触。但是从事保险工作的人，随着时间的推移和经历理赔事件，越来越希望更多的人能体会到保险的好处，并学会用保险来保障自己的生活。

文案示范

并不是所有的理赔都会那么顺利。这段时间我遇到一起，单从手术报告单中来看属于重疾通用条款责任免除的第十项，保险公司拒付。而客户的真实情况并非完全如此。如果您是保险顾问，您会如何处理？

第一种顾问：告诉客户去找当初那位签他保单的保险顾问（目前该顾问早已离职），让其去处理——完全推卸责任型。事实上，在未来漫长的时光中，大部分的顾问都会离职。本来这个行业留存率就很低，能像我这样一直在一线做的人很少。顾问离职，您的保单谁会用心来服务？

第二种顾问：从没办过理赔，毫无经验，不顾青红皂白，让客户去保险公司瞎闹一通——鲁莽冲动型。

第三种顾问：一边与保险公司协商，为客户争取通融赔付的机会；一边与客户沟通，为客户找到通融的理由，安抚客户，但不乱承诺。帮客户执笔写好申诉材料，再次提交保险公司审核。若被驳回，还准备了第三套、第四套沟通方案。希望处理结果既不是向保险公司无理索取，又能真正给到已患病客户一个说得过去的安慰。

有时，保险顾问会顶着很大的压力与强大的内心才能去直面这些事。事情来了，总需要有人承担责任，承担当中的联络、沟通与安抚。

从客户家回来的路上，春光那么好，为自己的正直、勇气、承担、协助客户做具体事情的风格点赞。阳光下，觉得自信又多了几分，对得起客户当年的信任与托付。当很多事情我们左右为难时，一切抛开利益、抛开狭隘，交给正直就对了。我就是第三种保险顾问。

文案示范

几十万元的理赔结案了，又豁免了后续近 50 万元的保费，同时还报销了这次几乎所有的医疗费用……

傍晚我去客户家看望她，得到了礼遇与尊重。得失尽在一念之间，想起两年前去她办公室，签下她家四份保单的场景，一切如在眼前。好在病灶尚在早期，于生命基本无碍，定定心神歇着，调养一段时间便可恢复健康。我平静地处理完这一切，心中对工作又多了一份敬畏。

文案示范

这个星期接到两起重疾报案，心中难以平静，情绪低落，思量很多。还好发现早，不至于危及生命。我们同处于这样的社会环境，空气、水、食品安全、生活压力等，终将难以逃避这些因素带给身体的危害。

这两笔业务涉案金额都比较高，我将帮他们陆续处理，保额赔付、名下所有保单保费豁免、高额医疗费用报销，希望这些理赔金能给患者带去安慰和轻松。

在这过去的 4 年，我为 450 位左右的客户提供了重疾及医疗险服务。每一份重疾险保额至少 30 万元，医疗险保额至少 100 万元。这 450 份成交的保单背后是每一位客户对家庭的责任，对美好生活做出的安排，也有我的努力与坚持。

当相当于他们年收入 3 倍、5 倍的理赔金交到他们手时，发黄的保单此刻才拥有温度，我们都会因此感动、感激、感恩……

文案示范

中午接到客户电话，出险后在医院，询问理赔事宜。这类电话，每个月都会有几个。每个电话背后都是着急、不安。我都是先查阅保单，再安抚心情，最后处理事情。

所有配置的保险不会在每时每刻都有用，只在这些关键时刻，给人安慰与安全感。大部分时候，只有获赔客户才会真正从心里重新认知保险的意义。可是这样的代价往往太大。有时候，大到无法承受。自古未雨绸缪说来容易，做来难。

文案示范

通常人们对保险的真正认知并不是从购买开始的，而是在提出理赔时才会深有体会。

大部分重疾保险会贯穿我们的一生，这也注定了理赔是相对低频的事件。如何在这个过程中赢得信任，维系友谊，是我多年来持续思考的问题。我不希望因为一项业务经常打扰客户，因此文字成了我与客户沟通最好的纽带。不仅可以表达思想，还能传达情感。这些年来，我写下了数百万字，有些是我与客户之间的沟通，有些记录在我的朋友圈中，它帮我连接着与几千个家庭之间的责任与友谊。

理赔服务不常发生，但人与人之间的沟通协作却会时常发生。我热爱这份工作，也尊敬这个行业。希望伴随着这些保险咨询的，是我与每个家庭之间长长久久的友谊。

文案示范

今天接到两个客户的报案，情况都比较严重：一个是恶性胃间质瘤，一个没确诊。她们是客户，也是我多年的朋友。我在书房静坐了很久，思考人生世事无常……

望着桌上的一本客户资料，那当中大量未成交的客户，或是因为经济原因，或是因为观念因素。我该用多大的信念去联系直到成交，到方案落地拥有保障？也希望保险公司多多开发责任简单、客户都能买得起的保险。

这些年，我工作做得很细，几乎查漏补缺认真梳理了每一个客户的家庭保障。保险工作最难的不是专业知识，而是大量的沟通联络。客户大概率能用得上的产品，都很简单。推荐责任简单，更高保额，更实惠保费的方案，是我一直要做的事。

文案示范

一晚上处理几笔赔付，最担心的是客户出险后问我，这个买没买，那个买没买。

每个案件背后都能感受到客户的担心、焦虑，还有听后令人头皮发麻的惊慌之情。因为能理解这份心情，所以每一个工作的细节都尽可能做到万无一失、尽心尽力。

6.3 日常联络客户这样写，让客户主动加保

场景

保险行业的核心在于客户经营，对于保险从业者来说，让老客户加保比发展新客户更容易成交，因为老客户已经对我们的服务和品牌有了认知和信任。此外，大部分家庭保险都不是一次性买齐的，客户的保险需求也会随着时间和生活变化而发生变动。定期帮助客户整理保单，发现他们的保障缺口，不仅可以提供更优质的保险服务，还是必要的客户经营动作。

在这个过程中，好的沟通文案应该同时展示出专业性和温度，在让客户容易接受的同时，提升客户对保险行业的信任感和依赖。

简单明了地表达专业性：保险行业是一个高度专业化的行业，用专业术语来描述保险产品和服务是必要的。但是，过多的专业词汇会让客户感到迷惑和压力，这一点要尽量避免。

关注客户感受的温度感：温度感是建立客户信任和依赖的重要因素之一。沟通文案中，选择亲切自然的用词。

突出保险服务的重要性：保险行业的价值在于为客户提供风险保障和财务安全。因此，我们需要通过文案来强调这一点。需要让客户明白，购买保险服务并不仅仅是为了避免风险，更是一种精神上的安慰和心理支持。

提供具体的解决方案：定期帮助客户整理保单是一种有效的客户经营方法，但具体的方案因人而异。在沟通中，提供为客户定制的方案建议也是必不可少的，在满足客户需求的同时，也能有效提升我们的品牌形象和市场竞争力。

文案示范

××，在吗？去年给您整理了家庭保单表，当中有些产品做了调整，我更新了一下，发给您参考并保存。

您家的保单明细（王××家）

序号	险种	投保人	被保险人	公司/产品	每年缴费日	缴费期限	保障期间	生效时间	保费	备注（各产品简要保险责任）
1	重疾险与医疗险	××	××	××	×月×日	××年	终身	××-××-××	¥××	保50万元的重疾，50万元人身意外，10万元的轻症，轻症后保费豁免，到期返保额50万元重疾、轻症都可以赔付3次，附加了投保人豁免功能
2		××	××	××	×月×日	××年	终身	××-××-××	¥××	保50万元的重疾，50万元人身意外，10万元的轻症，轻症后保费豁免，到期返保额50万元。附加了投保人豁免功能

续表

序号	险种	投保人	被保险人	公司/产品	每年缴费日	缴费期限	保障期间	生效时间	保费	备注（各产品简要保险责任）
3	重疾险与医疗险	××	××	××	×月×日	××年	1年	××-××-××	¥××	缴一年保一年，可以续保。全家各100万元医疗费额度，1万元以内免赔
4		××	××	××	待生效	20年	终身	待生效	¥××	保30万元的重疾，30万元人身意外，18万元中症，9万元的轻症 70岁前，轻症、中症、重疾都是双倍赔付，即重疾赔60万元，中症是36万元，轻症是18万元，身故赔保额
5	意外险	××	××	××	待生效	1年	1年	待生效	¥××	意外伤害20万元，飞机意外60万元，公共交通意外40万元，猝死保障20万元，医疗1万元（社保外自费药也可报），意外住院津贴200元/天，意外重症病房住院津贴400元/天
6	寿险	××	××	××	待生效	20年	保到60岁	待生效	¥××	缴20年，保到60岁，身故或全残各赔付200万元
7		××	××	××	待生效	20年	保到60岁	待生效	¥××	
8	养老金	××	××	××	待生效	10年	终身	待生效	¥××	每年投入3万元保费，连续10年，共投入30万元 60岁开始，每月可补充养老金2813元，假定活到95岁，共领取121.5万元，还有身故金58428元
9	教育金	××	××	××	待生效	10年	终身	待生效	¥××	每年投入3万元保费，连续10年，共投入30万元 20岁时，现金价值为414512元 25岁时，现金价值为501554元 30岁时，现金价值为607057元
合计									¥××	
备注	1. 以上1~3项是之前已在我这配置过的保障，目前每年保费是××元。 2. 4~9项是建议补充的部分，拨出预算，后续将家庭保障建立完整，就更科学了。一般家庭的财务规划（保险规划），也就是表中这5个方面。									

注：表格内容仅供参考，请以实际情况为准。

其中，待生效的是家庭保障缺口不足的部分，供您参考。接下来咱们可以逐步补充完善起来。因你们夫妻俩重疾险与意外险暂时都没有，建议早点补充好。考虑到家庭责任部分，定期寿险保费便宜，也是抵御风险必不可少的。

另外，建议您做一些储蓄型产品，提前规划养老。毕竟老年的时光将占到我们 1/3 的生命时长，越早规划越省力，更能有效克制过度消费。也可以选择缴 2 万元、5 万元或其他金额。

存下来，心里就更踏实了。您一定要考虑这件事情。

文案示范

亲爱的，我刚刚将您家之前的所有保单做了整理，供您参考。

建议将全家的百万医疗险及您本人的重疾险补充起来，这样你们全家的基础保障就比较完整了。

另外，中午您提到想看一下理财产品。单独推荐产品有很多不妥，所以将关于理财的想法与您分享一下。

普通家庭理财分为两部分：

（1）防范风险。

（2）明确理财目标（即这笔钱最终目的是什么，因为不同的目的，选择的理财工具就会不一样）。

如果当下这笔钱是用于未来养老规划，或子女教育支出，那么有一个产品值得向您推荐。稍后我把产品链接发给您。

文案示范

××，晚上好！晚上给你们检视保单时，翻开了几年前的投保记录，往事如在眼前，谢谢你们这些年对我的信任和支持。

这几年发生了很大变化，你们有了二宝，买了新房，我也从当年的职场小白变成了如今的职场骨干。随着年龄的增长，我们肩上的责任也与日俱增。接到您想为全家增加重疾保障的电话，我一点儿都不惊讶。因为只有当人们真正生活条件好了，才会考虑安全感及远期风险规避问题。过去规划的保障的确该与时俱进做出增加与调整了。

这些年来，我一直忙于开拓前端业务市场，因此疏于与老客户保持联系。不过幸好有微信，每天的文字记录让我们能够了解彼此，在需要时，立即响应。

根据您的想法，也结合我的建议，我做了产品方案发给您。您看过之后，我们再讨论。

重疾险方案

序号	险种	投保人	被保险人	公司/产品	缴费期限	保障期间	保费	备注（各产品简要保险责任）
1	重疾险	××	××	××	20年	终身	¥××	保50万元的重疾，50万元人身意外，10万元的轻症 轻症后保费豁免 重疾、轻症都可以赔付3次 附加了投保人豁免功能
2		××	××	××	20年	终身	¥××	保50万元的重疾，50万元人身意外，10万元的轻症 轻症后保费豁免 附加了投保人豁免功能
3		××	××	××	20年	终身	¥××	保30万元的重疾，30万元人身意外，18万元中症，9万元的轻症 70岁前，轻症、中症、重疾都是双倍赔付 即重疾赔60万元，中症是36万元，轻症是18万元，身故赔保额
4		××	××	××	20年	终身	¥××	120种重疾，分6组，每组赔付1次，首次30万元，后续每次递增30% 25种中症，不分组赔付2次，每次18万元，无间隔期 55种轻症，不分组赔付4次，每次9万元，无间隔期 身故全残保障：赔30万元 被保险人自带轻症、中症、重疾豁免，已附加投保人豁免
合计							¥××	

注：表格内容仅供参考，请以实际情况为准。

文案示范

亲爱的，你们好！这会儿刚检视好您家之前的保单，如释重负的感觉。这些年，我忙于前端业务市场的开拓，对老客户疏于联络。但好在还有微信，让我们知道彼此每一天。

随着工作年限的增长，最近各类理赔及保单变更（婚姻变化、受益人变化等）接踵而来。有些案件办得很完美，有些案件却留下些许遗憾。这些遗憾让我重新思考对成交客户的服务。其中，每年的保单检视尤为重要：查漏补缺、基础信息更新（电话、地址、邮箱等）、受益人信息等这些小细节都会影响你们对服务的体验。所以，在接下来新一年的工作中，我将抽出时间重点做好这些事情。希望能成为你们家庭真正专业、持续的保险顾问。

表格中列出了建议补充的部分（主要是杠杆类及养老规划类），你们酌情考虑。希望在后续的时光中慢慢健全起来，保持联系。

家庭综合保障方案

产品类型	产品名称	保额	年保费	保障要点
定期寿险	××	各300万元	38岁女：××元 38岁男：××元	身故或全残赔付300万元 缴20年，保到60岁，消费型
养老金	××	—	4万元/年 × 15年 （每人每年2万）	共投入60万元保费 60岁开始，每年领取59600元，或每月领取5066元至终身 至85岁，已领取1519800元 至95岁，已领取2127720元 活多久，领取多久，至少领取20年，与社保一样，按月到账
备注	以上是寿险与养老金，供您参考。			

注：保障要点仅供参考，请以实际产品为准。

文案示范

××，在吗？之前为您整理了家庭的保障，适逢整个行业重疾险产品在年后有了调整，将过去产品的烦冗都改进了，回归到了最简单状态，我觉得挺好的。考虑到通常家庭的责任及房贷，我将建议补充的部分按照新产品做了调整，您可以看看，希望能纳入到你们的计划中来考虑。

文案示范

××，您好！因平常不是太有机会碰到面，闲下来翻看客户档案，看到熟悉的名字，总想跟你们说说话。2014 年来苏州，几乎是下了火车就来到了保险业。在各种不被看好下走到今天，一路踏踏实实、兢兢业业，收获了很多信任和支持。几年前的浮萍，如今已买房扎根于这个城市。

对于保险这份工作也是越干越有劲儿，越干越觉得责任重大。不忙时，也会思考自己对于客户的价值究竟在哪里：是像从业之初一直停留在推荐各种零碎产品层面，还是可以协助客户真正做好家庭风险管理？显然后者角色定位于我、于客户才更有意义。

就从每一个家庭的一份保单整理表开始吧。表格中是你们家庭现有的保障及建议后续需要补充的部分。我将整体规划的思路列出如下，您有空时看看，是不是这样安排更科学。

您家的保单明细

序号	险种	投保人	被保险人	公司 / 产品	每年缴费日	缴费期限	保障期间	生效时间	保费	备注（各产品简要保险责任）
1	重疾险与医疗险	××	××	××	×月×日	××年	终身	××-××-××	¥××	保 50 万元的重疾，50 万元人身意外，10 万元的轻症，轻症后保费豁免，到期返保额 50 万元 重疾、轻症都可以赔付 3 次，附加了投保人豁免功能
2		××	××	××	×月×日	××年	终身	××-××-××	¥××	保 50 万元的重疾，50 万元人身意外，10 万元的轻症，轻症后保费豁免，到期返保额 50 万元 附加了投保人豁免功能
3	重疾险与医疗险	××	××	××	×月×日	1 年	1 年	××-××-××	¥××	缴一年保一年，可以续保。全家各 100 万元医疗费额度，1 万元以内免赔
4		××	××	××	待生效	20 年	终身	待生效	¥××	保 30 万元的重疾，30 万元人身意外，18 万元中症，9 万元的轻症 70 岁前，轻症、中症、重疾都是双倍赔付，即重疾赔 60 万元，中症是 36 万元，轻症是 18 万元，身故赔保额

续表

序号	险种	投保人	被保险人	公司 / 产品	每年缴费日	缴费期限	保障期间	生效时间	保费	备注（各产品简要保险责任）
5	意外险	××	××	××	待生效	1 年	1 年	待生效	¥××	意外伤害 20 万元，飞机意外 60 万元，公共交通意外 40 万元，猝死保障 20 万元，医疗 1 万元（社保外自费药也可报），意外住院津贴 200 元 / 天，意外重症病房住院津贴 400 元 / 天
6	寿险	××	××	××	待生效	20 年	保到 60 岁	待生效	¥××	缴 20 年，保到 60 岁，身故或全残各赔付 200 万元
7		××	××	××	待生效	20 年	保到 60 岁	待生效	¥××	
8	养老金	××	××	××	待生效	10 年	终身	待生效	¥××	每年投入 3 万元保费，连续 10 年，共投入 30 万元 60 岁开始，每月可补充养老金 2813 元，假定活到 95 岁，共领取 121.5 万元，还有身故金 58428 元
9	教育金	××	××	××	待生效	10 年	终身	待生效	¥××	每年投入 3 万元保费，连续 10 年，共投入 30 万元 20 岁时，现金价值为 414512 元 25 岁时，现金价值为 501554 元 30 岁时，现金价值为 607057 元
合计									¥××	
备注	1. 以上 1~3 项是之前已在我这配置过的保障，目前每年保费是 ×× 元。 2. 4~9 项是建议补充的部分，拨出预算，后续将家庭保障建立完整，就更科学了。一般家庭的财务规划（保险规划），也就是表中这 5 个方面。									

注：表格内容仅供参考，请以实际情况为准。

尽管大家对保险并不陌生，很多家庭也都曾买过一份或多份保险。但一般情况下由于对保险的了解有限，人们内心更深层次的担忧和所描绘的情况，与实际拥有的保额常常存在差异。究竟该买哪些保险？需要多少额度？我建议从以下 4 个方面来规划：

A. 责任风险（即身故、失能时，未成年子女的教育，父母赡养，各项债务等）——对应意外险、定期寿险。

B. 医疗风险（即患重疾时，发生的高额医疗费）——对应百万医疗险。

C. 因病失去工作能力时，依然要面对的各项生活支出等——对应重疾险。

D. 自己的养老安排、宝宝未来的教育金、婚嫁金安排等。

您对照表格看一下，查漏补缺，我们保持联系。

文案示范

亲爱的，晚上好！很抱歉拖了这么久才整理好，翻开了几年前的投保记录，往事如在眼前，谢谢您这些年对我的信任和支持。这几年来发生了很大变化，我们都从当年的职场小白变成了如今的职场骨干，收入也有了几倍的增长，过去规划的保障也该与时俱进做出增加与调整了。

这些年来，我一直忙于前端业务市场，对老客户的联络较少。但幸好有微信，每天朋友圈记录的文字让我们可以随时了解彼此的动态，并在有需求时迅速响应。

注：保单整理表请参考前文示范。

文案示范

××，晚上好！晚上在回顾客户信息，很想与您分享一段想法，业务人员每时每刻心里想的都是客户的事情。

回顾我们认识的这些年，你们大家庭在我这里陆续配置了基础保障，很感谢你们的信任。这些年我们也都在成长，作为同龄人，我非常羡慕你们的当下，因为您所拥有的都是我要奋斗若干年才能拥有的。

从2016年开始你们在我这里陆续为家人配置了基础保障，那会儿我并不知道你们的家庭收入、企业规模，也不知道拥有多少保障才能覆盖你们的风险以及符合你们的身份，所以当时配置的和普通白领家庭的基础保障一样。经过这些年的学习与深入了解，我能明显感觉到当时为你们做的规划并不足以匹配你们整个家庭的实际保障需求。

以下两类，未来会协助你们逐步完善起来：

（1）普通家庭在配置基础保障时，可能更多的是考虑报销医疗费用或者补偿收入损失。而你们不一样，可能更多的是希望能享受更好的医疗资源和就医体验，比如不用排队就医、无须事后报销、一卡直付等。这部分对应在高端医疗险方面。

（2）普通家庭为孩子存教育金，主要是考虑强制储蓄，因为也没有更多的理财渠道和理财技能。但是富裕家庭给孩子存教育金，除了做强制储蓄以外，最主要的就是做家庭资产配置。因为富裕家庭有很多的理财渠道，所以需要分配一些资产在稳定的教育金保险上。

我帮您设计的二宝的教育金方案就属于这类，可以帮你们实现孩子人生中上大学用钱、婚嫁用钱的目标。我猜想你们应该也已经给大宝规划好了教育金，用这个方案可以帮我们来平衡两个孩子之间的教育金安排，实现未来对孩子的美好愿望。

之前的方案，有不明白的地方，随时联系我。

文案示范

××，您好！我们因 ×× 而认识，转眼间已过去几年。其间您陆续找我了解保险，我也根据您的想法零星做了推荐，但总觉得自己做得不到位。这两天得空认真回顾了你们家之前在我这里配置的所有保障，再结合你们家庭的实际情况，我有些想法与建议特别想分享给您，您听听看是不是有道理。

第一，当下家庭实际情况。

您全职在家照顾两个孩子，丈夫创业有公司，是家庭的经济支柱，你们俩分别主内主外共同撑起这个家。如果世间一切安好，日子便可一直这样平淡、幸福。

但我知道您有顾虑。无论是对于家人还是企业员工，您会想到保险，事实上也配置了部分保险。很明显现有的这些保障并未能完全消除您的担忧，那您的担忧会有哪些呢？我列出如下：

A. 责任风险（即身故、失能时，未成年子女的教育，父母赡养，各项债务等）——对应意外险、定期寿险。

B. 医疗风险（即患重疾时，发生的高额医疗费）——对应百万医疗险。

C. 因病失去工作能力时，依然要面对的各项生活支出等——对应重疾险。

D. 自己的养老，两个孩子未来的教育金、婚嫁金安排等。

第二，我的想法及建议。

人们通常习惯于咨询某一个保险产品，而我建议静下来深思以上四点需求后，将保险纳入家庭的长期财务规划中，用家庭年结余的 20% 将以上四点认真做好规划。有条不紊地逐步建立健全各项保障，让人生的重要事情都在规划中有序进行，不慌不忙，从从容容。我想，这才是我这份工作于每一个家庭的意义。

也是结合上面的思路，列出框架供您参考。我知道您丈夫也有这方面的想法，正好你们夫妻一起讨论。

文案示范

××，晚上好！好久不见。聊起来就是保险这件事，似乎再无其他。这也是工作性质使然，这些年，工作之难，忙忙碌碌地占据着每一天，没有太多时间像别的女人一样闲话家常，或与人之间刻意寻找话题。但每一个有过交集的朋友，都在脑海中，从不曾忘记。

无论时光如何推移，对自己、对他人、对这份事业，始终保持真诚，始终守护最初的心。

还好有微信朋友圈，几乎每一天文字的记录，让我们彼此之间虽未见面，却不陌生，更无隔阂。我看到您对孩子每一天的陪伴与坚持学习，我非常认同。孩子们的人生没有一蹴而就的成功，都赢在日积月累。或许我自己也是这样的人。

关于保险，人们的生活水平普遍越来越高，对安全感与幸福感的追求与生俱来。保险是满足人们这类需求的产品，它让未来变得确定。

这些年，你们的收入也在增长，年龄已步入 40 岁，人生的很多想法，身体的健康状况与 30 岁时也会大不一样。所以我建议，你们自己的保障在原基础上也做些科学的增加，未来减轻儿女的负担。

具体如何选择由您决定。

文案示范

××，我将您家之前的保单整理了一下。因上次我们碰过面，知道您丈夫是家庭支柱，收入占比较高，所以建议为您丈夫补充重疾险与定期寿险。

补充后，他的寿险保额就到 360 万元，重疾险保额是 60 万元；您自己的重疾险保额是30万元，这样全家的基础保障就都有了。这次定期寿险推荐的是储蓄型，保到70岁，到70岁返还所缴保费。

您有空时仔细看一下，有不明白的地方，随时问我。

注：本文案中的数据仅供参考，请以实际产品为准。

文案示范

××，晚上好！久不联系，联系时就是各类保险产品。其实，从业务角度来说，也是希望能与客户之间多联系。但有时候与客户之间资产级别及所属行业领域相差太大，虽然心中一直惦记着这份关系，却很难刻意培养很多话题。索性提醒自己，就老老实实扮演好客户身边保险顾问的角色吧，这样反而自然。

×× 的保费已经缴完，想着现在有个类似“金融房产”的保险产品，发给您参考一下。我周围能投资得起房产的人并不多，所以下面这个方案是特地从您的角度来出的。您仔细看完，或许会觉得挺有道理的。

方案一：

每年缴100万元保费，连续缴3年，共300万元。

您本人60~85岁，每年领24万元，共领回600万元。此时现金价值还有247.7万元，可以给两个孩子。

共缴300万元保费，共领847.7万元。

方案二：

每年缴60万元保费，连续缴5年，共300万元。

您本人60~85岁，每年领24万元，共领回600万元。此时现金价值还有206.9万元，可以给两个孩子。

共缴300万元保费，共领806.9万元。

方案三：

每年缴20万元保费，连续缴10年，共200万元。

您本人60~85岁，每年领12万元，共领回300万元。此时现金价值还有237.8万元，可以给两个孩子。

共缴200万元保费，共领537.8万元。

金钱从数字面来看并没有什么意义，只有放到现实的生活场景，一切安排才有了意义。

15 年后，您退休了，女儿 21 岁，儿子 37 岁。这样一笔资金既控制在您手中，又可以给到孩子们每月 2 万元现金流的支持，或是给到自己更安定的退休生活。长大后的他们，可能跟着家族做生意，也有可能有自己的工作喜好。但充足的现金流保证了孩子们生活的品质，这也是为父母者对子女们最朴素的祝福了。

这样的资金安排，是房产投资（或其他固定资产投资）最好的搭档，也超越了金钱本身的范畴，是您与孩子们之间深深爱的纽带，也是只有富贵之家才有可能做的长远安排。供您参考，有不明白之处随时微信我。

注：本文案中的数据仅供参考，请以实际产品为准。

文案示范

××，最近好啊！发个养老金方案给您看看，知道您条件好，收入高。

其实每年存 2 万元、3 万元对很多人来说都不多，但只有真正能做决定存下来的，这笔钱才派上了用场。它会是我们年老退休，赚钱能力下降时的一份保障和安慰。

年轻时吸引消费的地方太多，我们都会在各种商品面前失去抵抗力，无节制的剁手。但每月存 2000 元一点儿都不难，不经意间积少成多，逐步安排，可以让退休后富足宽松的生活尽在掌握之中。

有时候我在推荐时也挺为难，但总是告诉自己应该去做一些争取，总想着万一朋友们接纳了方案的全部或部分，能将钱存下来，对他们的未来都是一个更科学的安排，都是好事。

文案示范

××姐，下午好！知道您忙，之前每次都说不上几句话。上次碰面，第一次安安静静、没人打扰地交流了很多，挺开心的。看到你们的生意越做越大，员工多了，您自己也变得相对轻松些，真为您高兴。

2013 年，我为您及两个儿子各配置了一份保障，目前已都有红利及生存金返还。想想若干年后，如果中间一直不取，除了已缴保费还会多出几十万元，也是开心。

但随着时间的推移，重疾险有了很大调整。之前附带的重疾险，有了以下不足：

（1）病种不全，没有轻症与中症保障；

（2）没有多次赔付功能；

（3）癌症只能赔 1 次；

（4）只保到 85 岁，属消费型。

两个孩子还小，后续可根据实际情况适当增加。但您与姐夫不一样，你们人到中年，该是将保障完善健全起来。后续有任何健康风险，可以不拖累家人孩子，不动用已有储蓄，体面从容应对。

所以基于这种考虑，建议这次将您与姐夫的重疾险及一家四口的百万医疗险都做好。这样你们家在医疗健康方面就没有风险了，我才能放心。

百万医疗险是报销医疗费，但不能代替收入损失、护工费、营养保健费用、康复费用、家庭正常开支等，所以重疾险与百万医疗险互相补充最为全面。

文案示范

亲爱的，下午好！本以为保险一事暂停于 5 月那次碰面了，没想到，山重水复一圈后，还是能争取到机会，真是幸运。

刚刚在写这段文字时，特地将与您的所有微信记录仔细看了一遍。从第一次去你们单位，到您第一次主动咨询，已历时 8 个月，时间过得真快。其间，我们反反复复有一些交流与沟通。每一次我都会认真回复，每一笔业务都是拿出极大的诚意在争取。

人们对自己的付出总会怀着一些期待，这就是人性，我也不能免俗。

我为您制定了 4 个方案，保费都是 14000 元左右。我建议选择保障更全面的，尤其是 ×× 的产品，对早期恶性肿瘤与恶性肿瘤都有多次赔付功能。这一点太重要啦，因为癌症复发、转移的概率很高，所以这部分保障能帮我们规避高发风险。

在我的职业生涯中曾帮客户办理过多起颇有争议，也比较复杂的理赔，但最终都因我的专业知识丰富，和一颗准备在这个行业干到老的责任心，最终都帮客户解决了。您自己的保障，这么重要的事情交给我这样有责任心的人来做吧。

我们在同一个城市，联系这么久，应该也算得上朋友吧。况且你们单位也有好多人是我的客户，未来服务起来也方便。

6.4 节日文案这样写，激发客户的情感共鸣

场景

在节日期间给客户送去问候是保险销售中不可或缺的环节。然而，简单地发送一条节日祝福不仅陷入了老套俗套，对于现代人来说，也只是一种无关紧要的信息。要想通过节日问候向客户展示独特之处、增加信任感并激发情感共鸣，文案的撰写也需要技巧。

首先，与客户建立情感联系是成功问候文案的关键。通过个性化问候，为客户营造一种被重视和关心的感觉。比如，总结客户之前的保险购买历史，表达对他们长期以来的支持和信任的感激之情。此外，利用节日主题，结合保险产品的特点，打造一个温馨而又实用的问候，让客户感受到我们对他们安全与幸福生活的关注。

其次，总结自己的成长并表达对保险事业的信念。这样可以向客户展示我们对保险行业的理解和经验，同时彰显专业形象。通过展示价值观和信念，客户会更容易与我们建立共鸣，从而增强信任感和忠诚度。

最后，在文案中注入积极的情绪和正能量，传达对客户未来的美好祝福。通过鼓励、激励和赋予信心，我们能够与客户共同分享节日的喜悦和希望，树立起积极向上的形象，并为建立长期合作关系打下坚实基础。

这样的文案不仅能够脱离俗套，还能借助这些文案打造独特而

温馨的问候，向客户表达我们的关心和祝福，在节日期间与客户建立更加密切的联系。

文案示范

元旦

每个人因为过往三年不同的经历，所以产生了各种各样对未来的判断与期待。有人看好，有人“躺平”，有人奋进，有人挣扎前行。我属于那种继续奋进的人，现实的生活摆在眼前，我也必须继续奋进，做好保险服务，尽好团队长职责。

2023 年，我会继续选择做那些难而正确的事情，比如更多新友谊的拓展，与老朋友们之间关系的维护。少关注宏观与远方，多留意身边的人与事。用罗振宇老师在跨年演讲中的话就是：相信近处的力量、关切近处的冷暖、夯实近处的关系、体验近处的美好。

2023 年，我在工作上暂时没有具体数据层面的规划。但在性格成长方面，给了自己一个明确的规划，就是做一个温暖、利他的人，会从对待身边人与身边小事做起。过往，我的个性一直是坚毅、果敢、行动派，持悲悯心，做具体事。

2023 年，一如既往，希望自己的心与行动在一起。然后，力所能及善待身边的人与身边的事。哪怕只是小事，但去做了，就是奉行了知行合一，就会觉得这是有意义的。

也祝福朋友们 2023 年都有新的成长与提升。

文案示范

元旦

今天 1 月 3 日了，想想还是该为这过去的一年做个总结。这一年我靠自己的努力赢得了几次远途旅游，去了美国、日本，走出去看了看外面的世界。但更多的是走进了自己，去看了内心的世界。

我数遍穿梭于18岁前那些时光的“小黑屋”，正面面对那些几代单亲家庭形成的累累缺陷，数次潸然。在意识中重新构建对世事的认知。我看到一个小女孩从黑暗中慢慢奔到阳光下，学会爱，学会分享，学会宽容，学会勤劳，并学习着去健全人格。只有这样的我，才能让我自己放心去迎接孩子的到来。

有时，生活就是以这种近在眼前的新生命告诉你：如果有爱，无论过往，无论悲喜，都会令你带着满腔的希望去期待未来。

当然，日子不是一出折子戏，有时会是长达百年的连续剧。每一集里，都有横空出世的矛盾，也有拔地而起的痛苦，有零零落落的琐碎，也有平淡无奇的幸福。也许你上几集晦涩黯然，但接下来却可能满地阳光。一个人，只有她心里的荆棘倒下去，才会有沃土冒出来。新的一年会更好！

文案示范

元旦

又是一年的元旦，祝福朋友们节日快乐。在一年又一年，一个节日又一个节日的问候、陪伴中，日子渐渐走向远方。

该怎么形容这即将过去的这一年呢？我尝试将自己的感受用以下几个关键词来形容，并汇报分享给所有朋友们，我们借此共勉。

“难，特别难”。

转眼间，我已在保险业工作17整年了。今年之难甚至超过了从业之初，好在借着重疾险新规有个不错的开头，借着监管部门对线上产品调整有个不错的收官。这一头一尾的绩效平滑了整个年中的低迷，给了我与整个团队稍许安慰。

“转型，改变”。

我与团队服务着约28800个家庭，朋友圈的每一个你、你们、你们的亲朋好友，我们都无比珍惜。这一张张或大或小的保单见证了我们所有联络沟通过的瞬间。虽有过争执、怀疑、忐忑、拒绝，但此刻心中只剩感恩、友谊、信任与祝福。

再难，我们都要走下去，这是我对自己与团队伙伴们说的。我们从线上走到线下，走出去学习、社交，拓展人际关系，提升自我能力。我们躬身入局，并积极拥抱疫情带给这个时代的变化。我们一直都在，才能给客户提供可持续服务。每当你们找我们时，我们的回答都是“我在，我来处理”。所有承诺及豪言壮语都不及这句话实在，让人安心。

“理解、接纳、陪伴”。

工作性质使然，我们会一对一呈现产品，也会偶尔在朋友圈发小广告，会冒失地从各种群添加好友，会鼓起勇气在各种社交场合下与陌生人结识，但一切都是善意的。我理解朋友们做出的所有购买决定或是拒绝，也接纳自己在沟通联络中高低起伏的情绪。告诉自己，要用长久的陪伴去建立更深的信任。

“每一件与众不同的绝世好东西，其实都是以无比寂寞的勤奋为前提的。要么是血，要么是汗，要么是大把大把的曼妙青春好时光。”借用这句话在新的一年彼此共勉，勤奋自律是我们普通人能过得更好的唯一途径。

祝福大家，元旦节快乐!

文案示范

春节

2004年12月以前，我的社会关系中只有亲人、同事、同学；2004年12月以后，我的社会关系中从此多了一种，那就是客户以及由此引申出来的各种深深浅浅交往的朋友。这种关系将贯穿我的职业生涯始终，十几年来，感谢每一天都有你们!

还是要用数字来总结一下这一年。这过去的12个月，有6个月做到第一名，3个月做到第二名。这过去的365天，我写了360篇日志，记录了几乎每一天的所行、所思、所想、所省。这每一天的24小时中，几乎每天用了2小时在学习与阅读上。所有的勤奋与努力并不仅仅是为了与你们的家庭缔结一份保单的信任，而是希望为你们的家庭，甚至是第二代人、第三代人提供最持久的服务。

在这过去的一年，我很感谢各种网络平台，让我虽不能经常与你们碰面，但似乎又一直在你们身边，从未走远。我常常能有机会向你们汇报我的近况、工作、生活、健康及学习，有时也会发两张照片，让你们看到我的忙碌、荣誉及偶尔的孤独及焦虑。她还是那么真实，就像你们当初刚认识时一样；她每天都在变化，总是那么积极正面，能量满满。

通过这些平台，我也知道了你们的点点滴滴，看到了你们孩子的第一幅画、孩子写得歪歪扭扭的字等孩子生活及成长过程中的点点滴滴；知道你们工作中的各种得意与失意；体察到你们生活中的各种欢乐与忧愁；分享了你们的旅游心情及各种美食；点赞了你们的各种美好及正能量；拥抱了你们的各种伤痛及失落。所有的这些情绪早已超越了当初的那一份保单，所有的文字其实都是友谊的延续。感谢你们的信任与支持，无论现在还是未来，我都一如既往地需要这种信任与支持！

这一年，当老客户的加保与转介绍的业务量不足以维持我的高绩效时，我也尝试做了很多陌生客群开拓。谢谢你们通过了我，点赞了我，信任了我，将保单交给了我。这是一条很艰难的路，这一路跌宕带来的心灵冲击和孤独感几乎如影随形于这十多年的保险路，失去和获得交织着每一天。往事可堪回忆，各种情绪体验，在当下这个岁末时刻，只剩感恩和温暖……生活是种律动，须有光有影，有左有右，有晴有雨，滋味就含在这变而不猛的曲折里。没有任何道路可以通向真诚，真诚本身就是道路。新的一年扑面而来，我依然需要你们的信任和支持，也祝愿你们幸福快乐。

文案示范

春节

旧年再见，新年您好！在这个农历新年即将到来之际，祝福您和家人平安喜乐。

这是我向你们问候的第一个新年，未来还会有很多次这样的特殊时刻，我会想到你们。我们之间因一通陌生电话、一个熟人介绍或一场企业讲座开始，未来也会因保险而结一段或深或浅的缘分。这种刻意创造出来的缘分我无比珍惜，因为这是一个保险顾问能持久经营的必经之路。

工作中，我结识的家庭，大都是中产家庭，财务现状是——“平静中有危机，富足中有隐患”。中产家庭也是最易受影响的群体，最大的危险来自于职业风险——收入中断会给家庭财务带来严重影响。其次是自己及家庭成员的疾病意外等风险。

这一系列风险是人们所有焦虑的根源。希望我的工作能协助万千家庭消除焦虑担忧，给到温暖踏实。

一年的时间走到过年这一节点，与家人在一起，一定充满很多的期待与守望。

我们都一样，是社会的中产阶层，更是家庭的中间阶层，愿新的一年我们都更上一层楼。

文案示范

春节

时间很快就走到了年末，农历新年就这样悄无声息地来啦。于我们每一个普通人的生活而言，有时一切照旧又何尝不是一种幸福呢。

站在这个时间点去回顾过去的一年，看似日复一日的工作似乎没变，但又总觉得与往常有些不同。往常大部分时候都是我开发客户，是我主动找客户“卖”保险，但今年85%的业务都来源于客户介绍或客户加保。人们对保险的态度越来越主动和理性，也了解得越来越深。往年都是很多找不到更好工作的人来到保险业，今年却是各行各业很优秀的人主动投身这个行业创业。

还有一大变化就是今年主动了解养老保险的客户特别多，远远超过往年。人们普遍都知道未来养老的重要性，也都知道低利率时代的到来。事实上，在未来5~20年的时间长度内，中国一定会步发达国家的后尘，进入低利率，甚至是负利率时代。这是任何经济体发展到一定水平后，必然要进入的常态。

当经济体的生产力已经充分发达，人口不再继续增长，物质充分丰富以后，一个市场的消费能力是有限的。也就是说，企业生产出来的实体商品、提供的服务和虚拟商品，终将超过该国或者全球所有人口的消费潜力。假如没有突破性的科技进展，社会的GDP会原地踏步很久。这是低利率或负利率的根源。正因如此，保险公司终身锁利的产品受到了市场的青睐。从存几万元、几十万元到上千万元，各类资产级别的人们渐渐习惯用这样的工具去规划未来。

这个时代在变，正如朋友圈往年过年都是各种赶回家，今年却有很多人各种往外度假旅游。人们收入的增长带来各种观念、需求及消费的变化，这种变化也给各行各业带来新的机遇。我们不知不觉身处其中，并以各种形式参与。我们忙碌、奋斗，每一天都似乎热火朝天。

过去，我们与手机的连接超过了与人的连接。新的一年，希望我们与人的连接增多。毕竟，温暖、舒适、愉悦的情感是我们希望永远拥有、永远不会厌倦的追求。不管是与家庭成员的相濡以沫，与知己好友的欣赏安慰，与爱人的亲密陪伴，还是与点头之交甚至陌生人的善意互动，这些人与人之间的连接才是我们持续幸福和满足的根源。

新的一年，希望我们之间也可以有更多连接，有更多次美好相见。提前祝大家新年快乐！

文案示范

春节

腊月廿九，原本应该是人间烟火处，年味渐浓时。但你会发现这几年，好像年味变淡了。那些熟悉的关于春节的各种仪式风俗，也因我们渐渐长大或是离乡久远，变成了记忆。

我想着，那些曾经带给我们美好回忆的仪式与风俗，是不是可以从父母长辈那里接棒过来。否则，孩子们会怎么理解过年呢？所以还是要买上鲜花，做一桌年夜饭，买一套新衣服，买一把手摇的烟花，贴上新春对联，录一段祝福视频，发出一些新春红包。完成这一套“程序”，便是与祖先的连接，也是对未来的传承。如此认真生活的模样既能让远方父母放心，又能让身边的孩子耳濡目染。

忙碌后，一家人在一起守望、相伴，举杯庆祝，此情此景特别抚慰人心。过去的一年，成败得失，各种情绪都化在酒中，也消散在亲人的祝福中。新的一年，又是新的开始！

我曾经总觉得自己孤独，直到今年才重新理解，原来生活的丰富需要自己主动走出去，勇敢连接外面的世界。在新的一年里，愿与朋友们更多线上互动，更多线下交流。也可以将我推荐给你们的亲朋好友们，或是将他们推荐给我。期待我们更多连接，更多精彩，更多次美好相见。

一年将尽夜，天涯共此时。祝你们新年快乐。

文案示范

春节

各位亲爱的客户们、朋友们，大家晚上好！屋外的鞭炮声此起彼伏，我在书房里写下这些文字给您。

在疫情之前，或是再往前数几年，曾记得“春运”与“春节”是多么隆重的时刻。千里万里，风中雨中我们都要回家。那时候没有抖音，没有各类短视频，我们还能全家人守着电视，看着春晚，数着新年倒计时。如今，我们各有各的手机，每个人心中也都有自己的“春晚”与“社群”，但家人团聚依然是这个节日的主旋律。

随着新一年的到来，这已是我在保险业的第18个年头。一路走来，并不轻松，真实情况也并不完全如同朋友圈每月的奖状与荣誉那般优秀，人不应该为小范围内的成绩沾沾自喜。纵观全行业，我只是那个最普通平凡的保险顾问。人到中年，除了业绩，会更多考虑人生的平衡，关注健康、家庭、孩子、友情，关注个人成长，内在修为。或许80分的人生比95分的人生更幸福些。

说起保险从业者的“服务”，这真是个很“虚”的词，大部分的保单在大部分情况下都不会有同一时间涉及太多服务。在这样一个人人都活在“线上”的时代，在客户们没有特别项目需要服务的时候，该如何维持这份信任与友谊，想想都挺难。节日里，认真用心写封信，是我能想到的办法之一。

用这个办法，巩固过去的情谊。我行走江湖，总需要朋友守望互助。写信这个方法很老土，但就因为它这么复古，写的人，读到的人，或许都更为郑重。

新的一年，愿能有更多机会与客户、朋友们走到线下互动交流，约杯咖啡，喝杯茶，分享成长收获、生活点滴，听你们的人生智慧或是生活琐碎。感谢你们过往的支持和信任，未来同样需要这份信任和支持。

祝，新年快乐！

文案示范

情人节

关于情人节的来历，互动百科上记录有多个版本，或起源于古罗马的牧神节，或发端于为纪念最多情的基督徒瓦伦丁……种种不能尽述，但不管起源于哪里、发端于什么，总是与爱有关、与情牵连、与心相系。

情人之间互送礼物表达爱意也成了这个节日不可缺少的内容。在这些内容中，仅有甜言蜜语恐怕不够，而珠宝首饰又难免俗气和落伍，鲜花终有零落时，美酒也是穿肠过。

当情侣们不知情人节该送何礼物为好时，我多么希望我所销售的保险产品能纳入情人间的礼品单。一份象征永恒、付出与责任的人寿保险，让对方老有所养，病有所医。当双方中的某一方发生疾病或是意外时，能有高额的理赔金协助对方有勇气走出困境，走向美好生活。保险，它意味着以实际行动做出一生一世保障的承诺……

这份礼物能够陪同夫妻二人度过人生的每一个阶段，只要 ta 在，这份体现着爱的礼物就会发挥作用。我期待这是未来“情人节”最最时尚的礼物。

通过一份保险单告诉 ta 你的爱，一定更有新意，更能打动对方。玫瑰会凋谢，巧克力会融化，但保险单不会。而且每年的 2 月 14 日，续期保费都会告诉您和 ta，你们的爱一直都在，不离不弃。既有意义，也特别浪漫，多好的一份礼物啊！

不知各位朋友，你们曾收到过这样的礼物吗？

文案示范

情人节

有很多物品都可以被赋予特别的意义，尤其是在这样一个浪漫的节日。但我觉得，不花钱、不费力气与心思，甚至都不花时间的礼物，意义终究有限。

在每一对现实的情侣关系中，或许真有深情存在，但谁能做到永远相爱如初，给予金钱为彼此筹划长远，为我们准备年年岁岁的浪漫时刻？也是因为很多独立能干的女性看到了人性深处的这一点，她们很谨慎对待婚姻。

自己有能力，不妨多爱自己一点。我给大家准备一份用保单表达爱的情人节礼物！

文案示范

情人节

我们相识于微时，你没房，我买房，写上你的名字，从此，这个家就是你的啦。

我在外奋斗打拼，总有风险与万一，没事的，我的人身保额已覆盖全部负债，还有孩子的教育和你的未来。

你在家带孩子，照顾父母，料理家务，没了社保甚至都没了社交，没事的，我已为你安排妥当，退休后“公务员”级别的退休金伴你终身。怕你没时间社交失去自我，为你请了家政与保姆分担家务。

你们愿意嫁给这样的好男人吗？或愿意家中先生是这样吗？

我认为，这样的爱才是落地有声的。金钱的付出、时间的陪伴、长远的考虑，以及实实在在的行动。如果身边伴侣正好这般，那更好。如果达不到这样，我们就为自己去这样规划人生吧。

文案示范

端午节

以前端午节没有给朋友们写过祝福文章，其实端午与中秋、春节、元宵一样都属于传统节日。只因后三个节都被赋予了家人团聚的意义，感觉更被重视。

这样的假日，其实也不用那么忙，有时候什么都不做，让身心安静休息，或许更能实现自我精进，把放松转化成接下来更清晰的思考、更旺盛的精力和更高效的工作。

在当下时代，“健康”这个词也有了更丰富的内涵。除了身体健康之外，也包含心理健康，更包含了能变成更好的自己，具备更强的社会竞争力，拥有更好的社会关系——这就是所谓的生命蓬勃生长。

这其中就提到了拥有更好的社会关系，我们之间从陌生，到熟悉，到成为客户好友。若您喜欢我、认同我，也期待将我的微信名片推荐给你们亲朋好友，让我们未来有更多美好连接与相遇。

端午节，祝您：百舸争流，天生出粽！

文案示范

中秋节

亲，这是我们认识以来的第一个中秋节，感谢那一通几秒钟的陌生电话，或那几十个字的陌生短信，让您凭感觉给予了我信任。未来还会有很多个这样的节日，我们彼此问候。虽然，我们之前不是朋友，当下也不是客户，但未来，在相伴到老的漫长时光中，关于保险这一部分，我一定是你们值得信赖的人。

时间走到这里，空气中都是万家团圆的味道。祝福你们团团圆圆，幸福安康。

文案示范

中秋节

我斟上一杯杨梅酒，打开一块月饼，泡上一杯红茶，坐在办公室，望着窗外的太阳……习惯了每年在这样的日子里问候一下所有的客户及朋友们，同时汇报一下工作的得失与感想。

这一年，我们隔着手机屏幕交流过很多次，有些回应、有些互动、有些静默，我都很喜欢。因为我们一定都从新消息过来时的那一声“叮咚”中感觉到了彼此的存在，这大概是互联网时代我们最习惯的联络方式吧。

这过去的大半年，我们行业从年初重疾新规调整带来的过度繁荣，甚至市场透支，到第二季度、第三季度业务的萧条起伏，加上疫情反复，整个保险市场变幻莫测，前所未有。我们公司也是积极调整业务，顺应时代变革，面向未来市场。

（1）我们全面对接了互联网线上产品，让客户享受线上产品更优惠的价格，同时拥有线下团队更持续的服务。

（2）我们响应国家政策，用专业与服务让天下人老有所养。

（3）我们启动客户服务季，一一对接到过往所有客户，提供更多元、更有温度的线下服务，未来大家都能一一感知到。

我们还开发了最新的系统，科技赋能团队和业务，引进了先进的培训体系与业内最优人才。所有的改进都剑指：在这个市场上长期可持续发展。我想，这一定也是客户们的期待。

希望未来能有更多机会走到线下互动交流。值此中秋佳节之际，祝福你们幸福美满。

文案示范

中秋节

又到一年中秋节，我们会赏月、思乡、念亲人；也会刷圈、娱乐、吃大餐。希望我亲手写的祝福语在节日里万千条问候中，能在您心中留下一丝与众不同。

我与您相识于偶然，心中深知，我们之间跨越陌生到建立信任会有多难。从非亲、非故、非朋友，到成为客户，成为至交。一个家庭的保费从几百元、几千元、几万元到几十万元，保单从一张、两张到若干张，更是难上加难。但我不怕，因为这个过程就是我工作的全部意义。很多事不急于求成，交给时间，反而会获得圆满。

过往与若干人打交道，发现很多人会焦虑，而焦虑的核心，是我们对于未来的担忧与失控。而保险就是一个很好的工具，通过科学的规划，能帮我们消除担忧，治愈焦虑，让我们真正活在当下，并获得对未来生活的掌控感。

希望我的服务曾为您带去或未来能带给您这份安全感与踏实感，保险让生活更美好。让我们做彼此的朋友，并一起做时间的朋友。祝您中秋节快乐。

文案示范

国庆节

对每一个生命个体来讲，我们是多么幸运生活在这样一个和平盛世的年代。华夏五千年，浩浩荡荡，哪个时代能比过今日，没有饥饿，没有战争，人民富足，天下尽归公平。每一个平凡普通之人可以靠勤劳、聪慧安身立命，这是多么棒的感觉。

祝福我们自己生在这个撸起袖子加油干的时代，国庆快乐！

6.5 用文案与转介绍的客户做铺垫，让客户更信任

场景

转介绍而来的客户是一种特别的存在。他们有明确的保险需求，同时背后有着“中间人”的信任背书。但我们和这些客户之间还未曾见面，相互之间还比较陌生。因此，在正式向这些客户沟通保险前，我们需要做好文案的铺垫。

感激之情是必不可少的。在沟通文案开头，表达对于转介绍人的感激和对于客户的关注，营造出尊重和信任的基础。

分享对于保险与人生的思考，让客户感受到我们的专业性和为人服务的态度。通过引用真实案例、保险知识等方式，让客户对于保险有基本的认知，并能够理解保险与人生息息相关的关系。

在此基础上，我们可以对保险方案进行初步假设，提出合理化的方案建议，让客户能够在内心建立起初步认知。在方案中，明确表达保险产品的利益，帮助客户清晰地了解自己的保险需求，以此来建立专业感。

通过以上步骤，我们能够积极地为客户创造舒适、安全的交流环境，并为接下来的成交做好铺垫。

文案示范

亲，感谢 ×× 的推荐，也感谢您的信任和支持让我有机会为你们提供保险服务。在如今每个人周围都有若干保险顾问的情况下，你我能通过熟人介绍建立连接，到呈现方案，到信任，到成交，都非常不易。我很珍惜每一个机会。

其实，我从大学毕业至今 ×× 年时间，都在专业做保险服务这件事情。为了与客户间能有多一些建立信任感的机会，这些年我在微信朋友圈写了 100 多万字的日志，有我的工作、生活，还有价值观，更有我平凡却从未虚度过的每一天。您有空时稍作浏览，这样后续联系就不那么陌生了。因为陌生人之间信任欠缺，沟通效率会很低。

为您设计的方案是一份一家三口的全面保障，其中小孩的重疾险可以选保障终身的，也可选保障到 30 岁的。可以选择任意组合，没有搭售要求，当中保额也可以根据你们的预算及实际需求进行调整。

希望能有机会与你们碰面详细讨论。

文案示范

亲，感谢 ×× 的推荐让我有机会认识您。保险服务工作之难，难在并不是经常有机会碰到这样的情境：别人正要买，又正好有中间人介绍，同时还有拿得出手的产品与服务。所以，遇到了，便不能马虎。仔细做好先呈现给您，凡事尽力，心中便没有遗憾。方案您可以大概看一下，后续我们碰面讨论时就有的放矢了，沟通效率也会提高很多。

其实，我从大学毕业至今 14 年时间，都在专业做保险服务这件事情。随着时间和经验的积累，在面对客户时自信心大了很多。因为不管客户是何种需求，总能设计出满意的方案来。世上没有 100% 成交的生意，却有 100% 的前期用心和努力。凡事用心后，面对结果时倒也坦然。

为您设计的方案是一份母女俩的全面保障，可以选择任意组合，没有搭售要求，当中保额也可以根据你们的预算及实际需求进行调整。

文案示范

亲爱的，首先感谢 ×× 的信任，让我有机会为您的家庭做保险规划。微信简单交流的文字中知道您对家人疾病与意外风险的担忧，想必您也用业余时间做了一些功课。其实这类司空见惯的风险也是目前大部分中产家庭的担忧，那么，保险产品那么多，我们到底选哪款？

以一个例子来说，同样是年收入 20 万 ~30 万元的三口之家，同样拥有车和房，居住在同一个城市中：

A 家庭：为了购房首付和装修，向亲戚朋友借了不少钱，同时还需要负担四个务农父母的费用。

B 家庭：购房首付和装修都是用自己的积蓄，而且父母条件非常优越，还能时常提供资助。

表面上，这两个家庭的情况看起来一样，但实际上它们的现金流和债务情况却存在很大差异。所以在投资或购买保险时，务必根据家庭实际情况来制订计划，避免盲目跟风。

做了两类方案供您参考：

方案一：多次赔付的重疾险，加上高额意外险。

方案二：单次赔付重疾险，侧重癌症风险，附加普通意外险。

我的建议如下：如果预算有限，买保险就是买保额。对于你们夫妻二人，我的方案将侧重点放在了癌症这类高发疾病上。如果患有 8 种特定癌症，可以获得 75 万元的赔付，并且还可以获得额外的 100 万元医疗费用报销。我的方案综合考虑了疾病后的收入赔偿、治疗期间的医疗费用报销以及意外情况。

在同等预算条件下，假如为了购买多次赔付的重疾险，但保额很低，那么购买保险就失去了实际价值。所以预算有限，建议把关注点放在第一次赔付上，即方案二。

保险实际上是一个组合，而重疾险仅仅是组合当中的一部分。要全方位保障，医疗险、定期寿险和意外险都需要重视，具体部分我们下次再讨论。

文案示范

××，您好！很开心通过 ×× 的介绍认识您。悉听您打算将孩子的压岁钱通过教育金保险存下来，我想象的场景是：立刻约见您，办好手续，保单生效。

可是过往经验告诉我，可能没那么简单。看您头像，猜到孩子 4 岁左右，或许在他刚出生时，就曾经考虑过教育金安排，如今再次提到议事日程。

因为尚未碰面，不能完全清楚您的想法，但孩子未来确定会发生一大笔教育支出。我们以始为终来大概算一下：

（1）孩子未来大学四年会发生多少费用？假定 5 万元 / 年，4 年就是 20 万元。

（2）是否会出国读书？若是，差不多再需要 100 万元。

如上，我们对孩子不同的期许，从现在开始做出的资金安排也会不一样。

另外，也不了解您家庭目前的基础保障是否已完善，每年保费支出占比多少？您的投资偏好是激进，还是稳健？这些因素都会影响到您当下对这份教育金的安排。

以上也是我与您见面时会沟通的内容，到时，我也会准备两类方案，期待与您碰面仔细讨论。

文案示范

××，晚上好！感谢您一直想着为我介绍客户，这是对一个人最高级别的信任和支持。

关于您的朋友在了解养老金一事，中午那会儿正好在忙，就没有仔细回复。

关于养老金规划，人们从萌生念头，到想法落地，有时能很快决定，有时会周期很长，与下列因素相关：

（1）是否明确想过退休后每月需要多少钱？目前已有多少？还有多少缺口？

（2）是否真的认真想过未来占到我们 1/3 时光的生命，将要如何富足安闲地度过，愿意当下就做规划吗？

（3）目前在做其他投资理财吗？如何看待收益与风险？

（4）会信任陌生保险顾问的推荐吗？怎么解决信任感的问题？

（5）是自己想买，还是需要征得配偶同意？配偶怎么看待养老金规划，支持还是反对？

以上信息都需要通过直接沟通，才可能将这件事向前推进。为了表达诚意，我将之前为一位 30 岁女性客户做的方案数据发给您。

麻烦您连同方案，及这段话一起发给这位朋友。期待能加上微信，直接沟通联络。请朋友一定放心哦，我是很顾及别人体验感的保险顾问，相信您的朋友也会感受到。

第 7 章

写好关于保险工作的文案，立好专业人设，强化保险专业身份标签

7.1 写在成交节点：见客户后这样总结，促进保单成交

场景

在与准备购买保险的客户见面时，通常会进行大量的关于保险的信息交流。对于从业者来说，由于客户众多，需要及时记录每个客户面谈的要点。然而，对于客户来说，由于对保险的了解程度不同，即使进行了 1~2 小时的交流，随着时间的推移，他们可能会逐渐忘记所听到的信息，甚至在回家后就“反悔”。

为了帮助客户巩固对保险的理解，并进一步促进沟通，我们需要给客户写一封名为“会议纪要”的信函。这封信既可以展示工作认真负责，也能帮助客户回忆起关于购买保险的初衷和对未来的规划。

通过这封“会议纪要”，可以确保客户对之前的交流有清晰的回顾和理解。这封信可以包括我们讨论的主要话题、客户的需求和目标，以及我们针对客户提出的建议和方案。同时，还可以在信中提醒客户关键的保险条款和注意事项，以便他们更好地做出决策。通过这样的沟通方式，和客户之间能够建立起更加牢固的信任关系。

文案示范

××，晚上好！虽然第一次线下见面，但一点儿也不违和，相谈甚欢，甚至有一见如故的感觉。从当初加上微信，至今 4 年左右，一定是这些年

日复一日大量的文字，穿透了时空，缔结了这份信任与友谊。这种被信任、被尊重的感觉如此美妙。

我们在很愉快、放松的过程中一起梳理了头脑中既有却又不怎么清晰的家庭财务规划理念，通过具体数据的呈现：

（1）我们知道了未来养老形势的严峻。

（2）知道了想要过上心怡的退休生活，还有多少缺口，当下需要拨出多少资金来安排。

（3）清楚了子女教育、婚嫁与自己养老发生时间的重叠，提前准备，日子才会越过越轻松。

（4）结合现有的保障，我们还提到了家庭风险保障的缺口，知道了可以用很少的资金去科学规避这类风险。

为您厘清这些头绪，我的内心也是特别的满足。这些年，我看到一个个普通家庭，因为我的服务与规划而财务健康，生活稳健，活在掌控与有序中，心里满满的成就感与自尊感。这是我在这个行业一路前行的动力。

因今天时间较紧，这两天我会做好方案发给您参考了解。我相信这份方案，会让你们更有纪律地去面对日常储蓄。自律带来自由，用在这件事上也同样适用。

您不用有任何压力，一切跟随你自己内心的选择即可。这些年，我习惯与朋友们见面后当天一定写一份总结，记录下这些美好情绪，同时让沟通内容更有条理性地呈现出来。凡事有交代，件件有落实，事事有回应。

文案示范

××，晚上好！多年来，我一直习惯在与客户见面之后将沟通内容写份总结，无论多晚，当天都会完成。有时候见面时沟通的内容会非常碎片化，也欠条理性，及时回顾总结好，在下次交流时才不会忘记。同时接触的客户较多，及时总结才不会混淆。

下午短暂交流中得知您丈夫能干，高薪，为您高兴。人到中年，想法也会改变，会重新去理解金钱与生活。保险是幸福人生必不可少的规划，它会让我们避免未来因病或意外造成重大财务损失。

若你们能按照我们沟通的方案规划将保障做完整了，我就放心了。

如果将更多的精力集中在总体规划上，产品细节反而不那么重要。因为我们所关注的细节，不一定是未来可能出现的风险点。重疾险的保额至关重要，提前做好充分的安排比不断琢磨更为重要，这样才能轻松地享受当前的生活。

我一直坚持向客户推荐能够负担得起的高保额产品，这也是我不懈努力的方向，也因此赢得了更多客户的介绍和认同。商业界中，薄利多销永远是不变的规则。我们提前联系哦，这样我们都可以高效安排工作。

文案示范

××，晚上好！今天去您单位见您，匆匆忙忙没说上话，回来的路上思来想去，觉得存钱这事挺重要的，还是记录下来与您分享。

晚间时光，孩子睡了，也少去了白天工作的忙碌与浮躁，或许我们更能静心去想想未来。三年多没见，今日一见，您还是那个青春靓丽的小姑娘。这几年我忙于前端业务，其间疏于联络，但内心一直感激您曾经的信任和支持。这次您想了解养老金的时候能够想到我，内心很感动。

前两天我特地又看了一下您之前的两份保单，一转眼您给宝贝和自己已经缴了 16 万元保费，保单缴费完成后会变成好几十万元在那儿，是不是特有成就感。

我觉得保险这个存钱工具像是专门为你配置的。我想好了，一定要协助您从手机各类消费 App，微信朋友圈各个“带货群”，每月“抢”2000 元回来。抢回来干吗呢？留着 20 年后年老的自己，继续品质生活。

我知道您当下没有住房贷款，工作稳定，还有固定资产，也知道你爱美，爱消费，追求品质生活。也正因如此，才更要协助您当下做好规划，让品质生活延续终身，越来越好。

每月存 2000 元，挺容易的。10 年时间，不经意间就存了很大一笔。退休以后每月补充养老金 2000 元或 3000 元，活多久领多久，保守算算能领回 60 万左右，没有任何风险和不确定性，安全稳健又灵活有保障。这不正是我们最期望的吗？

您存好养老金，我就放心啦，您也可更心安理得地活在当下。

一纸保单，经年累月几十载，不仅承载着对未来自己的保证和憧憬，也蕴藏着时间对明晰生活的奖励。周末再约您。

文案示范

昨天晚上到家后，心情久不能平静，复盘一下昨天下午尴尬又微妙的沟通过程，当我把它写下来，并与您一起分享的时候，我觉得对自己也是一种修复。这些年，就这样一次次总结、复盘、疗愈，一次次抬起头重新开始。

我们大多数人每天只能顾得上忙于眼前事务，最远考虑可能只到下个月或明年，没有时间，甚至不愿意积极思考未来。浮躁已经成为当代人普遍存在的一种情绪，成为时代的一种特征。

而我的工作就是将人们的注意力从眼前引导到未来，协助他们在现阶段的消费与未来人生之间取得平衡。这确实非常困难，因为人们都有自己根深蒂固的思维和习惯，即使是我多年的老同事也会面临同样的挑战。可以想象，要与一个陌生人建立信任、进行方案沟通并最终签署一份保单，是一段何等艰难而又漫长的过程。

可是，我为什么还要这么做呢？因为我觉得这件事情有意义，它对我们这个时代的每个人都是有意义的。时光很长，也很短，我们终将面对年老的自己，有着这样一份安全的养老金，是内心的幸福与踏实。这就是支撑我在这个行业终身工作下去的信念。

关于听身边的朋友提到 ×× 保险公司的产品，其实您心中已经有自己的判断和决定了。如果也认同，应该已经购买了。但您将这样的纠结点告诉我，说明在犹豫，只是需要别人再做一个推动，而我恰恰就扮演着这样一个角色。

其实事实上并不是我让您去做这样最终的决定，而是您心中原本就已经有了这样一个决定，仅此而已。

如果将生活比喻成攀登一座山，眼下我们都正在向高处努力，20 年后，下山的景色同样壮丽，请让这份养老金为您带来一路的惊喜吧。

文案示范

教育金的爱会伴随孩子一生。如果能用一份保单来给予这个孩子从18岁开始，每个月5000多元的现金流，一直持续一辈子，不管未来人生际遇如何，这笔钱就和您对她的爱一样，会一直伴随她一生。

试想，我们在读大学时，父母每月给我们500~600元生活费，我们已经对父母心存感恩了，而这时您可以提供每年6万多元的生活费和学费，未来等她上班，也不用急于找一个养家糊口的工作。她可以选择去新西兰摘猕猴桃，去卢浮宫陶冶一下情操，甚至可以学学高尔夫、马术，增强自己的生活阅历。她是不是更加爱您，无论您身处何方，她都会惦记着您。也许有一天，您会和她挥手道别，但当她多年后翻开这泛黄的保单，看到当年您亲笔写下的寄语，我相信这已经超越了金钱的范畴，是您和她祖孙之间深深的爱的纽带。

文案示范

××，昨天和爱人商量了吧，今天下午我想过去一趟帮你们办理好投保事宜。看出来你们一直在考虑保障这件事，这件事既早考虑，就早点落实，一切安排好，人生更豁达。

有些事，放到眼前看，似乎是一项额外安排，但放到我们整个生命周期中来看，却是于己、于孩子都必须提前规划的重要事情。所有决定都来自一念之差，一念起，风生水起，一念灭，灰飞烟灭。在重要事情上做好决定，人生不遗憾。

文案示范

亲，晚上好！今天简短的通话中知道了您的需求和担忧，结束后，我反省了这20分钟的通话内容，发现我说得多，听得少。每次这样的情况，我都会给自己差评。克制表达欲望，多听多问，才是待客尊重，言语中未表达清楚的部分还望多包涵。

在父辈的积累和这个美好的时代下，我们这代人渐渐富裕，为家庭配置保险，防范风险，储蓄未来已是大部分人的安排。做了这些安排，虽不会暴富，但却守住了人生的底线，即病有所医、老有所养，余生再无担忧，方是真正活在当下。

若明天可以做决定，记得将身份证、银行卡、孩子户口簿拍照存在手机里，投保时需要这些证件。

可以发链接给您直接签字，也可明天下午去见您。

7.2 关于保险的理念：说服不如唤醒，保险这样说，客户更易懂

场景

在生活中，我们都有过被“种草”的经历。比如女性的护肤品，如果当下预算充裕，很可能会立即购买。有时，即使当前没有足够的预算，但在一些博主或广告中看到某个商品的介绍后，可能会暗下决心，期待攒够钱后再购买。随着时间的推移，经过持续的广告熏陶，最终忍不住下单购买，这种过程被称为“种草”。

在购买保险的过程中也存在类似情形：大多数人对保险具有需求，但由于不属于紧急类别，因此并不急迫。在这种情况下，通过对专业理念的分享，持续“种草”就显得尤为关键。

与此同时，单纯的理性讲解往往难以让人产生共鸣，但通过潜移默化的方式唤醒客户更容易让其理解和接受。通过持续的沟通和信息传递，可以逐渐引导客户意识到保险的重要性，让他们在日常生活中逐渐形成对保险的认知和需求。

这种渐进式的沟通方式，使客户能够更加自然地接受并理解保险的价值，从而提高他们购买保险产品的意愿和行动力。

因此，在日常的客户经营中，除了传递专业知识和理念，更需通过在朋友圈持续“种草”的方式，潜移默化地唤醒客户对保险的认知和需求。

文案示范

年金险是管理消费欲的武器。

中国人正在承受着高负债、高消费、高压力的生活，所以要做的第一步，就是管理自己的消费欲望。当我们把钱放在银行卡里时，有可能经不住各种各样的诱惑，进行剁手式的消费，买买买。人性的弱点贪婪恐惧，随性冲动，每个人都一样。所以，人性要管理，多年养成的消费习惯一时难以改变。

年金险是个武器，有 1 年、3 年、5 年、10 年缴，如果没有制度约束，让一个人连续 10 年做同样一件事情是非常难的。通过每年的强制缴费，可以用作孩子的教育金、婚嫁金，也可以保障自己的养老，做到专款专用，不会被提前消费，还可以屏蔽掉一些额外的存钱阻碍，比如亲朋好友的出借等。

文案示范

为什么要补充商业养老金（一）：平衡现在与未来

世上没有完美的平衡，只有不得不做的妥协。

保险从业者都知道人生草帽图，这是我入行培训时就学过的知识。在后来很多实际场景中，我也会偶尔用到。即便是工作多年后的今天，依然觉得这张图简单明了地为大众普及了保险观念。

对大部分人一生而言，从出生到百岁，支出一直在发生，但收入只有中间一段时间。无论我们是否通过保险来做规划，都在用事实行动，削峰填谷，反向储蓄。

（1）比如我们需要在成长期和受教育阶段花很多钱，但此时并没有收入，我们会用教育贷款，或者说向父母借钱，由这两种经济支持我们完成学业。

（2）比如，刚刚开始工作时，收入并没有办法支持我们做更大件的消费，但是为了提早过更好的生活，我们需要去买房、买车，这时候会选择用贷款的方式来提前实现，这就是向未来借钱。

（3）又如，我们在养老期间收入和支出也是不平衡的，明显支出大于收入，这就要在年轻的时候把多余的钱拿出来，分别给到前后两端，即前端的子女教育支出和后端的养老支出。

（4）同时为了保证我们的收入，一方面要努力工作，另一方面收入不能中断，而导致失能、收入中断的原因一般包括意外和疾病两种。

（5）如果资产量大到一定程度以后，我们还要解决另外两个问题：一是资产的保全，二是资产的传承。这个时候就会用到人寿保险的衍生功能，有财富保全与传承过程中不可代替的作用。

保险是我们处理以上人生重大事件时比较科学，又省时省心的一种金融工具。

希望我的总结对朋友们有用。

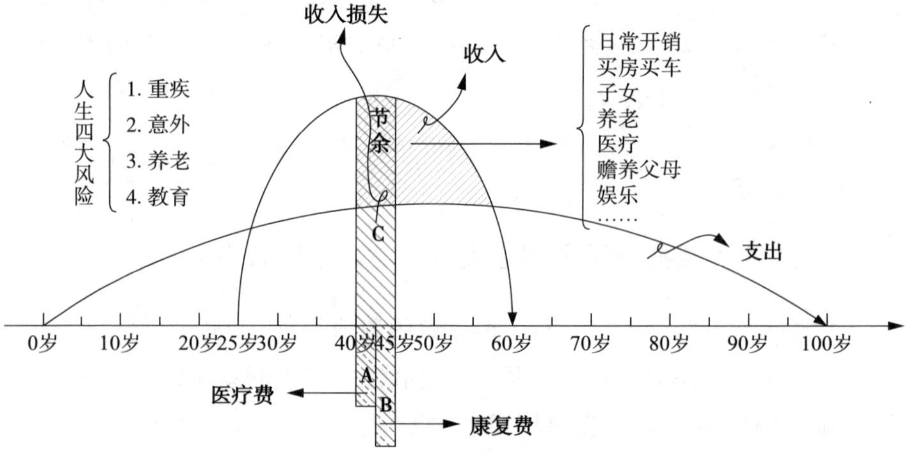

文案示范

为什么要补充商业养老金（二）：小投入，大用途

很多人以为买养老金要花很多钱，其实呢，大部分人都可以从每天存下一杯咖啡的钱开始。您可能会觉得派不上什么用场，不要小看这一杯咖啡，退休后，在现有养老金的基础上，每月可以补充 1000 多元的养老金。

您可以报个兴趣班，学摄影、书法、声乐……可以每月和姐妹们聚餐，也可以攒在一起约好姐妹旅游。看，您的退休生活可以如此的丰富多彩。

愿我们在老年时，都能实现年轻时的养老梦想。欢迎朋友们都找我配置一份商业养老金吧，许您未来不一样的丰富多彩。

文案示范

为什么要补充商业养老金（三 -1）：关于通胀

和朋友们聊养老金的话题，很多人会提到通胀，而大部分人认知中的抗通胀方式是：买房与炒股。觉得买养老金，不如买房与炒股。

（1）曾经买房有增值，能抗通胀，但那样的时代已经一去不复返了，就怕用过去时代的经验来指导未来的投资行为。而养老发生在未来，普通地段的房子是否在几十年后能变现，或是变成持续不断的租金，值得思考。

（2）炒股，有收益，有波动，还受限于个人的思维能力。而养老需求是确定的，伴随终身的现金流。年老体衰，精力跟不上时，是不是还能准确判断股市？怕就怕，很多人觉得年轻时炒股可以赚一大笔就收手，也不知道这种可能性有多大？

如有多套房，建议变现一套，将其变成伴随终身的养老金。

40 岁男性，卖了一套房，现金 300 万元，一次性买了养老年金。60 岁开始，每月领 29070 元养老金，活多久领多久，这种方式是不是更好。

文案示范

为什么要补充商业养老金（三 -2）：关于通胀

国家统计局数据显示：2023 年全年出生人口 902 万人，比上年减少 54 万人，出生率为 6.39‰，人口自然增长率为 -1.48‰。四川省也率先取消了生育登记的结婚限制。即使如此，国家放开三胎，调整教培行业，年轻人生孩子的意愿依旧越来越低。少子化问题的严重性直接波及房地产行业，且不说这几年大部分城市房价在持续下跌，目前，我国的房子已经够 31 亿人居住，如果买房投资，未来的接盘侠在哪里？值得我们深思。

这两年股票、基金暴跌，让大家深受其苦，辛辛苦苦攒的钱被割了韭菜。反问我们自己：愿意为跑赢通胀承担多大的风险？是本金损失 20%、30%、50% 还是 80%？如果家庭已做好全面的保障规划，孩子的教育金，自己的养老金都已安排妥当，有闲余资金做一些更有想象空间的投资也是很好的。前提是安排好人生各项大事，无后顾之忧了。

明白养老金规划的确定、专属、持续三大必备属性后，大家就会觉得商业养老保险用于养老金规划的优势特别明显。

文案示范

为什么要补充商业养老金（三 –3）：关于通胀

关于未来，我们还有很多不了解的地方，但是有一点基本上是可以肯定的，那就是未来的钱一定不如今天值钱。

从宏观角度来看，维持一种可控的、适度的通货膨胀，对于一个社会来说，其实有很多好处。从国家层面，也会有意识地维持一定的通胀率。

（1）通货膨胀可以刺激消费，推动经济发展。举个例子，如果一双鞋今天卖 200 元，半年后卖 300 元，人们会立即下手；反之，会都捂着钱包。而消费是今天世界上几乎所有经济体最重要的增长动力之一。

（2）通货膨胀可以实现变相的财富再分配，成为改善社会公平的一种手段。由于富人拥有的存款更多，相应地富人手里的钱贬值得也就更多。因为通胀的存在，所以那些掌握大量现金存款资产的人就不能一味地吃老本，也要参与到社会工作中来。

（3）从社会的层面来看，通胀符合大众对于经济发展和收入提高的预期。毕竟没有越发展收入越少的道理。

通胀面前，没有赢家，中产最惨，财富被稀释得最厉害。因为富人的财富投入到社会再生产中（即各项投资）的比例更高，增值更多。

所以，我们谁都无法解决通胀问题。未来人口锐减，除了一线城市的房子，其他地区也不见得能抗通胀。

文案示范

为什么要补充商业养老金（三 –4）：关于通胀

通胀是个不可避免的宏观问题，那我们这些普通人该怎么办？我们可能不生病，但终将会老去。回到个体养老话题本身：

（1）究竟哪类资产能带着我们安全地跨越生命周期、经济周期，来到晚年的自己身边，并让我们活多久领多久？是房产还是养老年金保险？我觉得是养老年金保险。

（2）从现在往前看 30 年、40 年，时光回到我们小时候。那个时候我们国家百废待兴，各行各业都处于原始阶段，到处充满机会。通胀伴随着经济的高速发展，现在的 1 万元与当年的 1 万元已是天壤之别。

今天，我们抬头再看看各行各业的发展，充分竞争到用“内卷”来形容，经济增速不会像过去那样，在这样平缓的增长过程中，通胀也不会像过去 30 年那样。

举例：一个孩子刚出生 6 斤，在 1 年内可以长到 20 斤，长了 3 倍左右，但未来会每年都长 3 倍吗？ 20 岁后，更加不可能这样增长。我觉得这个与国家的发展很像。

（3）现在逐步存下 300 万元养老金，60 岁后月领 ×× 万元，终身可领取 ×× 万元左右。并不是说我们通过这份养老年金赚钱了，而更多的是存下了这笔钱。未来这 ×× 万元也许就是当年 300 万元的购买力，有比没有好，大部分人不借助强制工具根本存不下来。

文案示范

为什么要补充商业养老金（四）：人口结构变化对未来社保领取有什么影响？

看到一组数据：

1960~1970 年出生的人口数量：2.4 亿

1970~1980 年出生的人口数量：2.07 亿

1980～1990 年出生的人口数量：2.26 亿

1990～2000 年出生的人口数量：2.02 亿

2000～2010 年出生的人口数量：1.6 亿

2010～2020 年出生的人口数量：1.59 亿

2020～2021 年出生的人口数量：1062 万

2021～2022 年出生的人口数量：956 万

2022～2023 年出生的人口数量：902 万

2000 年前出生的这 6 亿人口，会在往后 30 年内陆续进入退休、老去状态。

这当中，有你，有我。我国养老金的“现收现付制”，人口持续减少，缴社保的年轻人也越来越少，我们的养老金能领多少？何时才能领？值得深思。

文案示范

为什么要补充商业养老金（五）：现收现付制在人口结构变化后的无奈

现收现付制，是一种以横向平衡原则为依据的制度。简单来说，就是现在正在工作的人缴费，支付给现在已经退休的人员。

主要的特点是代际转移，在职职工为上一代人支付养老金，自己的养老金则由下一代人支付。

如果社会中年轻人数量占比高，有 2~3 位，甚至更多的年轻人来供养一位老人，对于年轻人来说还是比较轻松的，对于老人来说晚年生活也能得到很好的保障。

但是目前的现实是，中国早在 1999 年就已经开始进入老龄化社会。根据第七次人口普查，中国 65 岁以上老人占比 13.5%，马上要进入中度老龄化社会，可能会出现一位年轻人供养几位老人的局面。对于年轻人来说压力倍增，对于老年人来说，也没有办法度过一个高质量的晚年。

社保养老虽好，但是只能解决最最基础的温饱。想要过高质量的晚年生活，还得靠自己提前准备。

文案示范

为什么要补充商业养老金（六）：不相信社保养老金领得少，那么假定翻倍，又能怎样？

我曾在朋友圈发了一位客户姐姐退休金的核定表，看到她现在每月只能领 1800 元的退休金，很多人留言表示很惊讶，说这么少吗？有人表示质疑。当然这张表是真实的。扪心自问一下，假设我们现在就退休，领取的退休金是这位姐姐的 2 倍，即每月 3600 元，这是自己理想的金额吗？

这几年国家政策以及媒体出来的信息，大家都知道养老是个问题，我们的养老金入不敷出也早已不是什么新鲜事。

所以对我们来说，要避免老无所依，至少要想好以下三件事：

（1）基础的养老金绝不是老年生活的保障，像日本已经属于社会福利名列前茅的国家，只靠养老金也还是没办法安享晚年。

（2）存款很重要，还可以给自己配置商业养老保险，养老这件事，只有自己能规划好。

（3）最好多生孩子，因为养老问题归根结底还是年轻人太少而退休人口太多，如果我们的年轻人口能追上来，那养老问题自然就不存在了，但人口减少已是不可逆。

文案示范

婚姻中养老年金应该各自配置

《百岁人生》这本书这些年很火，我在很多读书平台都看到这本书被解读，被推荐。当中提到：随着寿命普遍延长，我们的人生格局将发生巨大改变。过去人们熟悉的三段式人生已无法维持，取而代之的将会是流动性更强、节奏更快的多段式人生。

在未来多段式人生里，没有任何行业会是铁饭碗，许多职业都将消亡；超级大城市的优势越来越大，地区和城市间的发展不平衡问题将愈加突出；那些不愿接受新事物、害怕改变的人，将会被新时代彻底抛弃。

年龄不能再成为判断身份的标签，也不能代表一个人的能力水平，跨年龄段的交往会越来越多；人们的选择会越来越慎重，婚恋年龄会继续推迟；对无形资产的积累和经营将更受人们的重视。

所以，在婚姻中依然保持一份独立就显得特别重要。不管男女，都要在年轻时，做好财务规划，让年轻时赚到的钱，留一部分跨越生命周期，来到晚年的自己身边。一定要想到，好好照顾年老时的自己。

文案示范

退休规划中的五个高估与五个低估

前一阵子，一家有着100多年历史，专门为世界各地客户提供资产管理服务的公司，发出了一份报告，统计出欧美国家的人在做退休规划时最容易犯的十个错误，分别是五个高估与五个低估。

五个“高估”分别是：高估投资收益、过高设定投资预期、过度依赖类似社保等社会普惠福利、投资过于激进、高估自己所掌握的信息。也就是，很多人并不了解自己退休后的收入构成，结果导致理财分配失误。

而五个“低估”分别是：低估通货膨胀的影响、低估投资的作用、低估医疗成本、低估住房成本、低估自己的寿命。也就是，大多数人的实际寿命都比自己估计得要长。大家细品，其实，这五个高估与五个低估，好像说的就是我们自己。

好在现在我们尚年轻，可以通过专业规划，合理规避以上的高估与低估，让财富投资与人生规划回到理性层面。用上帝视角，提早规划百岁人生，把所有的事情都放到很长的时间维度里去思考，可以考虑分段式计划，提前准备。因为退休后，我们还有几十年的时光要生活，所以值得我们当下好好规划。

文案示范

什么情况下我们需要养老金？

全行业的保险顾问都在共同努力，推动养老保险向前进展。最近咨询养老金规划的客户越来越多，同事们在办公室也时常会聊起我们自己的养老安排。我们家中都有老人，随着我们年龄增长，老人的身体也每况愈下，照顾与赡养是一笔很大的开销，此时有两种情况：

情况1：老人有丰厚退休金，儿女只需提供情感的照顾与关怀。

情况2：老人退休金根本不够医疗与照护，需要儿女提供财务支持。

设身处地去想，当下每一个人都应该为自己存足养老金。

文案示范

要不要从收益角度或停售与客户沟通养老金？

很多保险顾问会从收益角度，或者产品下架停售与客户沟通养老金，这样很容易变成为了买保险而买。我的建议是将这样的产品比作社保一般，既不跟风，也不盲从，让自己的资金安排从心之所需出发，做长远规划。

缴社保几乎伴随我们的职业生涯，虽然退休后能领多少养老金不确定，但可以确定的是，因为老龄化和少子化的社会因素，养老金肯定领不了多少，也不能依靠社保过上自己理想的退休生活。

而这类养老产品，缴费期短，缴完就忘了它。到退休时它会想起我们，每月给一笔钱，用于保证退休生活品质。这是非常大智若愚的做法，简单操作，更可能赢到终点。

利益确定、终身锁利的产品，适合早点规划好，以应对未来养老刚需，也可用于孩子未来教育支出。

7.3 关于不同的保险产品：保险产品这样介绍，让客户兴趣倍增

场景

不同的保险产品，各自解决着不同的问题。在写给客户的总结信中，既要展示我们的专业能力，又要突出保险产品的温度与价值。针对重疾险、养老金、教育金、整体保险规划等不同类型的保

险产品，都需要用心对待，并突出它们各自的特色。

在总结信中，针对每种保险产品进行详细的介绍，包括产品的主要特点、覆盖范围、保障内容以及适用情况。通过清晰地展现每种产品的功能和优势，让客户感受到专业素养。

在介绍具体产品时，可以结合客户的实际情况，来带入在实际生活中的作用和意义，让客户更加直观地感受到保险产品的实际效果。

例如，对于重疾险，我们可以强调其在伤病时为客户提供的全面保障；对于养老金，我们可以突出其在客户退休后提供稳定收入的特点；对于教育金，我们可以强调其帮助客户为子女未来教育提供资金支持；对于整体保险规划，我们可以展现其全面保障和风险分散的优势。

文案示范

与客户沟通养老规划后的总结

××，谢谢您今天中午抽出时间来，帮我完成养老规划项目的反馈。既没吃饭，也没能让我请您喝杯咖啡。

您是我见过的最有长远规划，在理财方面也最有纪律的人。虽然我可能当下带不走新的保单，但心中为您点赞。

简短聊天中，大概知道您当下的理财方式，还是觉得有可以优化的部分。我知道您很有主见，但还是想将可以优化的部分与您分享。

（1）回到养老金本身的属性：确定、专属、持续，满足这三样特征的金融产品才是最让人有安全感的，有如社保一般。

（2）您做了那么多的储蓄，恰恰是希望获得对未来生活的安全感与掌控感。终身型的养老金产品一定要为您推荐一下。一份合约，终身确定利益，省去了来回操作的麻烦，是养老生活的必备工具。

（3）可以把您现在理财的部分资金转移到这类产品中来，且这个产品是月领型，领终身，60 岁开始领取后，保证领 20 年。这样既确保了养老金的万无一失，又兼顾了手头资金的流动性。

（4）我发一个年缴 3 万元保费，缴 10 年的产品，给您参考一下：

领取方式是领到 80 岁：

60 岁，每月领取 2238 元；

61 岁，每月领取 2350 元；

62 岁，每月领取 2461 元；

63 岁，每月领取 2573 元；

64 岁，每月领取 2683 元；

65 岁，每月领取 2797 元；

66 岁，每月领取 2909 元；

67~79 岁每月领取 3021 元；

80 岁，领取祝寿金 349319 元。

总共缴 30 万元保费，总共领 1036679 元。

是不是既能带来安全感，又能兼顾长期收益的一款好产品啊？

注：产品利益演示说明仅供参考，请以实际产品为准。

文案示范

与客户见面后的总结沟通（养老金）

昨天见到 ××，很开心。我们一起分享、探讨了关于养老及理财的话题。果然是要多见面交流，才能获得更多新知。

与每一位客户见面后，我都会当天写一份总结与反馈，一是怕天长日久会忘记；二是工作艰难，无论是否成交，业务大小，也都希望让客户及朋友们感受到被重视、被认真对待；三是怕遗忘掉哪些观点与想法，及时记录下来。

从宏观数据来看，如您所说，的确少有人能有眼光看到未来的 20 年、30 年，甚至更久的未来。但从微观个体来看，我们能想到这件事，能讲出这句话，就让自己先将目光放远。毕竟群体的事与我们关联不大，而个体的事一疏忽就是全部。

关于投资理财，世人大部分都是有钱了，还想去赚更多的钱。在理财观念上，总是想着一直进攻，少有人能将进攻与防守同时兼顾。在进攻端，我们有着众多令人难以复制的成功经验，涉及各种纷繁的产品和项目。而在防守端，我所从事的保险行业主要属于这一类别，涉及的产品相对较少。因此，从这个角度来看保险，也就会豁然开朗。

俗话说“岁月是一把杀猪刀”，我们会年老、体衰，甚至病痛。那会儿是否能够保证年老的自己和现在的我们一样睿智，拥有足够的创造财富、守护财富的能力？所以，拥有一笔固定的养老年金，真的是刚需。至少，是多道防火墙。

当一个人老了，还有没有能力让自己活在尊严和爱里？这需要物质条件，健康的身体、心智能力，可依赖的多种深度关系（亲子关系、夫妻关系、朋友关系等）来共同保障。其中的物质条件部分，期待您未来通过保险这样的防守型产品来尽早规划。

期待为您服务。

文案示范

与客户见面后的总结沟通（养老规划）

××姐，晚上好！再次感谢王医生的推荐介绍，能够遇到热情随和的××姐。今天匆忙地交流，回来路上想了很多。我们曾沟通过需求，也呈现过方案，一切看似一念之间就要生效执行的方案，却因一念之差可能被束之高阁。未尽事宜，总是想着去再做一些努力。

促使我写这段文字，是因为我曾亲身经历过一件事：2016年，我的一个好姐妹跟我说，她父亲在外办案时突发身故，那时，离她父亲退休只有半年时间了。她妈妈是普通工人，原本想着退休后，靠着公务员父亲很高的退休金可以有很好的晚年，现在只能靠着微薄的社保，感慨往事如烟……

年老退休后，每个人都将面临几十年不工作，或收入低，或健康情况差，那时的风雨该如何面对？如果有一份与生命等长的丰足养老金，会不会让每个月的日子都充满期待？那原本焦虑不安、无处安放的心，也定会因为有钱而更显从容自若。

退休后的实际养老费用会比我们实际想象中多出很多，其实所有人都知道，社保养老金在真正发生的养老费用面前杯水车薪。设立商业养老金的时间越早越好，时间的复利能够帮我们创造更多的价值。

我知道您与先生一定认真思考过养老这个问题。我们通常会将在银行买的理财产品当作资产，因为随时想用可拿，周期短。而将买的保险产品当作“消费”，因为眼前用不到。其实，它也是我们的资产啊，更是我们一生的现金流。

关于通胀，过去这二三十年，通胀主要体现在房价上，日用必需品的通胀并没有那么明显。我们存的养老金主要是为了应对未来日常生活所需，过品质生活，吃好，穿好，旅游，休闲，这些并没有涨多少，甚至还越来越便宜了呢。

忙碌一辈子，终想着退休后过得惬意。其实也没那么复杂，提前准备了，规划了，一切就能在掌握中，生活就能在有序中进行。反之，无序，茫然，各种不确定。人们现在普遍富裕，最近做养老规划咨询的客户也越来越多。期待您也早日安排。

文案示范

与客户见面后的总结沟通（教育金）

××，您好！

与您交流后，回来照例做一下总结。复杂的事情认真做，记录下客户们每一份跨越时空的长远安排。

也谢谢您愿意采纳将孩子作为被保险人的建议，尤其是在想为他们多存一些的时候，我很感动。或许为三个孩子的安排已早就在您心中，我们的沟通，只是让这份父爱更清晰地表达和更具体地呈现。

同样一笔钱，做更科学的规划后，就有了不同的意义，未来会代表您完成不同的使命和价值。三个孩子的保费对您来说不算多，但经过时间的累积，能完满地照顾到两代人的责任刚需：您的养老金、孩子的教育金。通过保险这样的制度，将您的初心订立在契约里，少了人性的难以捉摸，更多一份确定、稳健与踏实。

孩子未来的每一步，不管我们是否亲历其中，我相信您现在的安排一定会让她们有物质支撑走向您期望的美好方向。同样有孩子，这也是我作为一个妈妈努力工作的动力。尽可能协助自己的小生命努力地绽放，散发出自己独一无二的光芒。

养老金的补充是您朴素的一个小愿望，奈何您的年龄优势，经过岁月累积，这个小愿望也能收获到沉甸甸的金子（原谅我这么俗气又务实）。

计划书我会在接下来发给您。

文案示范

与客户微信沟通后的总结（年金险）

Helen：

您好啊！非常荣幸通过Susan的介绍认识您，您富有韵律的音调很像我一位喜欢昆曲的律师朋友。

下午微信沟通时有些仓促，这会儿刚刚结束与客户的会面，再次听了您的语音信息，原来您想要了解年金保险，我先简单解释如下。

年金险只是保险产品的一个分类，还是要回到需求，客户想通过年金险解决哪类人生规划。在过往客户购买年金保险的案例中，我列出三个常见原因，分享给您看看，或许也是您的想法。

（1）为年老的自己规划养老金，享受更好品质养老生活的同时，减轻孩子未来的照护压力。

（2）为孩子准备一笔专款专用的教育金，孩子到年龄就有一笔专项教育资金供他使用。

（3）用于资产配置。在理财观念上，大部分人总是倾向于以进攻为主，很少有人能兼顾进攻与防守。进攻端的产品与项目繁多，每个人都能分享许多成功经验，但这些经验往往因为天时地利的要素而无法复制。防守端的产品与项目相对较少，保险行业的年金险等产品，都属于防守端。

一般来说，人们习惯性地咨询某一种保险产品。我的建议是在明确需求后，将保险纳入家庭或个人长期财务规划中，并预留相应预算，有条不紊地逐步建立全面的保障体系，使生活中的重要事项都按部就班、从容不迫地进行规划。

期待见面，在仔细聆听您的想法和需求之后，我再为您挑选配置更加合适的年金险方案。

我们首次联系，您对我可能比较陌生，我先将关于年金险的大概解释及自我介绍发给您做了解。关于我的工作、生活及价值观，我的朋友圈每天日志中也有，稍作浏览，后面碰面就不陌生了，期待见面时那份熟悉和愉快。

文案示范

与客户见面后的总结沟通（保险方案设计）

××，晚上好！

感谢××的介绍，让我有机会为您提供保险服务。从初认识，到出方案，到碰面沟通，了解详细情况，也谢谢您的这份信任和支持。晚上我在家里仔细梳理了整个过程，跟您汇报一下：

第一，现状。

（1）收入稳定，几乎无负债，是幸福的三口之家。但至今一份保险都没配置过，不难看出收入稳定，生活安定，让我们在风险意识方面没有一般人那么强。

（2）××公司的朋友也做过推荐，但也一直未落实。我想一定是对保费或整体搭配上存在疑虑。

（3）这次身边的同事发生风险，以及自己体检的小状况，引发了您对风险的担忧和顾虑。

第二，目前需求。

（1）想通过保险规避医疗、意外、疾病风险。

（2）希望用最少的预算买到全面的、性价比最高的产品，同时希望保险公司理赔没有任何问题。

第三，我的方案思路。

（1）责任风险（即身故、失能时，未成年子女的教育，各项债务等）。

（2）医疗风险（即因重大疾病产生的高昂医疗费用支出，以及因疾病不能工作时仍需应对的各项生活开支等）。

第四，备注。

（1）关于理赔。只要我们如实告知，走正规流程，所有保险公司的理赔都没有问题。这几年经手大大小小的案例，没有一件理赔出现问题。所以，理赔请放心。

（2）您目前身体的小情况，我问过多位核保的老师，最好的结果是肺部的问题除外，其他的都是可以保的。您心里有个这样预期，具体上交报告后等核保结论。

（3）希望每天保持好心情把身体调养好，在此基础上做好全面安排，让人生从现在到未来都尽在掌握之中。我整理了两套方案，细节部分，我们碰面再仔细讨论。

文案示范

与客户见面后的总结沟通（保险方案设计）

××，晚上好！很抱歉过了两天才将方案与思路整理好发给你们参考。保险销售之难在于并不经常有机会碰到准备购买的客户，而我又恰好拥有适合的产品和服务。因此，遇到机会，就不能马虎应对，需要仔细呈现给客户，尽最大努力。如此一来，心中才不会有遗憾。

那天短暂交流中得知你们的收入及支出情况、大概的家庭结构及资产负债。孩子到来，父母健在，你们也工作稳定，收入颇丰，当下就是让很多人羡慕不已的幸福状态。回来后，我思考了很久，这样一个家庭向我咨询保险，他们的需求与担忧究竟在哪里？在这样一种消费习惯下，保费从哪里出？我该用什么样的组合方案来协助这个幸福的家庭一直幸福下去？

以前工作中很少有人30岁左右主动咨询保险，近几年却越来越多，一是生活变好了，二是意识变强了。人们在年轻时自信满满，意气风发，难免会过高估计未来创富的能力，同时在面临风险时，又会内心脆弱，手足无措。理想与现实往往差距较大，需要通过真实的行动、有效的规划来让二者更接近。

无疑，保险是一个家庭更科学安排财务的必备工具。保险，能够消除我们的忧虑和不安，使我们更好地活在当下。同时帮助我们管理开支，培养储蓄的习惯，为一个更值得期待的未来做准备。

我把设计好的方案一并发给您。您可选择我推荐的组合，也可根据实际情况在方案框架中自行组合。方案中所示保费都是同类产品中性价比最高的，保额可根据您预算进行调整。

7.4 关于保险销售这份工作：你对待工作的态度，就是你的个人品牌

场景

我们在网上购物时，为了避免不必要的风险和失望，往往会先浏览其他买家的购买体验和评价。如果有值得信任的明星代言，我们对商品的好感度也会提高，这背后的原因是一种熟悉和信任感。我们会把对代言人的熟悉和信任，投射到对商品的好感上。

这种情感在购买保险时一样重要。然而，与购物不同的是，保险产品并不常见到类似于“买家秀”那样的展示，也少有“明星”代言，我们要做的是持续为自己“代言”。

通过在朋友圈分享自己保险工作的每一个细节，可以让其他人感受到购买保险的满足感，同时也可以通过分享与客户的成交体验来展现保险产品的价值。这种方式不仅可以潜移默化地影响其他潜在客户，还能更直观地向他们传达保险的实际作用和意义。

同时，对待保险销售这份工作的态度，也会成为客户选择我们的理由，它是个人品牌必不可少的一部分。

文案示范

在保险行业经常会提到长期主义这个词，什么是长期主义？

长期主义，是识别事物在时间线的“走向”。一个人如果想要成为长期主义者，首先得学会审时度势，必须能看穿事物在时间上的发展脉络，才

能选择正确的方向坚持下去。有如23岁时，我选择将保险业当作终身事业一样。

如果一个长期主义者选错了赛道，时间越长，结果越糟糕。

长期主义，不是坚持重复一件正确的大事，而是坚持改进一件件小事。

作为普通人的我们，事物的走向判断基本是随大流，不会太错，但也抢占不了先机。可是我也想坚持做一件自己认为对的事，持续反复地做，一点一滴地积累，从陌生到熟练，不断地学习、实践、纠错，只等时间给我答案。

长期主义是一种价值观。选对赛道，一生职业生涯做一件事情，肯定能做好。坚持这样的信念，方能做到流水不争先，而是去争滔滔江水。

文案示范

今天在星巴克办公一天，原本预约了6位客户，正好都在那附近，因种种原因见到了3位。感觉科技城特别有活力，几乎看不到老年人，广场上全是年轻人带着孩子，我的客户也都很年轻、学历高、素质高。同样，他们对我这个顾问也会有更高的期待和要求。我也时常与他们分享跨领域的知识，以及很多我对生活和工作的认知。

希望我为他们规划的方案能真正为一个个年轻的家庭保驾护航。5年前，他们在这里安居乐业；10年后，希望他们在这里找到使命和价值，有着令自己满意的精彩人生。

文案示范

这几天都在外面见客户，我特意将路上时间留得足足的，这样一路欣赏绿柳红花，感受着春风拂面。可惜春季太短，有如人的青春岁月。

我喜欢这样不慌不忙地与我的客户们沟通交流，没有太多业绩与赚钱的压力，我可以用充满温暖与人文情怀的话语去和客户们诠释配置保险的意义。事实上，这也是一份保单最应该、最值得拥有的东西。

那是人生的底线，是自己年老病痛时的尊严，是家人困境中的体面，更是与家人及儿孙之间爱的互动。

文案示范

你可以说是工作用心尽责，全力以赴，也可以说是活得谨小慎微。身于江湖之中，没有办法洒脱到对这些都不在意。壁立千仞，无欲则刚。你可以对自己的物质需求没有欲望，却无法面对孩子的教育与成长没有欲望，所以前方依然是一望无际的努力。

今天一整天虽然有 3 位客户因种种原因改约，但依然拜访了 4 位客户。晚上 7 点钟就坐在电脑前忙工作，将今天所有新保单录好，做好了一份方案，手上还有几份方案需要思考后再呈现，每一个都不能潦草马虎。还有一位客户脑部重疾，尚在重症监护室，还没来得及去看望，转到普通病房才能探望……

时间是如此宝贵，每一天都要仔细规划，将所有事分优先、重要、紧急来逐一高质量、高效完成。

忙一点比较好，你不会空虚、无聊、胡思乱想、是非缠身。你会非常珍惜陪伴家人的时光。

偶尔抬头看天，有云无云都那么美。

文案示范

想做成一件事，不能光靠努力和坚持。当用到这两个词时，说明骨子里不愿做这件事，我们怎么可能在不愿做的事情上产生动力与心流体验呢？多年前我就对自己说过这句话。

仔细回复了所有的信息，总结、梳理好一天的客户拜访情况，此刻，今天的工作才算结束。最近，觉得“耐心”一词颇有深意，它能让人心态平和，让人凡事着眼未来，让人关系和睦融洽。它的反义词是“浮躁”，很庆幸，通过长久的修炼与学习，“浮躁”这一社会通病在自己身上好像越来越找不到了。

文案示范

这个长假过得平淡而清静，没有假期到来前的躁动兴奋，也没有假期快结束时的焦虑不安。每一天都不急不躁，每一天都在带娃与工作中充实度过。偶尔刷一下朋友圈，看到人们都在好吃与好玩中度过，心中也会羡慕，觉得自己常年清规戒律的苦行僧式的时间管理，真是让生活少了很多烟火气息，有时候也会觉得自己是个好枯燥无趣的人。不过，与大部分客户交流时，他们都觉得我内心比较有能量。

从未如此感恩过这样一份工作，感谢它带给我的荣耀与成长，更感谢它让我与所有客户及朋友间缔结的缘分，这也是我在职场的尊严与自信。

文案示范

想着周末拜访客户的，约了一圈，没人理我。

很多人都觉得我每月签 20 张保单很容易，其实，真实情况并不是这样。我也时常被善意地拒绝，只是我的客户量比较大，工作量也大，所以成交量才大。我有个客户，微信上约 30 多次了，还没见到面呢，听起来是不是很励志。

爱你所选的行业，方能有始终如一的热情。

文案示范

很晚下班，看到路上来来往往、行走匆匆、各行各业的人们，我并不属于最辛苦的那位。虽然也会有业绩的压力，也会有很多善意的拒绝，但相比于紧锣密鼓忙完工作之后换来难得的休闲时光，这些我都能接受。

自始至终都要感恩当下拥有的一切。

文案示范

过去的业绩与荣誉已成为过去，每一年，每一季，每一月都是重新开始。这种从头开始也给了更多人公平竞争的机会，也让每一位既得者从不敢懈怠。

有一句话是这样说的：你要一直不停地奔跑，才有可能留在原地。

文案示范

晚上去客户的公司录好保单，结束时客户提到原本另一位保险顾问也在与其联系，但阴差阳错间选择了我。客户是坦诚正直之人，与我见面后便做了决定。的确，有时候，我们误以为运气是自己努力的结果；有时候，我们也会以为自己努力的获得是因为运气。

也是因为工作艰难，才会做很多思考总结。每一笔业务都细心并全力以赴，总会在得到中得到，或在失去中学到。

文案示范

事实上，一直在业务一线工作的我很难做到不将工作压力带回家中。业绩好，持续好，持续名列前茅，那种铺天盖地的压力常人难以想象。而孩子对大人情绪的敏感度远远超过行为的敏感度，为了在孩子面前能真正开心，温和，尽情陪他玩闹，我尽量将业绩在月初完成，尽管这样很难。

有时隔着屏幕看似在笑，可能心里正在因客户的事而难过；有时看似冷静沉默，心中却在呐喊。我想，这是我从业多年的真实感受，向所有在这行取得持续荣誉的人致敬！

文案示范

昨晚在朋友圈发了一段文字，提到自己有很多暂时没能成功成交的保单，一位外地同事问我："你经常发一些销售的心得、经验总结等，就不怕客户看到吗？"我说，其实大部分客户都或多或少，或明或暗地在做着与销售相关的工作，坦然面对成败得失，并与客户分享真实感受，说不定这样的状态与心态还能正面影响到客户们。

这一生，谁也绕不过销售这道坎，销售实体产品、销售自己的理念、价值观等。如何跨越人与人之间信任的鸿沟，实现各种商业目标，是我们所有人都需要思考的部分。

从某种程度来说，我们的生活都是自己选择的结果，永远选择改变自己，带自己到思想境界更高处，带自己到心灵认知最深处。

文案示范

当客户向我咨询时，我回答“晚点仔细回复”。所谓的“仔细”就是我深度思考，严谨组织后有条理地回复。这是一个人创造超过社会平均价值的全部核心。将人生成绩交给偶然或者运气，不如交给勤奋与专注，更让人踏实与安全。

有时真是不能小看用每天碎片时间补充进来的零零碎碎知识，这些内容，拓展了我的思维，更是不经意间用在了与客户的交流中、用在了台上演讲的内容中，也用在了亲子与亲密的关系中，更用在了与自己的相处中。从别人闪烁的眼眸中看到了自己发出的光芒，那是因为平常日积月累的打磨。

从 2010 年开始写日记，这个习惯保持到现在已有近百万字的记录。经过最开始的一段磨合，所有不适感都消失了，非常自然。几分钟的记录，让我审视自己、平和心态。它不是我的任何负担，也不是一项需要分配的工作，它是老司机的人生行车记录仪。

文案示范

当一个人身陷疾病或意外困境时，所有的慰问与祝福都太廉价。真正需要的是落地的真情，财务的相助，有效的结果，行动的付出。除了我们自己建立的保障机制，谁人能做到如此呢？

我给自己规定了每个客户联系 20 次，若还是没回应，我就只能先放一放。想想都很难，是吧，但这种难度几乎伴随着我工作的每一天。

其实，保费不贵。链接中是一个多次赔付的重疾险线上产品，投保简单。朋友们可测算保费，按需投保，或转发给周围的朋友。

文案示范

不同的保险从业者之间，除了实力和资源上的区别，最大的不同就是那些厉害的人，能够在大家看起来都一样的时间里，挖出更多宝藏。秘密在哪儿呢？在于聚焦。时间有时候和光一样，当我们能够极度专注、极度聚焦时，时间就像激光一样，产生强大的切割力。

做一件事情，要想持续，一时的热情或者意志力以及刚开局时的资源，都不能保证你支撑下去，获得成功。心理能量有尽头，不要把所有的问题都归在意志力上。

文案示范

下午拜师学艺去了，老师是保险业内专业人士，技术型风格。12 年未见，一见如故。感谢微信朋友圈每日的文字记录，让友谊跨越时空，历久弥新。

最好的交流，是结束后增长了知识、给到了方法、形成了思路、化作了行动。今天全都有了，而且在谈话中，我做到了克制自己的表达欲望，真难，但我做到了。

文案示范

2021 年，我用 9 个月达成 MDRT；2022 年，我用了 4 个月；2023 年用了 10 个月；今年用了 4 个月，但今年的目标是双倍 MDRT。这些业务的背后，是我用勤奋和实际的沟通协助若干家庭建立起的各类保障。

客户借此获得的安全感与踏实感是我从事这份工作的意义。

这些年，我能扎实倾心于这份工作，是因为我心中有信念。我一直认为，保险制度设计是人类最伟大的发明之一。它的意义与价值不仅仅在于事发后的补偿机制，更在于对人类精神潜移默化的慰藉与无畏面向未来的护佑。没有保险，人们就会缺乏面向未来的底气！保险让生活更美好。

文案示范

今天下午将零零碎碎的续保都一一办好了，心里松了口气。人很容易在小细节上出差错，以至于失去信任感。所以，我用手机备忘录、随身带本子、微信置顶、列待办清单等方法，日清日毕，避免遗忘。

将一件事一件事做完，凡事有交代，件件有着落，事事有回音，有始有终，做个靠谱的人。

文案示范

今晚去见客户，言谈中客户提到看到我的朋友圈日志，见我 11 月预期计划尚未完成，与其丈夫商量后尽快与我碰面将保险定了下来。而今天是我们认识的第 12 天，却似乎像是有了多年信任与交情的老友，让我心中暖暖的。

如果将时间只放到某一阶段来看，你会发现全是运气或全是挫折；当你将时间放到一整年来看，可能是今年运气多些，或是今年挫折多些；而当你将时间放到更长的职业生涯来看，会发现，好运与挫折几近平衡。

这十几年的保险销售生涯，困难与挫折如影随形于每一天，却也得到了与承受这些相匹配的成长与拥有。持续是最完美的平衡，感恩所有相遇。

文案示范

晚上到家帮朋友完成了大大小小 8 份保单的所有投保手续，每一份都写满对新出生儿子的关爱，对自己的爱惜，以及对这个小家庭的在乎。爱与责任从来都不是嘴上说说，在当下还不能拥有足够多的钱来表达爱和覆盖肩上责任时，我建议每一个家庭都充分利用保险这个金融工具的杠杆作用，将爱与责任落地。

文案示范

今天签了一张陌生客户的保单。我们从陌生人，到点赞之交，到熟悉，到信任，到欣赏，到变成客户，到有了交易。从此，便有了真正的交情。

其实，这位客户已是他所属行业的精英了。因为他也是销售岗位，所以每次与他交流，都有英雄相见、惺惺相惜的感觉。

我每次与他在微信上的交流都特别认真，也是希望让他看到我与一位陌生人完整的连接过程。因为我知道，他也需要这部分能力。我喜欢做那些能让彼此加分的动作。业务只是短暂的一部分，我们因此获得的信任与友谊更值得珍惜。

文案示范

帮客户办好了所有的投保手续，此刻一天工作才算结束。晚上去见她们时，她已在楼下等我，并帮我找好了车位，事实上将茶也泡好了，进屋时已摆在桌上。忘记了我们曾经在什么场景下加为了好友，这是第一次见面，似曾相识，但给到我的尊重与礼遇，我已一一感知到。青梅竹马的一对人儿，嘻哈戏谑中全是恩爱的模样。年龄尚轻，却已是行业精英，令人佩服。希望自己与客户们一起成长。

文案示范

今天帮客户落地好一份近百万元养老金，心里有特别踏实的感觉。我们会有100个消费或挥霍掉这笔钱的理由，但我们一起安静下来，深思熟虑后找到了一个将钱存下来的理由。那就是，我们终将面对二三十年后的自己，那时候我们更需要钱，需要伴随终身、安全无忧的现金流。

曾经红尘初妆，如今尽看山河无疆。繁华竞逐，忙碌一生，更期待老来幸福安康。

文案示范

普遍来说，人们对于保险的真正认知并不是从购买开始的，而是在提出理赔申请时才会真正理解保险。

绝大多数的重疾保险会贯穿我们的一生，因此理赔是相对不太常见的低频率事件。长期以来我一直思考的是，如何在这个过程中始终与客户建立信任，维系友谊。我并不愿意因为一项业务频繁打扰客户，因此文字就成为我与客户之间最好的联系方式，既能表达观点，又能传递情感。

这些年来，我写了上百万字，有的是与客户之间的沟通，有的则记录在我的朋友圈中。这些文字帮助我在千家万户之间建立了责任与友谊。

文案示范

今年我自己的客户有1006万元的保费续保，这当中基本全是20年缴费期的保障终身类产品。1006万元保费背后对应的保额就是客户们实实在在拥有的保障。一件小事，日积月累，似乎平凡中看到一点儿不平凡。一份工作，做一辈子，竟觉得有那么一点儿不简单。

这些年，工作之难，忙忙碌碌地占据着每一天。没有太多时间像很多女性一样拥有闺密，闲话家常，逛街吃玩，更不会与人之间刻意寻找话题，刻意奉迎。但每一个有过交集的朋友，都在脑海中，从不曾忘记。无论经过多长时间，对自己、他人以及这份事业，始终保持真诚，初心始终如一。

文案示范

那天在车上您问我，是什么原因让我在保险业一直做到现在，并走到了前端？我说是“正直”。我与每一位客户打交道，如果只为谈成这一笔生意，可以选择恭维客户，讨好客户。但想要赢得客户的尊重、长久的信任、持续的生意及相伴一生的友谊，就必须选择“正直”。

万千纠结，回到根源，终与钱相关。与眼前的“钱”相关，也与未来的“钱”相关。我们来讨论一下未来的“钱”。

办事谨慎，表面上看是一种性格，深层来看是对未来某些因素信心不足，比如：收入成长性、个人职业竞争力、对未来家庭的掌控度（异地工作，暂无孩子）以及各种可知（父母的健康及赡养）或未知风险（自己的健康或意外风险）。

您试试看，听听我的建议，人生可以活出效率、精彩与更高的掌控度。以上的文字，不知道算不算是一项服务呢？祝一切都好。

7.5 关于增员与团队管理：团队伙伴不是招募来的，而是吸引来的

场景

作为一名保险从业者，如果你已经开始带团队，或者正打算发展自己的团队，你的日常管理方式将会成为吸引准增员的最佳策略。通过展示团队的氛围和日常工作，不仅可以让潜在准增员对保险这个职业有更直观的了解，还能通过团队成员的成长，展示职业的价值和人生的无限可能性。

每个人都渴望过上更加美好的生活，那么我们应该如何展现自己，同时吸引志同道合的人呢？以下这些文案，就是展示保险这份工作的细枝末节。试想，这样的内容发在朋友圈，你的客户、朋友、准增员会对你产生什么印象？

文案示范

我们每个人都是自己这家公司的 CEO。正是出于这样的考虑，我将身份与角色转变为“客户的代言人”，完全站在客户角度提供优质的保险服务，为客户真正创造价值才是我生意持续发展之根本。

很多情况下，客户并不真正知道自己的需求是什么。他们会被流行所裹挟，而且不了解行业科技的进步，分销渠道的不同导致经营成本的不同而产生定价的差异，更无法提出超出一般经验和想象之外的需求。

而我的角色从之前的卖产品给客户，变成通过专业知识及多年实践经验帮助客户买对产品，这是最大的意义所在。我们最强大的对手其实是趋势，这个趋势就是商业浩浩荡荡，却只会往一个方向走，那就是越来越高的商业效率。让客户为了买一份保险要找好几家业务人员报价咨询，对客户来说本身就是低效行为。

一切商业起点都是消费者获益，人与人之间交往也是一样，一切交往的起点都是让对方获益。所谓的人脉不是那些能帮到你的人，而是那些你能帮到的人。

文案示范

在日常工作中，我常发现身边小伙伴缺乏自信。在从业的早期，我也是如此。可是我们每天都需要与客户打交道，一个缺乏自信的人始终无法赢得客户的信任。该如何改善呢？多年前，当我还是个满苏州乱跑的小业务员时，我就思考过这个问题：当一个人既无过往的成就，又无当下的成绩时，如何去建立信心与自尊？

除了大量的学习去补充知识，真不知道还有什么更好的方法。在我们内心不是特别有力量时，知识能给到我们关于未来的信心。甚至是现在见客户时，我也常与他们分享学习的方法与渠道，他们都反馈受益颇多，我也常常让客户推荐好书给我阅读。除了业务，我希望能与所有的客户朋友们分享精彩的生命，分享成长的快乐。

工作是理性的，但我的心是灵动的。我会将它变成童话，当中有阳光、自由和朵朵小花。

文案示范

老家同学打电话来，关于她是否适合做保险的事征求了我的意见。其间她问我这十几年是怎么坚持下来的？有太多人问过我这个问题了，其实，我从来没有坚持过。当一份工作需要我们时常去坚持时，就已经很委屈自己了，当然很难持续下去。

10 多年前入行时，我就很清楚自己的定位，就是保险顾问。我既不想做领导，也不想做内勤，也不愿做培训，更不想以招聘为由将自己的收入完全寄托在小伙伴身上。如此，工作与心思自然就变得简单了，只剩下积累客户，多签保单这一件事。坚定自己想要的，才不会被各类旁门左道的价值观占领大脑。

如今，我会去招一些志同道合的事业伙伴。那是因为自己具备足够的营销能力，也有足够的能力去辅导新人，教会他们做保险生意，并带他们走上可持续发展之路。

文案示范

大部分的小伙伴都喜欢将时间放在事务型工作上，比如在办公室做做方案，发发邮件，给客户做份产品报价或是对比表，发发产品广告等。这些均属于不需要特别动脑筋，但又极消磨时间的事。

极少人会将时间放在思考型工作上。其实与每一个客户从建立联系，到获得信任，到出方案，到最后面谈成交这一系列环节，几乎环环都需要去思考，投入精力。用心琢磨后的案子不管是否成交，在事后都会有成就感，也会觉得自己从中获得了成长。

文案示范

最近一直在筹划、组织、参与社群活动，一直觉得这不是自己最擅长的部分。在过去的多年，我停留在线上的时间较长，最近才理解“见面三分情”的意义。

在今天结束的活动总结中，我写了这样一段话：“共同富裕、自利利他、成人达己，这些看起来很宏观的词语，其实才是蕴藏着人生大智慧。我们都这样想，都这样做，对人生永远怀抱期待、美好与信心，对他人永远尊重、祝福和感恩。想想都挺美，公开表达一下，我爱大家哦。”

不知道自己哪来的胆量与情怀就说出这样的言语，可这正是我内心深处最真实的想法。正如大仲马在《基督山伯爵》中写道：“世上没有幸福和不幸福，有的只是境况的比较，唯有经历苦难的人才能感受到无上的幸福。必须经历过死亡才能感受到生的欢乐。活下去并且生活美满，我心灵珍视的孩子们。永远不要忘记，直至上帝向人揭示出未来之日，人类全部智慧就包含在两个词中：等待和希望。”

文案示范

朋友来访，咨询保险行业，有兴趣加入公司。认识我之前她已买好了保险，认识我之后也是因为保险的事情向我咨询过几次，几次打交道下来，慢慢有了更深的信任与了解。她是一位理性思维的人，前阵子跟我说辞去了国企稳定的工作想过来我的团队工作，这让我很意外。今天来办公室看我，还带了一捧“蓝色睡莲”给我，在这样一个炎炎烈日的下午，这样一捧花真是让人安静又温馨。此举让很善言辞的我都不知道该如何是好。

我是一个很难与人建立浓烈感情的人，只能以看似平淡却很悠长的情感来回馈我所有的社交关系。感谢您的信任，将未来的职业生涯交付于我，让我们未来共同努力，实现人生价值。

文案示范

经常站在台上做分享，很容易染上“演员气质”。我时常提醒自己说我所做，做我所说，永远落地务实。

一场演讲听下来，能让来考察公司与行业的朋友，最后入司上工号，成为合作伙伴，或是台下的同事愿意在未来工作中操作实践你的经验与做法，我觉得这才是一场有效的演讲，而不是自我迷恋或是沉浸在他人的口头赞美中。

文案示范

前两天一位同行业的朋友来拜访我，忙碌中抽出一个小时与她聊了工作，主要是我们平常开展业务的做法及团队日常管理。我认真听了她的问题，并在本子上做了记录，其间她谈了很多宏观的且属于“关注圈”的内容。

我委婉地与她分享了我及我们团队的价值观：无论我们身处哪个保险平台，身居何位，其实我们都属于保险业务人员，都是这个社会上的微观小人物。我们的个体业绩相比于保险公司庞大的数据来讲非常微不足道。

而我们的业绩却是我们重要的收入，更是我们家庭收入的重要组成部分。所以，“微观”的你做了多少业绩很重要。我们应该将时间和精力放在具体的、可操作性的事情上，放在“影响圈”中，这样比较容易成事。

她对我的交流分析很认同，回去慎重思考后决定过来跟我一起做保险。

文案示范

今天与一位朋友交流，我与她分享了平常每天所学的内容，她听得很兴奋，说是找到了新的思路。的确，花时间讨论别人是非、成败、得失，或是花时间自我内心纠结、焦虑、空想、多想、敏感，都不如将这些时间用来学习，用新知识体系、新思维方式，去勇敢与这个世界建立新连接，寻找新灵感来得更有用。

她问我平常工作中是否会焦虑、失眠、烦躁？我说，保险服务这份工作如此之难，我怎会没有这类状态。只是我最多让这些负面情绪在大脑中停留一秒钟，因为当我意识到时，下一秒便塞上耳机开始让更有用的东西输入大脑。我是一个行动力很强、善于控制过程的人，所以才能让自己这些年一直保持着比较好的状态。

文案示范

不去说大而泛的人，就说说我自己带的这个团队吧。目前团队伙伴大都是已婚已育女性，这样的年龄段，这样的家庭角色与职场角色注定不会太轻松，尤其是想要在家庭与职场之间平衡好，那就更难了。但我的伙伴们真的将各自家庭都经营得很幸福。很少听到她们抱怨，也几乎没见她们陷入琐碎中。我总结了一下，可能有以下几点原因，分享给朋友们，希望每一个人都能收获家庭与职场的幸福。

（1）我们平常在一线销售，接触的人多，形形色色，所以我们会从他人的成败得失及做事风格中汲取经验。虽然谈不上见多识广，但也算阅人无数，这让我们少了很多精神内耗，更能专注于自我的提升。当我们自我的境界提升后，很多寻常家庭的琐碎与矛盾，就可以降维处理。

（2）保险服务工作相比于其他工作，很有难度与挑战。被拒绝或是得不到回应是我们每一天的日常，历练得多了，自然多了几分对人性的理解与洞察。这种锻炼出来的内心的强大与坚定的品格，以及利他之心、同理心、共情能力都是我们保险从业者要具备的基本素养。将这样的品格与心态用于处理家庭的关系，那就太简单了。

（3）拥有家庭财务规划能力。我们用在保险行业学到的财务规划知识，将自己家庭的财务管理得比较健康，兼顾短期、中期、长期，既能过好当下，又能平衡未来，还平滑了风险。这样的财务安排真的减少了很多风险与焦虑。虽不能做到大富大贵，但家庭氛围比较轻松温馨。既有安全感，又充满希望，我觉得这就是我们普通人的幸福。

这样的保险从业者的状态，你们喜欢吗？

文案示范

用传统的销售模式经营多年，若不是疫情三年的影响，还没那么快想着改变，也没想着嫁接新媒体、新技术。

但随着互联网的发展，信息更加畅通与透明的同时，也带给人们更多选择困难。同样，信息传播之快，保险从业者传统的工作模式也日益变得低效。

传统的每日三访、五访，受困于疫情带来的习惯改变，很难做到。

经常见不到客户，技能就无法在实践中获得提升。

没有技能提升，便无法培养适应未来市场的专业度。

没有这些基本面做支撑，保险从业者便难有职业自信与尊严。

针对以上这些业务与发展困境，新时代保险顾问的全新打开方式是：

（1）认真学习，提升技能，做知识分享，打造个人IP。

（2）从服务的角度切入每一笔业务，学会做保单整理这个硬技能。

（3）学习运营社群，打造属于自己的强关系网络。用长期经营、可持续发展的眼光去看待这份工作，获得客户的认同与信赖。

文案示范

今天下午做了一场同行业朋友的交流会，结果与若干年前似乎没什么两样。坐在台下的依然是曾经的几类人，其中只有一类人是带着明确目的来考察的，也是我最想要的。他们无一例外都是奢想将业绩做好，且持续做好；想将团队做成，且持续稳定。

而这恰恰是我们团队的强项。所以在下午的交流中除了讲行业趋势，我也与他们分享了我们日常具体的做法，但我从台下大部分人的目光中没有看到那一抹令我期待的亮光，于是我就知道他们的“道行”在哪一级别了。

这个行业的很多人都喜欢听“高大上”的东西，喜欢听令人亢奋的内容，殊不知那些所谓的高人分享的云里雾里的东西，很多都没法被落地执行。而我想说的是：大道至简。从事保险服务工作哪有那么高深与花哨，到哪儿都是需要找客户，建立信任，卖出保单。您说呢？

文案示范

“戒掉浮躁，踏实做事”，是我常与小伙伴们说的话。心定才能生智慧，只有将贪婪的、不劳而获的、急功近利的欲望被沉下来的平常心所取代，这种智慧才能被引导到踏踏实实地劳动和创造上来。每个人的善良和爱心才能被激发出来，各行各业的从业人员才会有更高的社会公共责任心，安守平凡，人们才能在简单的生活当中学会享受亲情和阳光带给我们的快乐与温馨。

文案示范

沟通是我们保险从业者非常重要的能力，沟通好坏直接影响到一笔业务的成败。

要掌握以下几点：

（1）条理清晰、观点明确，将事情说清楚。

（2）善于将碎片化内容做系统性总结。

（3）简明扼要，一看就懂。

（4）言语温馨，有人情味，引发共情，让客户体验感好。

所有沟通内容，要好到让自己都忍不住回头自恋地看多遍，才能发给客户。

我还经常建议团队成员多学习一些心理学知识。说来也神奇，人性当中很多光辉和幽暗的部分，都是保险成交的机会。出于对家庭的责任感，我们会购买保障；出于对家庭的不安全感，我们还会购买保障。

就像在帮客户配置年金险时，确实会遇到各种各样的客户，各种复杂的财务状况和家庭构成。但我们不需要专门挑那些高难度的动作去“玩”，只需要想办法去满足一个客户最普通、最底层的需求。

不光是说做保险配置，更重要的是说一种解决基本需求的思路。从最大众、最基础的逻辑出发，用最寻常易懂的语言，通过客户思维的引导来做成交，核心就在于对客户需求的真实把握。朴实无华地满足 90% 客户的需求，这才是一线保险从业者的顶尖智慧。

文案示范

今天早会，我与伙伴们说，这几天在上海听了很多高大上的课，今天一下子回到了自己现实的工作场景，是不是有些惆怅的感觉。对很多普通保险从业者来说，缺乏的从来都不是高端的知识，而是日积月累的大量基础工作。这部分你有没有先做好？

只要不排斥，就能有勇气去做。从事保险的新人当中，虽然不乏喜欢做业务的人，但却有相当比例者起步阶段勇气欠缺。

（1）赶紧找到保险对客户的核心价值，因为你做保险的底气即源于此。

（2）要接受没有迅速成功这件事，也要找到快速入门的方法。

（3）无“有备而来”这个说法，因为保险是边学边做、边做边学的。

（4）被他人认同虽然很重要，如果此时里子面子不可兼得，那就请先把面子搁一旁吧。

（5）对任何人而言，只要对他不是“刚需”的事，那么，他对这件事的态度，永远都是“可有可无”的。

伙伴们，通常“不排斥”去做一件事时，其下一步的发展就可能是“喜欢”这件事。而当人喜欢做一件事时，他的勇气就会应运而生了！

文案示范

今天小伙伴跟我说，客户对养老金部分总是很难立即做决定，问我是怎么做的？我说，其实我与你们一样，客户的反馈也是一样。不过，我从来不去否定客户现有的投资渠道及理财模式。每个人对每一笔资金做出的安排都有自己的判断与考量。每个人，对养老问题的重视程度都不一样，或者的确面临眼前的各项财务冲突，这些都能理解。但凡想通过改变客户的观念去成交保单，那就太难了。

每一阶段，人们对保险的意识都会因实际情况变化而有所变化。因此，我主张将精力放在去开拓更多客户和那些当下真正有需求的客户身上。这样我们与客户之间彼此不勉强，彼此都舒服。多些友好和理解，留待日后好相见，我觉得这样更好。

文案示范

今天一位小伙伴与我讨论工作，耐心听她讲完，真的很想帮助她，却又无从下手。人们在向别人请教问题时，总想学那临门一脚，却鲜有人愿去学习将球踢进门的那个过程。人们喜欢听大咖们讲神话一样跌宕起伏的人生和包含很多偶然与随机因素的成功，却不愿关注自己原本应该脚踏实地的每一天。

自己做业务多年，也带团队多年，一直引导伙伴注重过程，并带头示范做过程。但很少有人愿意听，觉得太难。

思维方式不改变，怎么改变自己呢？

文案示范

今天上午给部分伙伴的工作做了一次辅导，当中提到以下三点：关于浮躁、关于闭环、关于时间利用。

保险服务是个特别容易浮躁的职业。每日的时间被很多琐事切割成若干碎片，难以进入深度工作状态。

应对办法：每周固定时间做固定事情，这样能保证日常重要不紧急的事情被一一做到。

与每一位客户的连接都要做到闭环，从认识、沟通到签约的闭环。即便当下无法成交，也有必要与客户回顾过程，并做文字总结。

对每一件事情做闭环，从接手到完成的闭环。即便做不到完美，但也应阶段性闭环，完成比完美更重要。

对每一次学习做闭环，从输入到输出，到改变行为，到看到结果成效。不要光喜欢学习，但从来不看结果。

闭环，会让你将心灵空间腾出，加快决策速度，提升工作效率。将时间空间放到更重要的事情上，而不是停在各种未完成，待处理的过程中。

关于每天早晨1小时，及每晚8～10点这段时间的利用。这些时间用于充电、总结、输出，和关键人与事的连接等。这3个小时利用好，每天日积月累，方能有复利人生。

这些看似简单，但很少人会坚持每天做好。无论你身处哪个行业，把这些做好，都有可能会成为那20%，甚至10%或5%。有时我给到伙伴们的不仅仅是提升眼前业绩的方法与做法，而是给到他们改变认识、改变现状、获得持续成长的思维模式。

文案示范

今天给团队做辅导时提到，为什么客户介绍的单子更容易成交？伙伴们说，因为有信任感。即，有你的客户在中间传递了你的信用，他为你这个人做了信用背书。

任何商业的本质都是交易。交易的难度来自信息不对称和信用不传递。如何通过减少信息不对称来降低交易成本（或沟通成本）？如何通过建立个人品牌来传递信用？是我和每位营销线上的伙伴都该深思的问题。

信任＋钱＝信贷，信任＋物＝信物

信任＋货＝品牌，信任＋人＝感情

信任＋言＝信念，信任＋真理＝信仰

获得信任的唯一原因是你值得信任，且周围的人都知道这一点。

文案示范

晚上在给伙伴们开夕会做业务辅导时，他们都特别认真，讨论、记录、录音。看到这样的场景，我心里触动很大。很多主管都会觉得这些伙伴都在业务岗位工作3年了，不需要基本业务辅导了，而常常给到“口号”“大而空”的东西。这或许就是我平常面试同行业做过几年的朋友，他们却依然不会做业务的原因吧。大部分业务团队的管理都非常粗糙且流于形式，所以难以有持续稳定的绩效。

保险行业从不缺口号，也不缺大话空话。当我对这份工作有真正意义上独立思考时，便刻意回避这些错误的理念。我喜欢做好自己，成为伙伴们的榜样；我喜欢做细而具体的事情，细到对伙伴们每一笔业务的分析；喜欢抓重点，即永恒的客户积累与建立信任感，并将80%的时间放在这两件事上。所以，伙伴们都进步很大。我能感觉到他们在这个团队工作的自豪感，这让我很欣慰。

文案示范

做保险服务十几年了，听了太多高大上的理念，能真正落地的没有多少。前阵子买了很多业务大咖写的书，发现大道至简、殊途同归。无非是准客户积累多了，签单就多了；客户拜访多了，业务能力就提升了；你个人各方面修为好了，别人自然就信任你了。

所以我平常在做自己业务或带团队时都是围绕这些基本动作在进行，很少高大上，更不假大空。团队发展非常稳健，几乎没人离职。那些跟着我3年以上的小伙伴，大都收入稳健，我觉得挺好的。朋友圈中时常有以前面试过、想来又没来的朋友跟我说，现在后悔当初没来我的团队。我想说的是：人生若只如初见，再回首，已是百年身。

文案示范

常有小伙伴问我，工作中遇到同行竞争同一笔业务，究竟该怎么更妥当地处理，并赢得保单。我想，我们不需要将精力过多关注于竞争对手，而是应该将精力集中到客户的需求和我们能提供的服务上。

如果我们为了迎击竞争而做好了精心准备，我们应该为这份付出和准备感到自信。虽然驾驭不了竞争的结果，但可以驾驭竞争中的自己，做到最好。每经历一次精心准备，就是一次个体的进步。一次次积累的进步，最终将做到比别人更擅长，表现得更好。

一天的努力换来安稳的睡眠，持续的努力换来无悔的人生。寻常普通的人从来都不可能赢在起跑线，而是赢在后天日复一日在重要不紧急事情上的执行。

文案示范

最近一段时间小伙伴们业务表现都很棒，为很多客户家庭规划了养老保障。我们服务的家庭大都以中产家庭为主，他们为自己的未来每年存下1

万元、2 万元、3 万元……10 万元、20 万元不等，未来能领到 3 倍、4 倍、5 倍的确定的养老金。用时间换来价值，也换来一份安稳与踏实。

实际工作中，大部分客户对待养老金的态度都很重视，也能接受从现在开始慢慢存钱的方式。为未来考虑了，才能有未来。

每个人，都在以他的理解力和经历构建自己的思维模式，然后再用这个思维模式理解世界。如果我们只想发生较小的变化，专注行为就可以了；但如果想发生实质性的变化，还是需要“思维转换”。

文案示范

过去一年，我用 300 篇日志记录了所有值得记录的点滴，实实在在地活在了每一个当下。同时，每年缴 ×× 万元的保费，规划了医疗、养老与孩子的教育，踏踏实实地兼顾了未来。我完成了 50 本书的阅读与 19 个付费音频的学习，涵盖了金融、艺术、育儿、心理学、历史、职场进阶与管理。这些学习与自我反省的过程，是我一年签约的 180 张寿险保单的力量与自信。每个人都可以通过努力去改变自己。

7.6　写在保险成交后：成交后这样总结，更利于转介绍

场景

保险成交之后，客户对我们的信任达到了顶峰。一方面，他们刚刚购买了理想的保险产品，解决了一项重要事宜，因此心情愉悦。同时，此时客户对保险的价值理解也最为准确。

另一方面，一位客户很难一次性购买所有需要的保险产品。在向客户表示祝贺的同时，也需要通过专业的信息分享，为未来的加保做好铺垫。这既是为客户的全方位考虑，也是我们专业价值的体现。

文案示范

××，晚上好！谢谢您今天特意抽出时间，我们一起完成了所有的投保事项。一件大事完成，是不是有种轻松的感觉。

聊天中看出您是个安静、本分、仔细、保守又贤惠的内助，家里家外都是如此。这样的性格让老板放心、丈夫定心，或许有时会委屈自己，或者更希望获得理解与认同。回来路上，我感觉自己今天话说多了，应该多听您说才对。

您丈夫在销售岗工作，这类工作常常忙碌且压力大，我深有体会。具有开拓精神的人都比较乐观，但他们常常只看到人生的 A 面，极少考虑到人生的 B 面，所以他们特别需要您这样的贤内助，当他们在前方进攻时，您考虑守成。进攻能创造财富，而守成能留住财富，保险是守住财富过程中非常重要的工具之一。

上午我们还讨论了其他零散的保险产品。通常情况下，受限于对保险的认知，人们内心深处真正的担忧与他们所描述的常常不尽相同。我猜，您心中更深层面的担忧可能是以下四点：

A. 责任风险（即身故、失能时，未成年子女的教育，父母赡养，各项债务等）——对应意外险、定期寿险。

B. 医疗风险（即患重疾时，发生的高额医疗费）——对应百万医疗险。

C. 因病失去工作能力时，依然要面对的各项生活支出等——对应重疾险。

D. 自己的养老、孩子的教育金准备等。

以下表格中的补充方案是按照上面四项来考虑的，供您参考。有不明白的地方随时问我，结果不重要，我们轻轻松松沟通即可。您可以根据实际需要未来逐一酌情考虑。

保障类型	产品名称	保额	保障期间	缴费时间	年保费	保障要点	备注
终身重疾险	×××重大疾病保险	50 万元	终身	20 年	男：×× 元 女：×× 元	1. 110 种重疾，不分组赔付 3 次，每次 50 万元，间隔期 1 年 2. 30 种中症，不分组赔付 3 次，每次 30 万元，无间隔期 3. 40 种轻症，不分组赔付 3 次，每次 15 万元，无间隔期 4. 身故保障：18 岁前返还保费，18 岁后赔付保额 50 万元 5. 10 种少儿特定疾病额外赔付 50 万元，合计 100 万元 6. 被保险人自带豁免，轻症、中症、重疾豁免保费 7. 投保人豁免重疾、中症、轻症、身故、全残，保障继续有效（已附加上此项保费）	轻症、中症、重疾全部不分组，无三同条款 少儿特定疾病双倍赔付 附加医疗绿通和增值优质服务
百万医疗险	×××百万医疗险	200 万元	1 年	1 年	孩子：×× 元	1. 报销大额医疗费，解决自费超过 1 万元以上的住院医疗费用问题 2. 一般医疗保险金：200 万元 3. 重疾医疗保险金：200 万元 4. 质子重离子医疗保险金：400 万元（总限额内，0 免赔） 5. 院外恶性肿瘤特定药品：400 万元（总限额内，含 105 种药品目录，0 免赔） 6. 住院医疗费用、特殊门诊、住院前后 30 天门急诊医疗费用，免赔额 10000 元，不限社保内用药，100% 报销	可续保、保障覆盖面广、补充社保报销医疗费用 扩展院外特药和质子重离子保障 就医绿通、二次诊疗服务
意外医疗险	×××少儿住院险	1 万元	1 年	1 年	孩子：×× 元	1. 报销小额的医疗费用 2. 意外医疗：8000 元（150 元免赔额，90% 社保范围内报销） 3. 住院医疗：1 万元（150 元免赔额，90% 社保范围内报销） 4. 自费、进口药：5000 元（50% 比例报销）	报销方便，补充社保不足
教育金	×××年金保险	—	终身	10 年	×× 元	每年投入 2 万元保费，连续投入 10 年 18 岁时，现金价值为 32.8 万元（可一次性取出，也可以按需领取） 25 岁时，现金价值为 41.7 万元（可一次性取出，也可以按需领取） 30 岁时，现金价值为 49.5 万元（可一次性取出，也可以按需领取） 如一直未领取，60 岁时，现金价值为 139.1 万元 所有现金价值写入合同，强制储蓄，灵活领取，未来更多可能性	增额终身寿所有的利益都以现金价值的形式存在，锁定利率，安全无风险，强制储蓄，灵活领取

注：保额及保障要点仅供参考，请以实际产品为准。

认识我以后，您会在我的建议中将保险纳入家庭或人生的长期财务规划，拨出相应预算，有条不紊地逐步建立健全各项保障。让人生的重要事情都在规划中有序进行，不慌不忙、从从容容。我想，这也是我这份工作于您及每个家庭的意义。

7.7 关于保险理赔：做好理赔，是服务，是温度，也是保险的营销

场景

保险理赔工作是一项特殊的工作。客户需要理赔时，意味着他们可能遭遇了疾病或意外情况，这时我们需要给予客户更多的关心和问候。与此同时，我们的工作价值也得到了最大程度的体现，这是保险行业最温暖人心的时刻。提供优质的服务不仅是我们工作的一部分，更是营销工作的一部分。

有人或许会说，利用理赔时机来进行营销，是不是有些功利？然而，如果客户因此获得了更全面的保障，岂不是一种双赢局面？如何在理赔过程中与客户沟通更加温暖，并且促进未来的加保？

这两个文案示范，可以帮我们将理赔工作与营销有机地结合起来，为客户提供更全面、贴心的保险服务。

文案示范

××，晚上好！上次电话中听您说了身体情况，心中为之一震。好在甲状腺是最容易治愈的部分，可以不用太担心，祝您早日康复。

关于理赔：

若检验报告是恶性肿瘤，则保留好所有检查及病理报告，我会协助您办好理赔及豁免。若不是这个情况，未来更要多多注意身体。

关于为您丈夫和女儿增加保险：

丈夫：目前您与您丈夫都各有30万元保额的重疾险，这个额度显然偏低，可以为他增加30万元保额的防癌险或重疾险，另外增加一份消费型的百万医疗险、定期寿险与意外险。

女儿：之前也有一份30万元保额的重疾险。因孩子小，保费便宜，可以再增加30万元保额的重疾险，同时补充一份百万医疗险。另外，可以为孩子教育或自己养老补充一些理财产品。

以上提到的产品，我都列在方案中，保额与保费可以根据您的实际情况进行调整。以上供您参考，假日里您若有空，我们可以碰面仔细讨论细节。

文案示范

××，下午好！周末在忙，这会儿才整理好发给您。虽然因为出险理赔一事，你们已经很信任我，但我还是喜欢将方案弄好，列出细节，逐一告知您。我希望与每一个家庭的关系是持久的，甚至是跨越两代人、三代人那么持久。

时隔两年，我们都没想到以这样一种方式来重新认知保险于我们和家庭的重要性。一切没那么好，因为身体患病终究不是一件令人开心的事。一切也没那么坏，单位体检，早期症状，用很少费用就可以达到几乎治愈的效果。但当初的这些保险让我们能比一般人更从容应对这一变故，这对我们的身体和情绪都是莫大的安慰，这样的心境对我们身体康复非常重要。一念起，风生水起；一念灭，灰飞烟灭。每一个未来都缘起于当下一个个念头，或喜或悲已然注定。

考虑到你们夫妻是本地家庭，家境殷实，幸福稳定，如果将疾病与医疗风险规避，人生再无难事。您丈夫之前已有30万元保额的重疾险，两个孩子各有50万元保额的重疾险，这次将他们父子三人的重疾险保额各做到100万元。

综合考虑后，我的思路如下：

保障类型	产品名称	保额	保障期间	缴费时间	年保费	保障要点	
终身重疾险	×××重大疾病保险	70 万元	终身	20 年	先生：××× 元	1. 110 种重疾，不分组赔付 3 次，每次保额，间隔期 1 年 2. 30 种中症，不分组赔付 3 次，每次保额的 60%，无间隔期 3. 40 种轻症，不分组赔付 3 次，每次保额的 30%，无间隔期 4. 身故保障：18 岁前返还保费，18 岁后赔付保额 5. 10 种特定疾病额外赔付 6. 被保险人自带豁免，轻症、中症、重疾豁免保费 7. 投保人豁免重疾、中症、轻症、身故、全残，保障继续有效	轻症、中症、重疾全部不分组，无三同条款 少儿特定疾病翻倍赔付 附加医疗绿通和增值优质服务
		50 万元	终身	20 年	孩子：××× 元 孩子：××× 元		
百万医疗险	×××百万医疗险	200 万元	1 年	1 年	孩子：××× 元	1. 报销大额医疗费，解决自费超过 1 万元以上的住院医疗费用问题 2. 一般医疗保险金：200 万元 3. 重疾医疗保险金：200 万元 4. 质子重离子医疗保险金：400 万元（总限额内，0 免赔） 5. 院外恶性肿瘤特定药品：400 万元（总限额内，含 105 种药品目录，0 免赔） 6. 住院医疗费用、特殊门诊、住院前后 30 天门急诊医疗费用，免赔额 10000 元，不限社保内用药，100% 报销	可续保、保障覆盖面广、补充社保报销医疗费用 扩展院外特药和质子重离子保障 就医绿通、二次诊疗服务
意外医疗险	×××少儿住院险	1 万元	1 年	1 年	孩子：××× 元	1. 报销小额的医疗费用 2. 意外医疗：8000 元（150 元免赔额，90% 社保范围内报销） 3. 住院医疗：1 万元（150 元免赔额，90% 社保范围内报销） 4. 自费、进口药：5000 元（50% 比例报销）	报销方便，补充社保不足
教育金	×××年金保险	—	终身	10 年	××× 元	每年投入 2 万元保费，连续投入 10 年 18 岁时，现金价值为 32.8 万元（可一次性取出，也可以按需领取） 25 岁时，现金价值为 41.7 万元（可一次性取出，也可以按需领取） 30 岁时，现金价值为 49.5 万元（可一次性取出，也可以按需领取） 如一直未领取，60 岁时，现金价值为 139.1 万元 所有现金价值写入合同，强制储蓄，灵活领取，未来更多可能性	增额终身寿所有的利益都以现金价值的形式存在，锁定利率，安全无风险，强制储蓄，灵活领取

注：保额及保障要点仅供参考，请以实际产品为准。

以上请知悉，您好好休息，让身体更快恢复健康，一切顺顺利利。

第 8 章

用个人思考文案，传递价值观，建立信任，拉近与客户的距离

8.1 关于投资理财：投资是进攻，保险是防守

场景

一个家庭购买保险，是为了在面对风险时拥有一种遮风挡雨的工具，为家庭财富建立一道坚实的防火墙。我们对财富的认知影响着我们的投资决策和财务规划。通过分享财富理念，不仅能帮助客户树立正确的财务观念，也能吸引志同道合的客户。

文案示范

投资不是为了进攻而是为了防守。普通人有一条大路好走：诚实劳动，自食其力，学习一技之长，做个对别人有用的人，成功率是 95%；炒股为生，成功率说破天了最多 1%，为什么要舍易就难呢？

作为防守的投资，它能匹配普通人的生命周期，靠一技之长获得的收入免于通胀侵蚀。面对变化莫测的市场，既不因恐惧而僵住不行动，也不因贪婪而将一生积累轻付东流。

这就是关于投资我们所需要知道的所有事。

第一，时间是我们的朋友，除非我们抛弃它；而只有时间是我们的朋友，波动才从我们的死敌变成我们的仆人。

第二，要让时间做我们的朋友，就要尽可能少作判断，不要去做那些需要天天考验判断力的事。我们经不起考验，没谁经得起考验。

第三，选择那些均值回归、覆盖面广、经受市场考验时间长的指数，作定投。如果还想优化，那就在估值过高时减少定投，在估值过低时增加定

投。要注意，估值高低不是我们拍脑袋想的，而是跟历史估值的均值相比较得出的。

这就是我说的，我们的钱越攒越多，抗风险能力就越来越强，我们对世界的探索能力和意愿也就越来越强，相应的我们看待世界的心态也会越来越积极、从容，实现自我价值的能力也就越强。

文案示范

挑选储蓄类产品其实并不难，关键是：①要适合自己的投资需要；②要符合自己的风险承受能力。在我看来，所要关注的点主要有以下几个：

我做这笔投资的目的是什么：闲钱增值？5年后将这笔钱取出来买房？为孩子准备教育金？为自己准备养老金？财富传承？——不同的目的将决定这笔投资的投资期长短。

我的风险承受能力如何：是否愿意承担收益的波动来换取更高的预期收益？假如投资失利，我是否还有时间与能力来“重整旗鼓”？为了保证退休后的生活品质不受投资波动的影响，我是否更情愿选择保守的投资？——不同的风险承受能力将决定这笔投资的保证收益与预期收益。

我对一家保险公司的看法如何：大公司与小公司都是安全的？老牌公司历史悠久，更值得信赖？更倾向于选择中资公司还是外资公司？过往的分红实现率是不是我选择产品所要参照的依据？——不同的看法将决定投资者对保险公司的选择。

一般来说，明确了这三个点，差不多就已经能确定保险产品的选择了。

文案示范

资产配置要做多元分散；

更重要的是基于未来去做安排，而不是参考过去。

勿用利益考验亲情；

运用制度保护亲情！

沟通，是要对着自己的心，而不是对着别人的脸。

高净值人士都需要经历“创富—享富—守富—传富”的过程。

很多时候，问题就出在了“享富”环节：

要么自己躺着享，没能守住；

要么后人胡乱享，没法传承。

所以，传承的不仅仅是财富，文化传承与教育是隐性的，也是重要的。

当然，财富传承有工具可以支持，文化传承也应该通过制度化的设计来保证。

文案示范

我们要将人生中那些重要不紧急的事，人为地设置成“自动驾驶”状态。这句话我经常对自己说，也经常分享给团队伙伴与客户朋友们。这是一种可以让我们大部分普通人过得更幸福的方法。

比如持续学习、关注健康、各类友谊的深耕、人生养老规划、子女教育金储备等，这些都属于重要不紧急的事情。在确定的时间，用确定的工具，设定好目标，然后长期有规律地去执行。这些重要但不紧急的事情无法依靠“意志力”来完成，而是需要通过养成习惯的“自动驾驶”来实现，然后将宝贵的精力专注于最可把控的每一个当下。

为何要这样做？由于我们普通人的意志力有限，每天头脑中会涌现出许许多多的想法，一般人的判断和决策能力也不会总是出色，而妄念更会让我们偏离初衷。保险就是一种很好的自动驾驶式的理财工具，每年缴保费，很适合用于规划养老与子女教育金这类重大的人生事件。

文案示范

每当有客户向我咨询理财产品或是有储蓄想法时，我都会与客户分享：只有当我们将一笔钱与财务规划、人生事件连接起来考虑时，保险作为一种金融工具，才有了实际的意义。

单纯有一笔钱想存，股票、基金、买房、银行存单、保险都是可能的去向。当这笔资金有了具体的规划，比如是用于自己 20 年后的养老、孩子 10

年后的留学费、未来3~5年的生活开支、家庭突发事件的备用金、5年后换辆车，还是10年后的置换房，或是其他安排？想好了用途，才可以选择最匹配的金融工具。

最后，就是我们每个人都必须面对的重大人生事件。这一生中有太多事情需要考虑，购车、买房、换房、生养子女、养老和医疗等。如果其中任何一件安排不当，都可能影响我们对幸福生活的体验。然而这些事情都不容易在决策时阶段性地衡量对错，只有当我们站在人生尽头回首时，才能真正意识到什么是正确的，什么是错误的，以及哪些方面可以加以改进。

因此，作为保险从业者，有时候看似是在与客户交流财务规划，实际上也在探讨人生规划，或者说这两者本质上是一回事。不同的财务规划，会将我们引向不同的人生之路。希望我的朋友们都有规划、有目标，收获稳稳的幸福。

文案示范

投资的本质不是为了收益。

第一，分散投资和长期投资的本质，不是为了获得收益，而是对抗未来长周期内的不确定性。

第二，建立资产边界意识，提前设置防火墙，是对个人、家庭、企业最大的保护。

第三，这一代，家庭和睦是最好的投资。下一代，给子女充分的自由，但是需要用金融工具帮他们管理未来。

第四，高端医疗保险的本质不是为了赔付，而是为了转移焦虑和获得最优质的医疗资源。高净值客户在购买高端医疗保险以后，考虑的并不是生病后的赔付，而是通过购买高端医疗保险获得一个通道，这个通道将帮他们获得全球最好的医疗资源。

第五，传承价值观远比传承金钱更重要。如果我们能看透财富的本质，那么，财富就能传承下去。

最后，希望我们在自我财富规划的路上，获得最有价值的洞见与智慧。

文案示范

当下，都是历史的选择。要投资就一定有风险，可能会毁掉我们一辈子的积蓄。一次房价暴跌，一次股市崩盘，一次金融庞氏骗局，一次高利诱惑，一场大病医疗，都足矣！

比如，一个“双减”政策让资本市场巨震，新东方市值下跌，而放在保险里的钱却不会受资本市场影响。年金险除了保证本金安全以外，还具有法律的安全性，保单特有的法律属性可以隔离风险或降低风险带来的损失。

无论投资回报有多诱人，总要有一笔本金安全的钱做生活的诺亚方舟。2019 年 5 月 17 日，面对美国的限制，华为海思总裁何庭波深夜发出“多年备胎终于转正”的内部信。多年前，还是云淡风轻的季节，公司做出了极限生存的假设：预计有一天，所有美国的先进芯片和技术将不可获得，而华为仍将继续为客户服务。为了这个以为永远不会发生的假设，数千海思儿女走上了科技史上最为悲壮的长征，为公司生存打造“备胎”。

当下，是历史的选择，所有我们曾经打造的备胎，一夜之间全部转正。

如果说投资账户里的钱是为家庭冲锋陷阵的钱，那么年金账户里的钱就是看家护院的钱。

文案示范

普通人如何借力于保险资金的长期投资获得收益？首先很多个人投资者并没有长期持有某些资产的资金能力，短期投资对于他们来说，就是一种比较合适的投资理财方式；另外，这些短期持有的股票、债券频繁地交易、流动，给资本市场带来了比较好的资金流动性，也更有利于那些发股、发债的企业获得它们需要的资金。那么，如果是这样的话，为什么这个世界上还需要长期投资呢？一个重要的回答是，短期投资很多时候并不能支持那些有潜力的投资机会。

以股票投资作为例子，股票投资者的收益包含两部分：一部分是资本利得，也就是股票价格上涨带来的差价；另一部分是股息，也就是人们购买股票的那家公司，从它的税后利润里，按照股息率派发给股民的收益。

那么可以想见，如果我们是一名股票投资者，只打算持有某只股票几个月的时间，那肯定希望这只股票的价格尽快上涨，或者希望这家上市公司赶快派发股息。那么，这时候大概率就不会去选择那些正在进行重大的科技研发、需要不断砸钱却不一定收到回报的公司；也不会考虑那些当下正在经历艰难战略调整的公司。

因为这些公司可能长远来看，潜力不错，但是短期并不能带来理想的投资回报。那么，如果大多数短期投资者都不愿意去投资它们的话，就会让很多原本有巨大发展潜力的公司陷入生存困境，还可能会导致一些公司的管理者，为了讨好短期投资者，做出一些能短期见效，但是对公司长久发展不利的战略决策——这本质上其实是在给公司服慢性毒药。所以，在这些时候，长期投资的作用就显现出来了。

文案示范

长期投资，它能更好地支持那些有长远发展潜力，或者有利于国计民生的项目，也能避免公司管理层为了取悦市场而做出饮鸩止渴的决策。那么，由谁来做长期投资呢？

前面我们也说了，个人投资者很多时候并不是不想做长期投资，只是资金能力不允许。毕竟，在生活中，我们免不了隔个一年半载就会有一笔比较大的开支，很多人都没有条件把比较多的钱放在一项资产上，放个十年八年。

所以，个人投资者在长期投资这件事上，天然就是有劣势的。而一些资金雄厚的机构或组织，就成了长期投资领域的主要资金来源。比如一些保险公司、养老基金，或者主权财富基金，也就是政府专门拨出来的、用于投资的长期资金池等。这些机构都有着巨额的、需要长期保管的资金，这正好就很适合用来投资那些需要比较长的时间才能获得回报的项目。虽然表面上来看长期投资离我们普通人的生活比较远，但事实上，机构投资者们的长期投资行为，对整个社会，还有普通人的生活都有很重要的影响。

可以看到，在我们刚才提到的那些投资项目里，如基础设施、科技研发等项目，是与我们每个人的福祉相关联的。而如果没有长期投资的支持，这些项目当中的很多就可能很难进行下去。而且，很多长期投资的收益，也是要返回到社会大众身上的。所以，我们更多普通投资者可以借助保险产品，除了获得保障之外，还能获得长期收益。

8.2 关于养老：百岁人生必修课，养老规划要提前

场景

有人说，购买保险可能并非每个人都会实际使用到，但有一种例外，那就是养老保险。

随着社会老龄化和少子化趋势的到来，养老金已成为每个人必备的生活保障工具。作为保险行业的从业者，如何才能有效地让客户认识到养老保险的重要性呢？在这个过程中，日常的思考和案例分享都至关重要。借助生活里的点点滴滴，通过在朋友圈分享，可以帮助我们渐进式地影响客户的观念。

文案示范

养老金，是老年时在儿女家的尊严。c 先生是我的一个朋友，今年 30 岁，在苏州奋斗，经历买房，成家，生子。在一次交流中听他提到，父母在农村老家，没有退休金。父亲这些年还在外做些小生意，但也没有什么积蓄，在他买房时，也没办法给到帮助。母亲当下在城里给他带孩子，因为母亲没有退休金，总是觉得自己在城里是给儿子、媳妇增加了生活成本与压力。她没办法抛开这些本能的焦虑，不能心安理得地享受与儿孙在一起的生活。

他提到，但凡他母亲每月有 2000 元的退休金，母亲自己在城里生活的心态就会完全不一样。她不会觉得给儿子增加负担，同时还能照看孙子，她会觉得有价值。若是每月将这 2000 元补贴到他们当下的生活中，c 先生

都会有轻松感。

于是c先生觉得不要让这一幕在自己年老时上演，他现在每年存下15000元保费，连续缴15年，到60岁时，每月可领取2500元左右。他说，到时候这笔钱就用来给孙辈买零食、买玩具、买衣服，心安理得地享受含饴弄孙的生活。

如果您今年30岁左右，真的建议可以开始分步规划养老金了。

文案示范

今天客户跟我说，比起他那涨涨跌跌始终不能落袋为安的理财，还不如前些年在我这存下来的固定收益养老金产品。再有几年就缴完了，妥妥的一笔养老金在那，什么都比不上这种踏实。

客户还跟我说，现在都不敢看手机，点开全是各种消费App，都是各种令人情不自禁剁手的好货。买买买，真的存不下来钱，幸亏每年几万元保费强制缴下来，未来有了基本保障。

文案示范

养老金，是老年时公园相亲的底气。前阵子看到一个视频，大爷大妈在公园相亲，老年人的婚恋观很直接，大爷直接提到自己是国企退休，现在每月有6000元退休金，有房，他也希望对方有退休金，少一点儿没关系，但一定要有。大爷说，这样他们在三、四线城市生活，扣除每月生活成本，还能余不少钱每年出去旅游。

可能很多人说，有这么现实吗？是啊，就是这么现实。当人生处于60岁后的生命阶段时，对金钱、生命、情感的理解都会与年轻时不一样，有什么比得上一份伴随终身的、充足的养老金更能给老年人底气与幸福呢？有这笔钱，就可以发展友谊，外出社交，培养兴趣，健康身心；若是没有，很多人就会不愿出来社交，不愿见人，被动孤独。屏幕前的您，准备好一份伴随终身的养老年金了吗，趁着年终奖刚发，早早规划起来吧。

文案示范

大家还记得当初自己是怎么买房的吗？就拿在苏州来说吧，少则百来万元，多则几百万元的房子，当初是怎么买下的？是凑足全款出手的吗？是完全准备好了首付才买的吗？还是甚至连首付都没有，但也是在心中定了个要买房的规划？

然后，攒钱、凑首付，父母帮一点，亲戚借一点，用银行贷款，然后就不可思议地拿下了与自己收入相比属于天价的房子。然后基本上都能正常付房贷，因为有这个几十年的规划在这儿，我们工作上都很认真。不管怎样，因为这项规划，我们都在这个城市有了房子，跨进中产行列。

其实，存养老金与买房是一样的道理。对大部分人来说，按60岁退休，活到90岁，大部分人都要在现在社保基础上再每月额外补充5000元养老金，30年下来就是180万元，听起来也是很大一笔金额。

但其实只要在年轻时存下50万元左右的保费，加上时间与复利，基本上就能领到180万元。如果分20年来缴，也就每年缴25000元保费。只要定好这个规划，实施起来也不难，就跟当年我们买房一样，最终我们拥有了房子这项资产。当然，也能让自己拥有富足的退休生活，有源源不断的现金流伴随终身。想想都很期待，朋友们都趁着年轻，要早点规划好自己的养老。

文案示范

只要不出现意外和疾病，老去是每个人必然的人生旅程。在风险管理领域，长寿带来的养老压力是一只巨大灰犀牛。

疫情发生的三年，曾经在家隔离的日子，像极了我们未来的养老生活。

因为年纪大了之后，身体老朽，出门不便，大部分时候在家，每天的生活内容就是解决吃喝拉撒的基本需求。

那时候肯定也不能上班赚钱，年龄自动帮我们隔离了职场。如果退休金也像疫情防控期间的工资一样，断断续续，时有时无，那可真是度日如年啊。

我们可以畅想一下另一种养老生活：在一个高档的养老社区，有一群年龄相仿的朋友相伴，有专门的营养配餐，有专业的医疗团队，有丰富多彩的文娱活动，物质和精神双满足，这才是颐养天年的生活。

疫情下的隔离生活就是养老生活的真实演练，是用真实的生活场景在给我们提醒：如果没有认真规划，未来的老年生活是多么的拮据和困顿。

一边是暮气沉沉，朽味十足，一边是老友相伴，活力满满。我们会选哪一种？朋友们，都为自己多备一份养老金吧。

文案示范

很多人以为现金流仅是企业财务中的一个要素，今天我想从个人及家庭财务的角度来看待现金流问题。

其实，从出校门找工作开始，到退休安度晚年，现金流的问题都伴随着我们一生。比如：找第一份工作时、中途换工作或失业时、金融危机时、疾病意外时，还有若干不知道的“黑天鹅”事件，以及可预测却不知道何时会来的“灰犀牛”事件。当然，还有大概率会到来的年老体衰时。

但凡有充足的现金流，我们在找工作时就能将长远发展放在首位，更能坚持自己的梦想，也不会一病回到解放前，更不会出现房子断供、保费断缴、老来拮据。

有人会问，以上这些与保险有什么关系？要知道，保险本身不是某一两款产品，而是伴随着我们一生的财务规划。我们可以用保险去一一规划好以上的人生事件，当这些事件发生时，我们可以有充足的现金流从容应对，处变不惊。

现金流会影响到我们日常的专注力、思考和决策能力、执行力，甚至是抵制诱惑的能力。看到这段文字时，朋友们可以检视一下自己的现金流，或者，从现在开始重视起来吧。

文案示范

老龄化的浪潮的确蜂拥而来，让我们措手不及。如果把它单纯地当成福利问题、行政问题，永远解决不了，只会负担越来越重。但如果把它当作商业问题来看，你会发现问题本身就是一座金矿，解决问题的同时，还能提供大量的商业机遇。

我们必须意识到，老龄化是工业化社会发展到一定阶段的必然产物，它不以人们意志为转移，我们不可能跳出这个社会发展的普遍规律。所以，应该积极拥抱这个新的变化、新的市场，这关系到我们每一个人的未来。

所以说，努力让别人接受你，让别人喜欢你，让别人离不开你。按这个节奏，去跟世界对接、跟社会对接，你就会找到自己人生的节奏，最后实现自己的价值最大化。

今天温饱基本不愁，我们要为自己而活。而怎么活？就是要做自己有兴趣的事，从自己的内心做自己有感觉的事。一旦找准以后，坚定不移，持之以恒地做好这个事。成功了，是顺带的结果；不成功，无愧平生。抱着这种态度，人生就会非常完满，也非常充实，这就是我要送给朋友们的三句话。

文案示范

今天帮三位朋友投保了养老金，很忙碌的一天。总结下来，存下一笔养老金，也不需要那么多理由。

就是想给未来年老的自己一份安全可靠的保障，有什么比这份终身相伴的现金流更让人期待呢？毕竟多年后，因人口持续减少，缴社保的人越来越少，领社保的人越来越多，靠社保根本领不了多少养老金，这已是大家都知道的常识。

大家上网查一下社保养老金的计算公式，从公式的复杂程度就能理解一切了。越复杂，腾挪空间越大，越不确定。而趁着年轻，规划的这份商业养老金却是明明白白写在合同中的，妥妥的幸福感。

文案示范

我认识的大部分30岁的人，活在房贷、孩子与工作压力之下，根本没有余力每年拿出5万元来考虑暂时不会发生的养老问题。他们当中的大部分人能每年拿出3万元来考虑全家人的基础保障都有难度的。

我认识的40岁左右的人，有一部分人可以每年缴10万元保费，但他们心有余力时，又总想着去赚更多的钱，或是换房换车，休闲度假，各种消费，也不会想着优先去做好养老规划。这些做法也没对错，人性就是如此，更何况大部分人10万元也拿不出来。

这就是80%普通人的现状，可以明确预知未来靠社保养老的生活会很难，更谈不上品质，或是与儿孙间温馨的互动，那怎么办呢?

只能从现在开始慢慢规划，有总比没有好，未来拼的是现在的眼光与远见啊。

文案示范

今天与小伙伴讨论案例时提到，关于养老金规划部分，我们首先要做的是在客户心中种下一颗种子。人们起心动念到方案落地，有如自然界种子发芽。

洽谈后，种草成功，比从客户那边直接带走几万元保费更有意义。或许客户与我们沟通后，能真正意识到养老规划的重要性，并认真去安排一份真正意义的养老金。这是多么令人欣喜，且双赢的事情。

文案示范

与生命等长的养老金是时代的馈赠。由于养老金项目的积极开展运作，伙伴们的业绩越来越好，能越来越熟练地将养老规划的重要性分享给所有客户们。这真是一件特别有意义的事情。

在不久的未来，我们的客户，大量60岁左右退休的人们，他们有着大把时光，社会经验丰富，支付能力超棒，按照百岁人生来看，还有40年的时光可以好好规划，充分绽放生命。与生命等长的养老金真的与这个时代和这样的人群太匹配了。

文案示范

人生垂暮之年，垂暮之时，需要儿女，也需要钱，否则很难体面应对。将人生“微缩”，我们才能一眼看遍全局，方能起心动念在当下做好规划，以应进退。

文案示范

晚上下班前一位50岁的姐姐咨询养老金，原本已退休，正好又被返聘，于是每年多出10余万元收入，计划存10年。她想用这100万元总预算考虑一份安全稳健的退休金，于是我做了推荐。一切沟通没那么复杂，年金保险可以满足她的需求。学会做时间的朋友，学会等待，当一切都是从长计议，生活就会化繁为简。

文案示范

看养老宣传片，忍不住落泪。既是感动，也是感慨。对待父母的上行之爱永远无法与对待子女的下行之爱相等。这不是道德问题，而是人性，是现实生活中精力、情感与财务安排无法做到对等。如何在年富力强时安排好自己的未来，对每一个人来说都是重中之重。

文案示范

想优雅老去，就要终身自立。今天下午用一个半小时看了“老后破产——未富先老的中国人可以优雅地老去吗？”这个视频。其中杨燕绥教授讲的一句话真的是掷地有声：想优雅老去，就要终身自立，为自己买单。

说起来人人都要养老，但富足而退从来都不是针对普通人的。日常工作中与若干人打交道，鲜有能独立自强为养老埋单的人。这不完全是他们个人的问题，更多是这个社会的问题，实在因住房、教育、医疗压在每一个中产阶层身上，让他们无暇顾及养老。

文案示范

为养老做好规划，方能心无旁骛。关于养老金的部分，考虑对品质生活的追求及长寿和通胀的压力，80 后这一代人恐要备好一千万元才能安心。即便将时间与复利的因素都考虑进去，也默认选对了合适的产品与存放渠道，对 35 岁左右的人来讲，如果本金分 20 年缴，至少要缴 300 万 ~400 万元才行。每年缴 20 万元左右，这样的保费对绝大部分人来讲都挺难的。

不排除部分人拥有投资性房产、其他金融资产及社保，这些渠道也能承担部分养老费用，但大部分普罗大众并没有这些。我想，品质养老对很多人来说是个很严重的话题。我们的工作任重道远，要尽可能与客户沟通理念，要尽可能说服客户多为未来做安排。改变别人的想法挺难的，但这就是我们日常的工作啊，再难也得做。

我有幸在 24 岁时就投身保险行业，一路洗礼，阅尽人性，阅尽沧桑。我为未来做了很多安排，所以能心无旁骛地活在当下。若有机会，愿与所有朋友们分享如何做好这些规划。

文案示范

养老规划，就是看到几十年后的自己。早会上，老师讲了一款养老金产品。在讲产品之前分析了很多当今一代人的未来养老状况，总结下来无非就是：社保养老靠不住，我们自己要多准备养老金等。其实台下的我们及我们在市场上遇到的所有客户们都知道这个道理，就像人们都知道医疗费很贵一样，但很少有人爽气地或自发地愿意用当下的资金去解决未来这部分未知的医疗风险，与长寿时面临的养老金严重不足的风险。

人们不愿意延迟消费、延迟满足，更不愿意将眼光放到未来 10 年、20

年、30 年甚至更久，不愿意去想那时更年老体衰的自己需要多少钱来照顾。其实这就是真实的人性，没有对错之分。即便是身在保险业天天被教育的从业人员自己，也少有人做好做足了这方面的规划。理由与客户一样，一是当下的财务只够应付当下的生活，二是有财务能力也都知道重要性，但没有将眼光放那么远。

文案示范

我们以为的未来，其实就是不久的明天。关注了“上海养老”这个公众号，里面一篇篇文章看得我触目惊心。有时候，我们以为的未来，其实就是不久的明天。除了准备好足够的养老金，还得准备好对生命意义的足够认知。所谓活在人间，是指活在人与人之间。

孤独是生命的最大杀手。年老时如何面对孤独，排遣孤独，甚至不让自己陷入孤独，是多么重要的人生课题。

文案示范

将养老金推荐给客户的过程很难，但也很有趣。我喜欢做有难度，但有意义的事情，也正是因为这些难处才促使我一次次去深度思考很多问题。

养老是个缓慢渐进发生的事情，人们对它的直观认知远不如对疾病风险那么深刻。因为疾病会带来瞬间的大额支出及身体创伤，关键周围还时不时有人出险，这些因素更强化了人们买一份重疾险的想法。

我们这一代人的父母大多从缺衣少食的五六十年代走来，对退休养老的品质要求不高，有的吃，有的住，有基本社保，有儿女照顾，便是人间好时节。我们这代人看在眼里，会误以为我们自己的养老这样也可以了。其实，忽略了以下两个问题：

（1）进入养老的第三阶段（80 岁以上，也被称为失能养老阶段），这时的养老开支需要综合医疗、康复和家庭护理，是以金钱换取生命质量和延长寿命的阶段。在这一阶段，支出大约是正常养老的第一阶段（60~70 岁，也叫休闲养老阶段）支出的 3 倍左右，而且还未计算包括在第二阶段

（70~80 岁，功能衰退期）的半看护费用。

而对这部分的强烈认知会在我们 50 岁左右，我们父母 80 岁左右才能明显感觉到。那会儿，自己还在上班，儿女在读大学或婚嫁，同时父母完全需要照顾，是不是想想都头大。如果我们没时间照顾，就需要请护工，父母这一代人的退休金大多数情况下无法支付护工费用。

而这样的现状在一代一代人身上轮回，只有准备了充足养老金的人，才能跳出这样的困境。

（2）我们所处的时代及未来的生活方式与父母这一代人已完全不同，我们这一代人大多追求更高品质、更精致的生活方式，也普遍不想拖累儿女。依赖于不确定的社保领取时间和数额，或者未来几十年不确定的房价，甚至手中不确定的股票基金，都不是最明智的养老金安排方式。

趁年轻，去规划一份与生命等长的养老金，简单、便捷，月领型才更合理。因为年纪大了以后，体力和智力根本无法像年轻时一样去打理财富。

8.3 我的价值观：分享自己的价值观，吸引同频客户

场景

保险的成交首先建立在客户对我们的信任之上，信任的基础是相互了解。除了展示专业能力，与客户在思想上的共鸣更有助于拉近彼此的距离。

作为保险从业者，如果只在朋友圈发布保险理念和产品，会让自己变成一个冷漠的“工具人”。除了保险，关于生活、婚姻、子女、家庭、职业、时间和人生等方面的思考才是真正吸引客户的价值所在。

通过分享对生活的思考，能够与客户建立更深层次的联系。例如，可以谈论如何平衡工作与家庭，如何在忙碌的生活中寻找内心的平静，以及如何规划未来的财务目标。这些话题不仅展示了对生活的关注，也传递出作为保险从业者的人文关怀。

本章的文案，既可以作为素材发到朋友圈，持续展示自己的人生观、价值观，也可以作为不同的思维视角参考，你也可以分享自己的观点。

文案示范

我们大概都明白了，自己的命运和时代大势密不可分。时代的任何风吹都会引发个体职业生涯、家庭财富以及人生际遇的“草动，心动，幡动”。

文案示范

一个人的能力包括三个部分：

把能力封装成产品的能力，持续学习的能力（产品能力）；

把能力卖出去的能力（营销能力，也包括很多人熟悉的“个人品牌”）；

自我管理以及基本的财务、法务能力（运营能力）。

如果你能自己一个人拥有这些能力，一个人就是一个公司。你完全拥有了随时自由交易的能力，这就是自由职业状态。

一个有自由职业状态的人，他可以选择待在公司，也可以选择自由出去。相比那些为了生计不得不劳累奔波的自由职业者，他们才是终极自由的。

文案示范

这个周末的两个下午都在外忙，没有休息。我跟朋友说，今年看起来更难，所以更要用心、认真、改变、成长，才能使业务与团队发展保持在高水平。

我是属于那种看到问题，就想解决问题，看到挑战就两眼放光的性格。一个人真正专注于自己工作时，会心有体验，脑子里充满奇思妙想。人在年轻时选对职业赛道多么重要，足够长的赛道，时间的积累才有意义。

保险属于这类，庆幸自己的选择。

文案示范

假日前想起曾经和朋友们说过的一些话：下次再联系、改天请教、下次一起吃饭、下次一起喝咖啡、改天约一下等。于是这个假日将这些欠下的约定一一兑现。做到凡事有交代、件件有着落、事事有回应，将敷衍和空话从生活中拿走。

当我可以不聊业务、不谈工作、不提观点、不给建议地坐在朋友们对面喝杯咖啡，静静地听她们说话时，心情是如此美好。

文案示范

当荣誉来袭，我走上舞台，才发现原来最美的不是此刻，而是那一幕幕奋斗的过程。掌声会停，鲜花会谢，一切繁华会落尽，平凡工作的每一天，才是真踏实。

这一年，保险行业经历诸多变革，全行业从业者减少了数百万，而在这变革发展的大趋势下需要真正专业的保险顾问。

用自己的超级确定性，来对冲外界的不确定性。

从确定性里找到可实现的切入点，其实做事就没有那么难了。

普通人的努力，在长期主义的复利下，会积累成奇迹。

文案示范

带孩子一起散步，我们仨坐在台阶上，看阿姨们在广场上锻炼身体，有些人跳得挺有韵味、有些人节奏都跟不上……

晚风吹来，恍惚间以为生活真的就像这个周末这般轻松悠闲，其实不然。

有时，身体不累、心累；有时身体累、心不累。对保险从业者来讲，这两种状态在一个月中占比多数。只有月初完成自己定下的计划，才会有身心平衡的几天，接下来又会进入前两种状态的循环。这10多年，月月如此，习惯了。

文案示范

能坚持一件事情，并不取决于一个人多么有毅力，而取决于他能不断获得正向反馈和回报。

有时我会想，我在保险业做这么多年，什么是我职涯的正反馈和回报？答案是：是所有理赔的顺利结案、是持续的好绩效、是收入的成长、是工作能力的被认可等。因为单靠情怀终究很难长久坚持。

盈利是受众对工作的一种正反馈，能做到这一点，才说明工作做好了。日常与各行各业的人打交道，我都提醒自己让别人有利可图，让别人盈利，他们都与我一样需要获得正反馈，这也是事情可以坚持下去的根本。

文案示范

我们会怀抱开放的心态，聚焦当下全民热议的养老话题，把我们拥有的资源、服务体系及系统化解决方案与朋友们交流分享，学习共进。也期待听听各行各业的其他人是如何看待养老问题的。

文案示范

小时候我家里特别穷，见过一个贫穷家庭里所有的矛盾，夫妻之间、亲子之间、婆媳之间、大家庭人与人之间、邻里之间等。所有的矛盾冲突都深深影响了我的心灵，以及对金钱的看法。

事实上，以上提及的90%的矛盾都是小事，都只需要用钱就可以处理解决。钱从哪里来？伸手要，还是自己赚？23岁面临择业时我就非常清楚地想明白了这个问题，自己主动选择一个虽然辛苦，但多劳多得、没有市场局限的工作。保险产品与人的生老病死相关，只要生命生生不息，就永远有需求。

只有选好一个长赛道，日积月累、蜗牛爬行的毅力才有意义，而我也更喜欢做这些慢变量的事情。

疫情的冲击，加上人口的变少，再叠加人口的老龄化，父辈们在上个时代很多过去不错的做法都不再有借鉴的价值。我辈当积极拥抱变化，躬身入局，做好保障，稳健投资，从长计议。

文案示范

过去 40 年看起来很长，但在历史的长河中其实很短。很多新兴行业，都是在这 40 年里从无到有、从小到大的。它们一直处于上升期，从来没有经历过衰退期。可是，拉长了视野去看，就会发现，其实没有一个行业能永远站在风口上。

我们不妨看看过去人们追捧的择业机会，从干外贸，进外企，到去投行，进金融机构，再到互联网大厂。每个热门的择业机会，其实也就是火了几年而已，能火 10 年以上的行业，屈指可数。但我们的人生周期可不止 10 年啊，我们的职业生涯，屈指算来，就有三四十年的时间。这就可能会出现错配，也就是会踩错点。

适应这种变化的最好方式是把自己的技能削得更尖，扎得更深。细分市场，这就是专精；不断创新，那就是特新。专精特新，它就是我们各行各业的人，都要去考虑的发展策略。

文案示范

近段时间在研究行业宏观发展方面花了很多时间，想到人工智能与互联网在不久的未来带给行业的冲击，以至于夜不能寐，经过这个周末才渐渐想透彻。微观个体在宏观趋势之下，不宜想太多，只需一如既往踏踏实实做好眼前事，只需持续学习，持续提升自己的差异化优势。人工智能能做的服务总比不上一个有温度、有思考的人。就像我们在打客服电话时，总想直接转到人工一样。

文案示范

其实我是个做决定特别快的人，大到买房、买车，小到平常消费，一般人做我的生意都会获利。我喜欢让做我生意的人有利可图，喜欢看到他们心满意足又开心的模样。当然，对和我打交道的人一定会有自己的判断。我不太喜欢在别人的领域浪费自己的时间，而是喜欢将时间用在自己的专业领域，赚到超过行业平均价值的专业人士的收入，然后用自己赚到的钱去消费其他各行各业的专业人士的产品与服务，这样活得简单而又高效。

我会从各行各业销售人员身上看到自己的影子，愿意将机会给到那些勤奋、专注、持之以恒，又始终如一的人。

文案示范

普通人在知识完备程度、认知能力和自我控制能力方面具有天然的局限性。

阿姨们都回来上班了，各就各位，老人、孩子、家务都从节假状态回到了正常状态，我也该开始新一年的工作了。

事实上，家务、孩子、工作、学习，通常很难做到高水平的平衡。不能平衡的部分就通过社会分工来完成，将有限的时间精力聚焦在能获得更多成长与创造更高价值的地方。这是我6年前的想法，也是现在的想法。

每个人会在自己投入更多时间的地方拥有更多期待，我的2024年，就这样开始了。

文案示范

我们停留在手机上的时间越来越长，屏幕上的每个应用和那些小红点都在争夺我们的时间。它们要的不是点击，而是我们的一部分生命。

手机的每一次推送和朋友圈每一条他人生活的展示，实际上都是在冲刷我们既有的价值观，动摇我们的选择，让人感到错乱。我们各种各样应办、待办的事件被各类有效、无效的信息流击溃得不成样子，时间也被切割成若干碎片。

只要我们随手点开一个 App，就完全有可能耗费了几个小时而不自知。我们都不由自主被手机绑架和裹挟，是不是该“放下手机、立地成佛”？你们能做到吗？目前我做不到，但会尽量减少被动信息的干扰，主动按需获取信息。

文案示范

每到周末，最期待的事情竟然是早上跑步这件事，不需要太赶时间。锻炼会上瘾的，不信你试试。

因为工作性质的原因，我一直是一个长线思维者，喜欢做那些渐进式、慢变量的事情，喜欢将生活中那些重要但不紧急的事情都变成“自动驾驶”模式，比如：

（1）每天早晨锻炼。

（2）每天来回地铁上学习，晨跑时听课，再加睡前半小时听一本书。

（3）长期开发积累客户，每年更新 600 位左右的新客户。

（4）提前存养老金及做好孩子的教育规划等。再有 4 年，我退休后月领 3 万元、领终身的养老规划就完成了。

（5）每天复盘、反省、总结、输出。

这些重要但不紧急的事情无法完全依赖于“意志力”，而需依靠习惯的“自动驾驶”来实现，然后将宝贵的精力专注于最可把控的每一个当下。

为何要这样做？因为人的意志力并不像我们想象得那么坚定，在日复一日的琐事中，我们的判断和决策也许并不总是那么理想。

文案示范

人与人之间的情感联结，往往就是靠“亏欠”。如果两不相欠，就意味着这人跟我已经没关系了，而礼物就是表达“亏欠”的一个载体。在这个意义上，“亏欠”就是今天蕴含在礼物里的那个礼物之灵。

你欠我，我欠你，这是社会关系的常态。我们中国人常说的“滴水之恩，涌泉相报”，就是这个道理。

只要我们还需要建立社会关系，要表达情感，礼物就永远不会消失。愿你的周围，都是熟人。愿你的周围，充满信任。

文案示范

所谓系统思考，是指这样一种思维方式，它不是割裂地、局部地、静态地来看待问题，而是关联地、整体地、动态地来审视问题。

每一个时代都有坚守自我、独立思考的人，他们不为名利所诱惑，不为权势所屈服，亦不为潮流所裹挟。他们的故事，或许会提醒我们放慢脚步，思考过去、现在和未来。

文案示范

一个人为什么能自我驱动？就是因为，他可以靠自己制造的正反馈和成就感，来支撑和激励自己继续坚持、努力进取。这其实是一种非常厉害的社会竞争力。

我在工作中更喜欢关注普通人的普遍保险需求，这样成交就是非常高频发生的事件。而每一次成交都是给自己制造了一次正反馈的机会，让自己在面对这份艰难的工作时一直保持良好状态。

自我驱动，是一个人终其一生最强大的力量。

文案示范

最近这一小段时间，虽然工作特别辛苦忙碌，但路上都是唱着歌的，走路也像兔子，偶尔一蹦一蹦的。偶尔忘记自己是高管，忘记严肃与端庄，回到孩子一样的心境来看这个世界。

我希望这个世界，弱者变强，强者更加善良。

我希望，太阳升起之时，我与大地上的万物一起苏醒，平静地生长，风调雨顺，安详宁静。在每一片蓝天之下，当清风掠过，沉重的身体变得轻盈。我的每一次呼吸，都幻化成云朵，千姿百态，随心所欲。我希望，在自己熟悉的这个城市，无论走到哪个角落，一公里内都有我的朋友，敲响每一扇房门，都会有热情的笑脸相迎。事实上，我去每一位客户家时，他们都是这样待我的。

我希望，一生都有朋友相伴，喜乐有分享，冷暖有相知，同量天地宽，共度日月长。我希望，相知者能相爱，相爱者能相知。有相怨，无相恨，人间太平。

别人说，这是童话世界。可是我相信，这是真的。

文案示范

我们不能用一双完美的眼睛看这个不完美的世界。既然这个世界是不完美的，那可能我们要做的，不是在不完美的世界，尝试找到一个完美匹配的、已经存在的东西，而是想办法让这个世界在选择的领域变得完美，最后变得跟我们的激情一模一样。

文案示范

在我看来，一个人的成就，来自一套核心算法乘以大量重复动作的平方，这就是长期主义的原则。普通人的努力，在长期主义的复利下，一定会累积成奇迹。我想朋友们对这句话也一定感同身受。

文案示范

互联网时代，除让信息获得变得更快捷外，也让信息的获得变得更碎片化。我们常常看到的只是很小一部分，甚至是扭曲了的部分。另外，我们得到的信息中，基本上都带着提供给我们这些信息的人的利益倾向和价值倾向。

要能看到简单背后的复杂。其实对于技术、对于工作是如此，对于人、对于人性，也是如此。要能提醒自己，你面对的不只是一个简单的行为，哪怕一句简单的话，背后也是复杂的人性，是一连串事情耦合的结果，是很多力量和利益博弈的结果。

做事情也同样如此，明确自己的目标是什么很重要。一个人不可能东西南北所有方位都是目标，那样的话就寸步难行，不会有任何进步。

文案示范

今天早上 6 点出门，晚上 11 点到家。忙碌背后看到的是自己的辛苦和责任，也看到自己内心深处的贪婪与欲望，这是我对自己最真实的评价。

身处这样的世俗社会，每个人都不太可能活得那么无欲无求，可凡事也总是过犹不及。所有饱含智慧的平衡必定需要做出取舍，如果只想取，却不懂舍，那么就只有累了。

文案示范

朋友们说我的小作文风格与以前不一样了，现在更接地气，有人情味。是啊，这些年，我活在自己的勤奋努力中，更活在家人朋友的深情相待中，心里自信着，文字也暖暖的。

文案示范

如果你有机会了解那些人们眼中所谓的成功人士，你会发现在光环背后，他们也会自我怀疑，也有恐惧和软弱，也是不完美的普通人，甚至比我们有更多的挣扎。自信强势，很多时候是一种保护色，或者说是角色的需要。

文案示范

站在镜前，看着又长一岁的自己，脸上的皮肤要靠“美图”才能熨平。人之衰老如同入冬，漫长持久，徐缓渐近，每日变化细微，疏难觉察，日日累叠，终成严冬。

或早或晚，终将有一天，我们没有选择，接受衰老与死亡不可避免，也将接受现代医学的最终局限。如何优雅地跨越终点，将退休晚年过好，却是现在可以思考并去提前落实安排的事情。所以与客户解读养老金方案的意义，就是我的工作日常。

文案示范

如果把公司想象成一个生态系统，就像草原、湖泊、森林。在这个生态系统中，有着不同的动物、植物、微生物……它们各有其角色和功能，都在服务于其他物种，也都依赖于其他物种。每个物种都有独特的定位，这个定位就叫作生态位。在整个生态系统中，反脆弱能力最强的可能反而是那些微生物，而不是狮子、老虎和大象。

文案示范

人们永远也赚不到超出自己认知范围以外的钱，除非靠运气。而靠运气赚来的钱，往往又靠实力亏掉，这是一种必然。

我们所赚到的每一分钱，都是对这个世界认知的变现；所亏的每一分钱，也是因为对这个世界认知的缺陷。这个世界最大的公平在于，当一个人的财富大于自己认知的时候，这个世界有一百种方法来收割他，直到这个人的认知和财富相匹配为止。你认同吗？

文案示范

我们每个人都是“自己”这家公司的CEO，所以必须像经营公司一样经营自己，构建自己的协作关系，塑造自己的产品和服务，维护自己的名声，把注意力放到产出更高的地方。投资大脑，投资自己的成长，投资各种协作关系以便彼此共同成长，才是“自己”这家公司永续经营的根本。

文案示范

其实所有纠结做选择的人，心里早就有了答案，咨询只是想得到内心所倾向的选择。最终的所谓命运，还是自己一步步走出来的。

有时候，想要明白一些道理真难。不知道要经历多少次头破血流，才能在遇见这些道理时，引发共鸣与认同。

文案示范

很多时候，我们在重组自己的偏见时，还以为自己是在思考；

在重复以往的错误时，还以为是在坚持梦想；

在消极荒废时，还以为是在放松；

在伤害别人的自尊时，还以为是直率；

在故步自封时，还以为是在坚守；

在随便放弃时，还以为是在选择；

在喝得酩酊大醉时，还以为是豪爽；

在不思进取时，还以为是低调。

文案示范

“天下之物，不但有理，而且有情，以情悟道，守理衷情。”这是曹雪芹的价值观。他想对全天下人说：生命之所以可贵，就是因为有情，有真情、有深情。

这是多么棒的理解，带着情去处理每一天的纷纷复杂事物，就可以用理性提供冷静的视角，用情感提供有温度的支持。

文案示范

一早大雨，没法买菜，又要出去见客户，于是在盒马 App 上买了一些菜。一小时后送来，咚咚咚敲门声，快递小哥满脸雨水，不忍心了很久。其实，我知道这种不忍心没有意义。你下单了，他送货了，他才有收入。正如，我自己在外奔波时，客户也会不忍我的辛苦一样。但雨再大，太阳再热，只有客户同意碰面，我才能有机会做到生意。心情总是两难，唯有努力生活。

文案示范

人生短暂，要抓紧时间让自己活得更充分，抓住每一个机会去做有意义的事情。多少事，从来急，天地转，光阴迫，一万年太久，只争朝夕。

很少有人只凭一个数据就拍脑袋决定买一份养老保险，更何况，这些数据也没有夸张到让人眼前一亮的地步。

人们真正去存下一笔钱用来做养老规划，需要特别大的智慧与勇气。一端是现实，是当下各项的支出与欲望；一端是未来，是还没到眼前的衰老和失能。少有人能有向前看 30 年的眼光，更少有向前看 40 年、50 年的眼光。可这不就是我们真实的一生么？我鼓起勇气给好多朋友发了一款养老金产品，鼓励他们，建议他们从长计议，做好安排。

文案示范

一个成事者大部分时候都是孤独的，是那种不能被大多数人理解的孤独。每天晚上都鼓励自己从大处着眼去思考问题，每一个清晨又提醒自己从小处着手去做具体的事情。这就是我的每一天。

文案示范

人是很容易受到暗示的，包括成人在内。如果一个人总被别人暗示为品行端正、善良有爱，他就会在这种氛围里渐渐生发出自我肯定的意识，他的品行就会朝着健康的方向发展；如果一个人总被暗示为有某个问题，他就会在这方面不断地自我否定，逐渐丧失自信，向坏的方向滑去。

文案示范

一份工作，可以蜻蜓点水，浮于表面；也可以持续深入，精益求精。

你要锻炼，此刻就是锻炼之时；你要修行，此地就是修行之地。

喜欢这个功利的时代，因为它承认所有人的努力。此段文字用来提醒自己未来持续的努力。

当一个人总希望靠外在表象的东西去获得某种自尊或自信时，真正得到的是那么有限，那么自欺欺人。当我明白这个道理时，便将大多数时间用来关注自我的成长。阅读、学习，主动去面对各种各样的困难和压力，体验各种成败，接纳各种批判、鼓励及口沫横飞，练就坚强，练就务实，练就执着与专注。当我可以直面自己的虚荣心时，我知道，其实就不那么虚荣了。一切回到真实，是那么好。

文案示范

我害怕那些急功近利、欲望膨胀和过高的自我评估，所谓的一步登天大都是一出闹剧。我们都是平凡的人，从量到质，厚积薄发，踏踏实实做事，才是我们立足于这个社会的根本。

文案示范

今天下午我将办公桌仔细整理了一遍，扔掉了五大包杂物。很多看似有用，被我锁在抽屉里的东西其实大都两年没碰过了。这些杂物不仅占据着职场空间，更是占据着心灵空间，该是断舍离了。今天扔掉最多的是各种奖牌与奖状，人不能总活在过去的荣誉与成绩中，扔掉这些，轻装上阵，反而效率更高。今天同时还整理了汽车、电脑及手机资料，瞬间整个人都轻松了。

拖延症与懒惰不仅仅是一个时间管理的话题，它还源于我们的价值观，关乎我们如何看待自己与周围环境及这个世界的关系。一切高效，就会遇见更好的自己。

文案示范

人们通常习惯于在自己的认识范围内看待这个世界，并做出与自我认知相匹配的决定。而我们的认知常常有限，所以会做很多错误的决定。这时候，为了防止决策错误，一方面要依赖专业人士的建议，另一方面依赖自己平时的所学。平常所有不起眼，但日积月累地学习，或许就是为了那些关键时刻的正确决定。

8.4 关于人生：用平凡的生活，为与客户之间的情谊加温

场景

保险规划源自对美好人生的期许。我们的生活方式取决于对理想人生的追求，然而这个问题却是最棘手的。因此，大多数人选择随波逐流，按部就班。作为保险专业人士，我们的人生观也会唤起客户对自己未来的思考。尽管我们过着普通生活，但对人生的深刻思考可以增进与客户之间的情感联系。

文案示范

长期规划和长远眼光虽然总被人挂在嘴边，但很少有人对超过 30 年，也就是超过一代人这个跨度的生活有稳定的价值判断。

我从事人寿保险行业，每天打交道的客户朋友们正是这个样子，他们更容易关注的是三五年，或者拉长到十几年孩子的成长；而可能很长时间才会经历到的意外、疾病以及必然会遇到的老年生活，我们却不屑于去关注。

每个人固有的观念很难被他人改变，但一定会被现实生活所影响。

文案示范

周末没约客户，然后就看电视剧《小欢喜》了。看了几集后与先生讨论，我们究竟喜欢什么样的家人？孩子会喜欢哪一类的家庭氛围？我们期望孩子成为什么样的人？答案非常一致。于是，我们决定做一些调整与改变，也许这种触动会带给我更深刻的改变。有时候，谁也无法说服你的道理，跳出事外，用一个故事竟然能让人顿悟、反省。

我一直不屑的电视剧，偶尔一看，竟有如神效，解开了心中所有不惑。这个世界上最深刻的道理就是平平常常的大道理，最有价值的谈话就是那几句老生常谈。关键是要把这些老生常谈的大道理知行合一，切实笃行，真正做到。做到了你才知道，原来这些道理这么厉害。

文案示范

从业的早期做得最多的就是小孩的保险，由此也结下了很多友谊。给孩子买了保险，若干年以后，当我们离开这个世界，我们在银行的存折会被销户，我们的房子会被过户，只有这本薄薄的已经泛黄的保险合同还会伴随着我们孩子的一生。

上面有我们亲笔签的自己的名字，是年轻时候写字的模样。当哪天孩子翻开保险合同的时候，会想起我们。那是在他的小时候，爸爸妈妈还年轻，送他的一份礼物，一直陪伴着他，到永远！保单发黄，想起爹娘。孩子会是我们生命的延续，让爱延续下去……

文案示范

我们每个人都带着自己长长的过去。这些过去不在环境里，而在我们的头脑里，在我们的所思所想中，在我们和环境的互动中。如果这些不改变，只改变环境，是没有用的。所以，真正的心理舒适区，说的不是熟悉的环境，而是我们熟悉的应对环境的方式。走出心理舒适区，说的不是走出熟悉的环境，而是改变我们的应对方式。

其实，所谓的应对方式，就是指我们如何处理生活中那些困难的事情。

文案示范

我的人生目标是：自由。它包括三个维度：财务自由、时间自由和角色自由。感谢这个色彩斑斓、机遇涌动的时代，让这些维度的自由看起来并非不可企及。但这需要十几年的精耕细作，连续稳定的正向积累，脚踏实地的点滴付出，还有持续不懈的自律。

自律让我们更自由！

我有每天记录的习惯，因为工作联络需要，也会在朋友圈分享。如果我的文字能被他人偶尔关注，那一定是因为我在文字中有独立的思考与价值观。

文案示范

大到一个国家的奋起，小到我们个体的一生，大部分人都不敢说自己是赢在“起跑线”，但却可以赢在“复利人生”。这里的“复利人生”类似于日本人的“匠人精神”。日复一日在平凡小事上的坚持与进步，日复一日对基本功的练习，日复一日的学习、实践与反省，会让一个人在年轻时很累，甚至是舍弃很多，但却可以让你赢在不惑之年、赢在知天命之时、赢在花甲古稀、赢在人生耄耋之年。

若生命的结果是好的，我们对一生的评价会很满足；若结果是差的，带走的就只有遗憾了。

文案示范

当一个人的内心还不是足够强大的时候，不太适合听到耳边太多的杂音，那些是非、评论、负面信息会影响到他的专注力。这世上从来都是功成名就者书写历史，所有的不完美终会湮没在最终滔滔的成就之中。我是个很怕听杂音的人，这些年我总是故意避开假恶丑的信息，选择吸收真善美的东西，小心翼翼地维护着心灵的简单，有如在一个童话世界当中，美好而又充满着力量。

文案示范

这个月团队业绩又名列前茅，公司给我发了奖牌并安排了荣誉宴。从接待到中午宴席，我受到的礼遇和尊重让我感动，也被激励到。心理学家有个洞察是：每个人毕生追求的都是被看见。被看见的范围越大、越正式，他受到的激励就越大。感谢公司让我有机会外出演讲，这是给我在加“追光灯”，对我来说是莫大的激励。

见识越少，就越觉得年年都在变，人人都在变。见识越多，就越能看见亘古不变。

文案示范

没有谁规定在一个家庭生活里非得由谁赚面包，非得谁来谈爱情，夫妻之间，总难分彼此。在每一天平凡生活的修行中，当内心成长的速度能赶上肉身衰老的节奏；当精神丰沛的所得能抵过情爱消逝的所失；当格局视野的开阔能超越柴米油盐的烦扰；当气度学识的增长能抵御烟火流年的侵蚀，如此，余下便都是幸福。

文案示范

晚上9点，站在厨房里一样一样将明天早上要吃的东西准备成半成品，一点点，一点点，很精致。五谷蕴藏着大地的精华，水果散发着成熟的味道，这些来自大自然的馈赠会带给我朴实的健康；蓝蓝的火苗舔着锅底，蒸汽向上跑，干净的厨房里一下子变得很温暖。耳边听到窗外呼呼的风声，可是这间屋很温暖。我发现自己有足够的能力让这间屋变温暖，让厨房变温暖，可这在从前是让我不敢相信的部分。

这无痕的岁月，这悠远的岁月，因为热爱生活，正在变得一点点生动起来。

文案示范

从上海回来到家已近8点，去办公室拿材料赶到客户家去签字。推开门，屋里暖暖的灯光下，夫妻俩在辅导孩子学习，挺温馨的画面。每一个家庭都会有各种“鸡毛蒜皮”与“鸡飞狗跳”，但依然可以发现美好，发现那些值得我们深情以待的地方，比如：孩子尚小，你还未老，健康还在……

真正的朝圣，是在去远方的路上，回到自己心里的家！

文案示范

小孩教育、买房置产、医疗保健、退休养老，这四件事是平凡百姓最最关心的四件事。特蕾莎修女曾说：“我们当中极少数人能做伟大的事情，但是每个人都可以用崇高的爱去做平凡的事。”

朋友们，当我们一直坚持在有生之年，致力于善用保险去为百姓服务好他们最关心的四件平凡的事，相信世界一定会疼惜我们、照顾我们的。

文案示范

虽然有了小孩以后，朋友圈越来越小，但剩下的真的越来越重要。等孩子长大后有了他们自己的人生，愿陪我共度晚年的，除了丈夫，还有不仅是“确认过眼神，那些有趣的人”。

更重要的是，“确认过青春痘、妊娠纹和老年斑，还没有走散的人”。

文案示范

今天见完客户，很想对高端客户表达一句话：戎马一生，也会英雄老去，曾经的威严和自尊，统统会因为衰老或失能而不复存在。只有财务账户、情感账户都做充足安排，才能从容面对老去的事实。

文案示范

我们的安全感并不来自“糟糕的事永远不会发生”，虽然我们也希望如此。但更为现实的安全感，是相信糟糕的事就算发生，我们也能应对。眼睛能见风雪，心中也能开繁花。

文案示范

当父母逝去，当孩子长大，当名利如烟，当人潮散去，当衰老难免，当病痛来袭，默默守在我们身边的人，往往只剩下一个，那就是我们的伴侣、我们的爱人。

如果我们意识到，年轻时讨厌的、伤害的、仇视的人，是年老时依赖的、需要的、陪护的人，我们能否学会收回抱怨、牢骚，放下恼怒的拳头，停止伤害的行径？尽量平和而宽容地去善待他，好好爱他，给他温柔和接纳、长情与珍重？

有时，父母的生活会像一面镜子，提醒当下尚年轻的我们：落花风雨更伤春，不如怜取眼前人。

文案示范

每次走在路上，如果看到有携手而行的老人，我就总会放慢脚步，目光落在他们握紧的双手，或者两人互看一眼的默契，忍不住多看一眼，再多看一眼，直到他们消失在我的视野。说不清是什么样的情感，但是，我总能从中得到抚慰。

文案示范

我期待的爱情，是多年以后也不被柴米油盐酱醋茶遮掉爱的光芒。你还会自然地帮我吹干头发，我还会自然地给你夹菜。在孩子面前，我们是完整而和谐的爱的榜样。

文案示范

中产家庭财务规划写照——“平静中有危机，富足中有隐患”。

中产家庭是最容易受到影响的群体之一。他们面临的主要风险在于职业风险，也就是收入中断会严重损害家庭的财务状况，其次是自己及家庭成员的疾病意外等风险。

每个阶层都有各自的财务焦虑。但其实所有的焦虑，都来自“不确定性”，这跟现在钱多钱少没关系。

文案示范

有人曾经担忧过域外的圣诞节、情人节等节日会淡化中国人对自己传统节日的固守。可当我们在春运的当口，站在车站、码头、机场看看那些奔家去的人流，你就知道心之所向是怎样一种势不可当的力量。愿来去匆匆，节日期间迁徙的人们都出行顺利，平平安安回到家，回到岗位。

文案示范

年夜饭的上半场是厨房的忙碌，摆盘，觥筹交错和拍照发圈，很少人会想到还有下半场的收拾与整理。而我，却很喜欢这下半场。

朋友们在客厅打牌，做指甲，看电视，这些我都不喜欢。我静静地在厨房洗着一碗一筷，一杯一盏，洗净、擦干、摆好，地砖擦得光亮，特别享受这样家务的时光。

日子不仅是朋友圈精美修图后的照片，还有照片背后的忙碌与细节。事在正反，物有阴阳。眼睛看到正面的图画，也看到背面的图画，在心中拼接好，才算是完整的视角。

文案示范

有一种死叫“百度死”。你想结婚，你却问了离婚的人，他告诉你结婚就是走进了爱情的坟墓，于是你不想结婚了；你想买房，你却去问了买不起房的人，结果就是房价涨了，他也什么赔不了你……

所以不管做什么，要么你亲自去尝试，要么问行业顶尖高手再作决定，切记别问失败和不相干的人。因为他除了失败的经验和负能量，什么也给不了你。

献给正在迷茫和犹豫不决的你。

8.5 读书心得：分享学习与成长，让客户看到不断精进的你

场景

学习成长是我们终生的课题。作为普通人，我们所欣赏和信任的往往不是那些出类拔萃的人，而是那些一直在变得更好的人。阅读和思考的习惯，正是让我们变得更好的重要过程。

阅读和思考是一个不断发展和提升的过程。在保险行业，我们不断更新自己的专业知识，了解新的保险产品和理念，并了解客户的需求。同时，注重个人成长，通过阅读各种书籍和文章，拓宽视野，改善自我的这个过程更重要。

自古以来，无数文人雅士在他们的作品中呈现了无数精彩的思想。你对这些思想如何评价？在日常生活中，你喜欢阅读什么类型的书籍？通过分享我们的成长心得，不仅可以在保险工作中建立与客户的信任，还能促进我们个人的成长和沉淀。

文案示范

读曾国藩的心得

非常喜欢曾国藩，每当阅读他的书总能找到很多与我们现行工作相通的部分，尤其是“制造追随者，凝聚力量”部分。

（1）重人才。他深知人才很多，但他们很少主动前来，也不会愿意主动跟随自己。所以他在寻访人才时什么办法都用上，或结以交情、或待之以诚、或激之以情，只求对方能跟自己走就行。

（2）不停“招聘”。他每到一地，便广为寻访，延揽人才。其理由是“借一方之才，平一方之寇乱，安宁一方百姓”，师出有名，从道义上赢来很多人才的追随。

（3）索取介绍。他求贤若渴，每次和人通信交谈都恳求对方向自己推荐人才。

（4）以文会友。又名会搞活动，借助活动平台，广交朋友。很多人会慕名而来，主动与他结交。

（5）以诚待人。他懂得如何为自己抓住这些追随者的心，以诚待人，推心置腹。因为一旦失去信用，将不会再得到一个人的心。

有了以上这些用人之道，曾国藩这个“大团队”人才济济。我们熟知的李鸿章、左宗棠、沈葆桢、刘铭传、郭嵩焘、曾纪泽、华蘅芳、李善兰……他们都出自曾国藩的幕府，也正是这些人影响了晚清的政治、经济、外交、文史、自然科学等。看来，和谁一起工作将决定你一生的价值与成就！

好好修炼吧！我和我的主管们。让每一个有缘与我们一起工作的人，一生有成就、有价值，真诚待他们！

文案示范

读《少有人走的路》

休息时，再次听了《少有人走的路》这本书，这已经是第 5 遍听了。

正如这本书开篇所言：人生苦难重重。斯科特·派克让我们更加清楚：人生是一场艰辛之旅，心智成熟的旅程相当漫长。但是，他没有让我们感到恐惧。相反，他带领我们去经历了一系列艰难乃至痛苦的转变，最终达到自我认知的更高境界。

当我这两天为一些事情烦恼时，今天中午就鬼使神差地听到了这本书，书中这句话解开了我心头所有的疑问，让我如释重负。特蕾莎修女说："原谅总是好过指责。如果你对某人有偏见，那么你就没有时间去爱这个人了。"我怀着无比崇敬的心情听完这本书，发现了自我的不足、狭隘与渺小。度尽劫波姐妹在，相逢一笑泯恩仇。

文案示范

读《终身成长》

今天夕会与小伙伴们一起学习了《终身成长》这本书，我已经听了三遍，觉得很有必要推荐给他们。有一位伙伴跟我请假，说她听过了。我说，你将学到的内容讲重点给我听听行吗？不出所料她讲不出来。其实，这样的现象不仅仅是存在于她身上，而是存在于大部分人群身上的共性。输入进去了，却输不出来。知识学了，能讲出来，能用到日常思维中，方是真知。

引用书中一句话："改变是不易的，有些想法、观念、认知已在我们的大脑中运行了很多年。"

改变是痛苦的，我们得和自己的局限、脆弱、恐惧，以及未知作斗争。但正如作者所说，改变也许艰难，却从未有人说过不值得。何况，你我都是对自己有要求的人，不是吗？

文案示范

阅读带来的奇迹

余秋雨说："只有书籍，能把辽阔的空间和漫长的时间浇灌给你，能把一切高贵生命早已飘散的信号传递给你，能把无数的智慧和美好对比着愚昧和丑陋一起呈现给你。区区五尺之躯，短短几十年光阴，居然能驰骋古今，经天纬地，这种奇迹的产生，至少有一半要归功于阅读。”

这段话真的是清晰地道出了阅读的意义，阅读也让我们的人生变得不同。

文案示范

为使命而活

茨威格在《人类群星闪耀时》中写道：“一个人生命中最大的幸运，莫过于在他的人生中途，即在他年富力强的时候发现了自己的使命。”

当你为了某种使命而生活时，你未必一定要中大奖，也能从每天的生活中找到幸福的感觉。使命不知道哪一天到来，在此之前你需要为了你的使命，虔诚地准备着。

文案示范

“求大同，存小异”

当人们的物质生活得到极大的丰富时，就会越来越重视内心细碎的感受，渴望“求大同，存小异”，会期待这些“小异”被看到、被感知、被重视、被尊重。商业领域中的各类服务者，如何洞察到客户那些“细碎的感受”与“小异”，并服务好这些“细碎的感受”？你能做到，就有机会赢。

我们所有创作的文案、语言或其他类型的内容，最终目的都是希望促成改变——改变别人的看法或感受，直至最后改变别人的行动。这是我们日常工作中十分重要的环节。

文案示范

《暗淡蓝点》书摘

看到卡尔·萨根《暗淡蓝点》里的话，读完特别解压。

“在这个小点上，每个你爱的人、每个你认识的人、每个你曾经听过的人，以及每个曾经存在的人，都在那里过完一生。这里集合了一切的欢喜与苦难，数千个自信的宗教、意识形态以及经济学说，每个猎人和搜寻者、每个英雄和懦夫、每个文明的创造者与毁灭者、每个国王与农夫、每对相恋中的年轻爱侣、每个充满希望的孩子、每对父母、每个发明家和探险家、每个教授道德的老师、每个贪污政客、每个超级巨星、每个至高无上的领袖、每个人类历史上的圣人与罪人，都住在这里——一粒悬浮在阳光下的微尘。”

文案示范

小伙伴手头上的重要客户常常与我一起讨论，于是常涉及文案、方案的修改，而这些特别考验一个人的写作能力。写作不仅是我们与客户的沟通，更是我们在售前的思考。一个人的语言质感，往往体现了他的思想品质。

动笔之前，我常会审视自己的情感是不是真诚，因为文字终究会包含着某种情感的交流。毕竟，你要想通过语言文字去伪造情感是一个非常难的技术活。

文案示范

我坐在台下静静地听着团队伙伴在台上分享，从他们所讲的内容及舞台表现力，能看到一个人从简单到复杂的人生阅历，更能看到一个人从复杂到简单的生命修行。于我自己来讲，这就是最好的学习。

人生的旅途就是这样，用大把的时间迷茫，却在几个瞬间成长。

文案示范

大部分人都知道，可以通过学习来提升自己，然后有机会获得收入更高、更轻松的工作。可是学习是需要条件的，当人们陷入忙碌（或是表象的忙碌，比如熬夜晚睡、刷手机、追剧等低效生活方式），生活难以为继的时候，学习就变成一件非常奢侈的事。这会让人一直在低位循环往复，无法突破困局。

时间管理上，也是如此。当你忙得像个陀螺一样的时候，你根本不会停下来想三五年后的事，更别说二三十年后的事。所有的思维决策都容易变成“管窥之见”。

不经规划的未来，多少带有盲目与随意，这些都会导致失控并增加焦虑。

这是我与客户见面时最想分享的价值观，这比我从客户那边直接带走几万元保费更有意义。

文案示范

我们都是另外一个学科的初学者，而一种思维方式就是一个世界。比如，学计算机的，不妨读读心理学，让你做的程序更懂人心；做医生的，可以读读文学名著，让你的治疗更有关怀；而我是保险从业者，喜欢空余读读历史，一来可以感受圣贤智慧，二来可以将自己放到生命尽头回看当下的生活，会对人生做很多长远考虑。

文案示范

我常对团队的伙伴们说，我的文字更多是一束光，照亮前行的路。我会把读过的好书、想过的成熟结论、做过的有效的事，用文字变成礼物送到你面前，激发你、协助你、指导你。我不知道它们究竟能有多大作用，但最起码会是一盏灯，哪怕是盏昏暗的灯，在漆黑的夜路也会有些作用吧。我更希望你做了保险，改变的不仅仅是口袋，还有更重要的头脑。

文案示范

很多伙伴会问我关于写作的经验，我的心得分为四个阶段：

第一阶段：模仿阶段。就是拿来主义，学会欣赏别人的文字，透过文字感受作者的状态。在自己写文章时，套用别人的金句，或者模仿别人的写作手法，自己写时，再丑也要试一试。

第二阶段：内化知识。任何的写作都需要针对这个主题有比较深刻的认知，出口成章的背后，是大量的阅读和学习，头脑中丰富的知识支撑着思维，思维支撑着逻辑，逻辑转化成文字。如果只是空洞的美丽辞藻，是经不住推敲，也成不了经典的。多思才写，写是思的表象，思得越深，写得越深。

第三阶段：进化。思考和体验是两回事，就好比想和做是两回事。如果只是想，永远不知道做起来有哪些障碍和不同；思考如果不体验，永远达不到身心认同，这是一个进化阶段。当要描写花香，就要走上苗圃去闻一闻；当要描写爱情，就要大胆去爱一回。

第四阶段：合一。这个大概是老师讲的高人，是可以信手拈诗的境界，就好比武功高手，摘叶飞花，可以让内心流动的内力，自然流露，文字就是真实的自己。

人生百态，感悟至深，内心流动着激情的人，都是活得真实的人，精彩演绎的文字，都是自己的写照。文字是容器，当它容纳了自己，看文字的人也能够感受到。

文案示范

前两天在一本书上看到关于自我实现的定义，一下子变得更有信心。书中提到自我实现的过程，就是把每一次选择都变成成长，而不是趋向防御、趋向安全、趋向畏缩。人的每一次选择都有进退之分，这句话给了我在每一天面对大大小小选择时明确的方向。

当有一天，我不再迷恋这些虚名时，那便是在这个行业真正做得很好。当我做到了“咖”位，且还在爱慕这些虚名，甚至还发朋友圈广而告之时，说明无论从内心力量还是外在实力上来看，离自我实现都还有遥远的距离。

自我实现不是某一时刻的问题，可以说它是一个程度问题，是许多次微小进展的日积月累。每天、每月、每年进步一点点，复利人生会超过赢在起跑线的人生。哪有一步登天的成功，只有十年如一日的坚持。职场中不存在从天而降的幸运，也没有突如其来的惊喜。看起来手到擒来的光鲜亮丽，其实背后都是不为人知的砥砺前行。

后 记

有人说，当一本书出版之后，这本书就不再属于作者自己，而是属于千千万万个读者。就像一千个人眼中有一千个哈姆雷特，每个读者对于一本书的理解和感受也会有所不同。

尤其是这本《保险爆款营销文案》所记录的，除了保险营销过程中的理念和技巧，更多的是一位保险从业者 20 年的工作点滴，有着很强的个人色彩。

我们每个人，因为过去的经历、个人的性格、生活的环境不同，经营客户的方式也会千差万别。保险行业最大的魅力也正在于此，每位从业者可以在专业能力的基础上，为自己的客户提供个性化服务，实现自己的职业价值。

但有一点始终是一致的，那就是：每一个家庭进行保险规划的背后，都来自对美好生活的期待和向往，这也是这本书中所表达的核心。不管我们和客户的沟通进行到哪个阶段，只要坚守这个初衷，我们最终成交的将不仅仅是签署一份保单，更是建立起一份深厚的信任关系。

我们希望与每一位读者一起，为保险行业贡献一份自己正念的微薄之力，推动行业向前发展。

我们也深知这本书难免存在一些不足之处。监管政策的变化以及社会层面相关数据的更新，都可能导致本书所陈述的内容不够全面，在文字塑造和案例展示方面也可能存在一些瑕疵。因此，我们诚挚期待每一位读者宝贵的批评和建议，让这本书能够不断完善自身，为更多人所受益。

感谢每一次与你温暖的相遇。

董海燕　张一铭

2024 年 6 月